The internal development mechanism of Port logistics hub and cases analysis

港口物流枢纽
内在发展机理与案例分析

徐　萍　刘晓雷　编著

人民交通出版社股份有限公司
China Communications Press Co.,Ltd.

内 容 提 要

本书依托交通运输重大科技专项“西部港口物流枢纽建设和运营关键技术开发与示范应用”子项目一“西部港口物流枢纽发展模式研究”相关成果，围绕“加快港口转型升级，促进港口持续健康发展”这一主线，借鉴国内外港口物流枢纽建设、运营和管理的主要理论和实践，提出了港口物流枢纽的理论框架，明确了运输中心、港城物流枢纽、国际物流枢纽三个发展形态下的关键要素、发展特征和空间范畴，提出了发展模式和评价指标体系，并示范应用于防城港、重庆港的港口物流建设，提出了促进港口物流枢纽建设的对策建议。

图书在版编目(CIP)数据

港口物流枢纽内在发展机理与案例分析 / 徐萍，刘晓雷编著．—北京：人民交通出版社股份有限公司，2015.6

ISBN 978-7-114-12414-3

Ⅰ.①港… Ⅱ.①徐… ②刘… Ⅲ.①港口-物流-交通运输中心-发展模式-研究 Ⅳ.①U695.2

中国版本图书馆 CIP 数据核字(2015)第 176692 号

书　　名：**港口物流枢纽内在发展机理与案例分析**
著 作 者：徐　萍　刘晓雷
责任编辑：刘永芬
出版发行：人民交通出版社股份有限公司
地　　址：(100011)北京市朝阳区安定门外外馆斜街 3 号
网　　址：http://www.ccpress.com.cn
销售电话：(010)59757973
总 经 销：人民交通出版社股份有限公司发行部
经　　销：各地新华书店
印　　刷：北京市密东印刷有限公司
开　　本：720×960　1/16
印　　张：16
字　　数：286 千
版　　次：2015 年 10 月　第 1 版
印　　次：2015 年 10 月　第 1 次印刷
书　　号：ISBN 978-7-114-12414-3
定　　价：58.00 元
(有印刷、装订质量问题的图书由本公司负责调换)

编写指导委员会

主　任：徐　光

副主任：袁　鹏　杨华雄　王劼耘　杜敬民
周晓航

编写委员会

主　编：徐　萍　刘晓雷

编　委：高爱颖　罗　凯　马　博　东朝晖
褚春超　梁晓杰　欧阳斌　熊才启
眭　凌　王先进　余　静　刘雅文
王婉佼　闫　磊　岑　春　梁军林
庞雪松　韦　扬　张树新　王　勇
朱荣琪　党志盛　游晓霞　张晓利
刘　洋　王海霞　毕清华　曹园园

序

在我国经济转型升级、“一带一路”、长江经济带建设等国家发展战略形势要求下，也基于港口基础设施、机械装备、生产能力等现实条件，我国港口已经进入构筑服务范围更广、服务功能更多、资源要素更聚集的港口物流枢纽的发展时期。经济、高效、安全、绿色的港口物流枢纽的建设，也是“四个交通”建设的重要内容，集中体现交通运输行业提质、增效和升级，服务经济社会发展的根本目的。新形势下，总结凝练、创新提升并推广应用相关领域的科研成果，是推动港口转型升级发展的重要抓手。

实践探索需要理论先行，为更好地理清发展思路，2011 年交通运输部启动了“十二五”期交通建设科技重大专项“西部港口物流枢纽建设和运营关键技术示范与应用”研究，本书作为重大专项子项目一“西部港口物流枢纽发展模式研究”的成果，系统地提出了港口物流枢纽的理论框架，明确了运输中心、港城物流枢纽、国际物流枢纽三种发展形态下的关键要素、发展特征和空间范畴，提出了“经济、高效、安全、绿色”的发展目标内涵，同时，在借鉴国外典型经验的基础上，分别就港口物流枢纽的三种形态，提出了发展模式和评价指标体系，并将此理论研究成果应用于防城港、重庆港，分析了两个港口的发展形态定位，评价了其作为港口物流枢纽的发展水平，提出了加大港城物流互动力度、加快信息平台建设、促进物流专业化和规模化等发展重点，指导西部港口物流枢纽建设实践。本书所著内容，直接反映了交通建设科技重大专项《西部港口物流枢纽建设和运营关键技术示范与应用》项目一的研究成果，发挥了对整个重大专项及其他五个子项目的理论指导和研究主线的作用；同时，为深入开展我国港口物流枢纽理论研究打下了系统性的良好基础；更重要的是，本书内容对促进我国各地区港口物流枢纽的全面发展，推动港口转型升级，满足我国经济社会发展新形势新要求，具有针对性的理论和实践指导作用。

徐　光

2015 年 8 月 18 日

前　言

2011 年,为适应国民经济的持续快速发展和产业结构调整,促进交通运输行业提质增效升级,交通运输部启动了交通运输“十二五”重大科技专项研究工作。西部港口物流枢纽建设和运营关键技术开发与示范应用,是重大科技专项中唯一涉及港口的重大专项,着力解决制约西部港口物流枢纽建设和运营的瓶颈,填补港口物流枢纽相关领域研究空白,并为我国港口物流枢纽发展提供技术和经验。

本书主要内容以“西部港口物流枢纽建设和运营关键技术开发与示范应用”的子项目一“西部港口物流枢纽发展模式研究”为主,通过内在机理、指标体系、发展模式、案例分析 4 个专题,构建港口物流枢纽的理论体系,为港口物流枢纽建设和发展提供相关理论支撑,也为其他子项目的研究提供了发展方向和理论主线。需要说明的是,本项目作为港口物流理论领域的创新性研究,不只是立足“西部”的概念,而且是站在港口物流理论前沿,研究港口物流枢纽转型升级和发展思路的关键问题。因此,研究成果不仅适用于西部港口物流发展,也兼顾我国沿海、内河港口在港口物流枢纽建设方面的关键问题,具有理论创新意义和实践应用价值。

原交通运输部总工徐光,全程参与了项目研究工作,在专项酝酿、技术攻关和实践应用等关键节点中,指点迷津、开拓思路,把握了研究方向和重点内容,保障了项目各阶段工作的顺利开展。

原国务院参事郭廷结,中国物流与采购联合会副会长戴定一、崔忠付、贺登才,原交通运输部规划司司长、交通运输部部长政策咨询小组委员刘鹏,原交通运输部水运局巡视员、中国引航协会常务副会长彭翠红,发改委综合运输研究所主任罗萍,国务院发展研究中心产业经济部副部长王忠宏等多名专家拨冗参加课题各阶段咨询、评审,帮助完善研究成果。

广西交通运输厅厅长潘巍、广西交通运输厅总工王劼耘、广西交通运输厅科技处处长岑春、梁军林等在研究过程中提供了宝贵的咨询意见。

对于众多领导和专家给予的支持和帮助,借本书出版之机,特致以诚挚的谢意。

新形势下,港口转型升级是必然的趋势,然而港口物流枢纽的建设正处于不断实践的过程中。本书的内容只是我们的阶段性探索,有不成熟、不全面之处,敬请各位领导、专家指正，也希望社会各界更多地了解和支持港口物流枢纽建设，为我国港口持续健康发展作出更大贡献。

编著者

2015 年 6 月

目　　录

第一篇　总　　论

第二篇　内 在 机 理

第三篇　经验借鉴

第四篇　评价指标体系

第五篇　发展模式

第六篇 案例分析

第一篇　总　　论

港口物流枢纽内在发展机理与案例分析

Gangkou Wuliu Shuniu Neizai Fazhan Jili yu Anli Fenxi

本篇以基础理论—借鉴分析—指标体系—发展模式—实践应用为主线，说明了港口物流枢纽发展模式研究的创新性技术特点，展示了本书的主要内容。

第1章 研究内容

1.1 关键问题

1.1.1 界定港口物流枢纽的内涵与特征

通过对国内外相关文献和典型港口发展经验的研究，研究和分析港口物流枢纽概念、要素、形态、功能和目标，从而为港口物流枢纽的研究奠定理论基础。

1.1.2 构建港口物流枢纽评价指标体系

深入研究港口物流枢纽的内涵、特点、构成要素、服务功能及发展趋势；构建集科学性和可操作性于一体的港口物流枢纽评价指标体系，提出有效的港口物流枢纽功能评价方法；结合西部港口物流枢纽发展现状、需求分析、系统优化方案及物流信息平台建设等方面的研究成果，进行北部湾港口物流系统功能评价的实证分析，以辅助分析判断港口物流枢纽的运行状况、发展水平和发展趋势。

1.1.3 提出港口物流枢纽发展模式

基于港口物流枢纽内在发展机理研究的结论，按照港口物流枢纽不同形态的定位特点，提出相应的建设和运营模式，主要目的是研究并解决港口物流枢纽各形态下功能实现的路径和手段。研究成果将为实现港口物流枢纽“经济、高效、安全、绿色”的发展目标提供框架和抓手，并为在西部典型港口开展案例分析，提供理论基础。

1.1.4 开展西部典型港口物流枢纽发展模式的案例分析

按照港口物流枢纽发展模式构思，通过案例分析的形式，将港口物流枢纽发展模式理论成果与防城港、重庆港发展实际相结合，解决西部港口物流枢纽建设和运营面临的主要问题，切实提升西部港口物流发展水平。研究成果主要是对港口物流枢纽前沿理论的实践分析和再创新。

1.2 实施方案

本项目研究遵循科研技术思路,即:理论框架体系的建立—借鉴分析—评价指标体系—模式建立—案例分析。在研究方法上,采用综合集成方法,力求体现三个结合。一是理论研究与行业专家和决策者的建议相结合,在研究过程中经常与专家交换意见;二是定性分析与定量分析相结合,通过定性分析建立系统总体及各子系统的概念模型,并尽可能将它们转化为数学模型;三是经验决策与计算机辅助决策相结合,发挥专家群体的作用,邀请他们分析统计数据及案例研究的结果,参与方案选择的讨论等。

在研究方法的选择方面主要包括:图论、专家调查法、层次分析法、模糊综合评价法、对比分析法、SWOT 分析等方法。

1.3 技术路线

技术路线如图 1-1 所示。

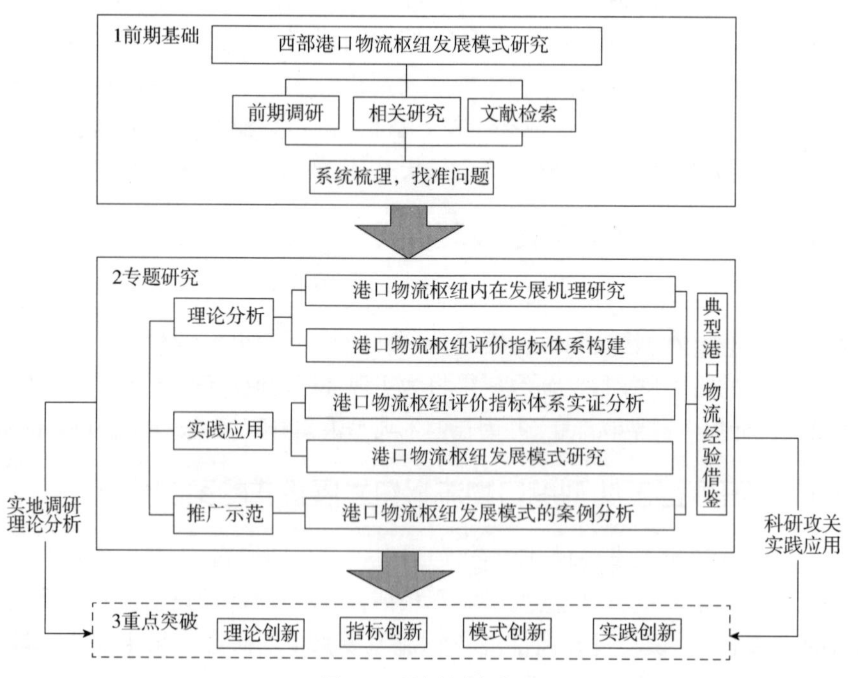

图 1-1 研究技术框架

第2章 研究成果的技术特点

本书从基础理论分析入手,通过相关文献分析和实地调研,研究港口物流枢纽内在发展机理,创新性提出港口物流枢纽的概念,明确其构成要素、发展形态、特征功能和发展目标。在此基础上,形成港口物流枢纽评价指标体系,实证分析评价西部港口物流枢纽发展的水平。同时,借鉴国内外典型港口物流发展的经验,提出港口物流枢纽发展模式,旨在分析实现港口物流枢纽三个发展形态的途径和手段。并以广西北部湾的防城港、重庆港作为典型港口,实现港口物流枢纽建设和运营模式的具体应用,最大化地发挥项目研究成果的示范价值。

整个研究包括:港口物流枢纽内在发展机理与典型港口研究、港口物流枢纽评价指标体系研究、港口物流枢纽建设和运营模式研究、西部地区典型港口发展模式案例分析等4个专题。

其中:专题1作为整个重大专项的理论基础,提出港口物流枢纽的概念、要素、功能和目标,从运输中心、港城物流枢纽、国际物流枢纽3个方面提出港口物流枢纽发展形态,明确重大专项研究的范畴和重点。

专题2则构建了的港口物流枢纽在运输中心、港城物流枢纽、国际物流枢纽的评价指标体系,为科学评价港口物流枢纽发展水平提供了有效抓手。

专题3提出了港口物流枢纽发展模式,是实现港口物流枢纽作为运输中心、港城物流枢纽、国际物流枢纽三种发展形态的途径和手段。

专题4侧重于港口物流枢纽发展模式的实践应用,选取广西北部湾的防城港和重庆港,将港口物流枢纽内在发展机理、评价指标体系和发展模式具体化到港口物流系统建设中,并提出相应的针对性政策建议和保障措施,各专题关系如图1-2所示。

本项目通过内在机理、指标体系、发展模式等研究,构建港口物流枢纽的理论体系,提出“经济、高效、安全、绿色”的发展目标,为港口物流枢纽建设和发展提供理论支撑,也为整个专项研究提供内在的理论主线,如图1-3所示。

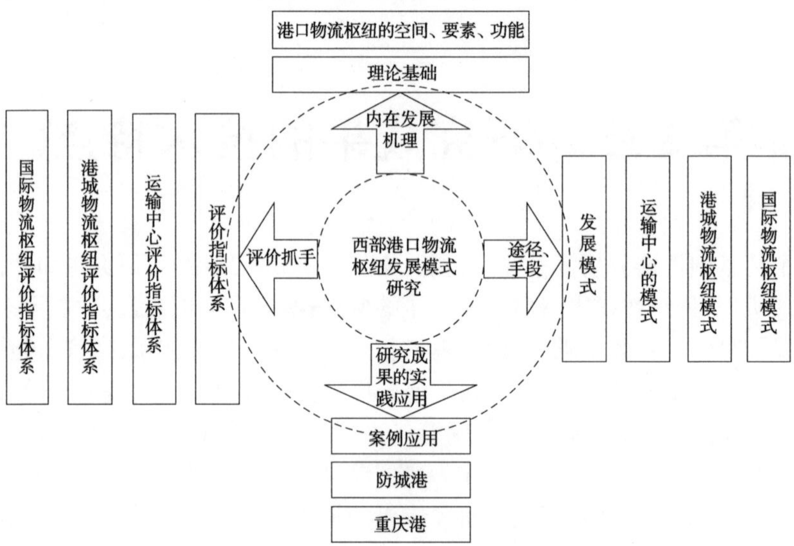

图 1-2　各专题之间的逻辑关系图

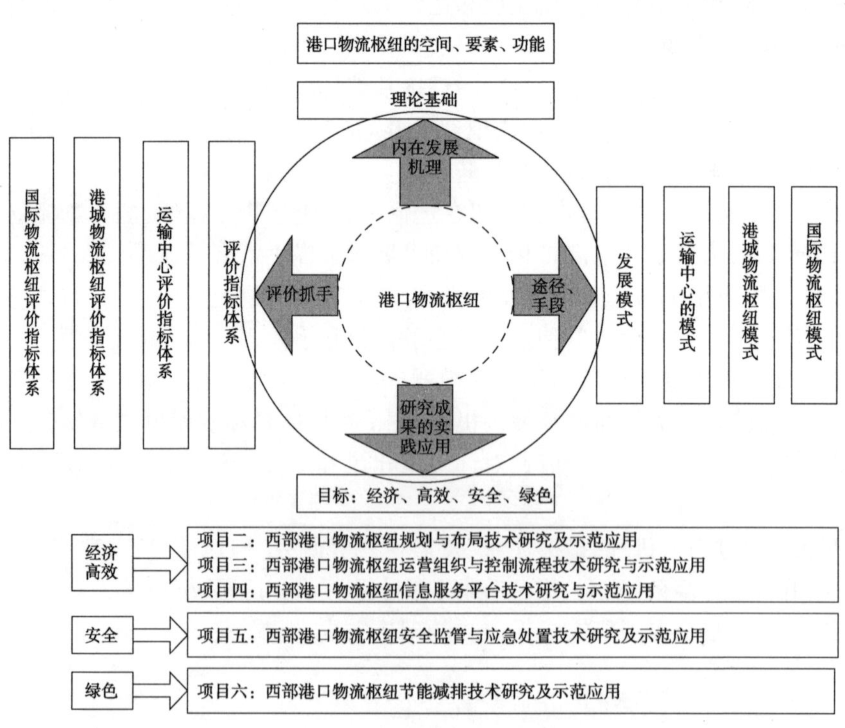

图 1-3　研究重点及逻辑关系图

2.1 港口物流枢纽的概念

港口物流枢纽,是以货物需求为导向,以港口为依托,拥有集约化运作的物流节点设施,表现为运输中心、港城物流枢纽、国际物流枢纽等发展形态,具备多式联运、仓储分拨、流通加工、临港工业、商品交易、信息处理、港航服务和全球物流供应链节点等综合服务的物流功能集聚区。

2.2 港口物流枢纽的发展形态

2.2.1 运输中心

运输中心是依托港口基础设施、设备所形成的物流功能集聚区。其范围包括《中华人民共和国港口法》规定的港域和临港物流节点设施(物流园区、物流中心、保税港区)。这种形态下,港口物流枢纽关注于港口吞吐能力和集疏运能力提升,体现为运输组织、中转换装、装卸储存、多式联运、通信信息以及生产、经营、管理和生活辅助服务等项基本功能的转型升级。重点是通过信息化、智能化、安全和绿色领域技术创新,提升港口基础设施总体能力和单体设施的最大能力,提高装卸作业效率和港口相关服务效率及便利性,提升港口基础设施、机械设备和工艺技术,主要是为实现有效的组织运输,压缩货物在港时间,减少中转环节,实现港口物流枢纽经济、高效的目标,如图1-4所示。

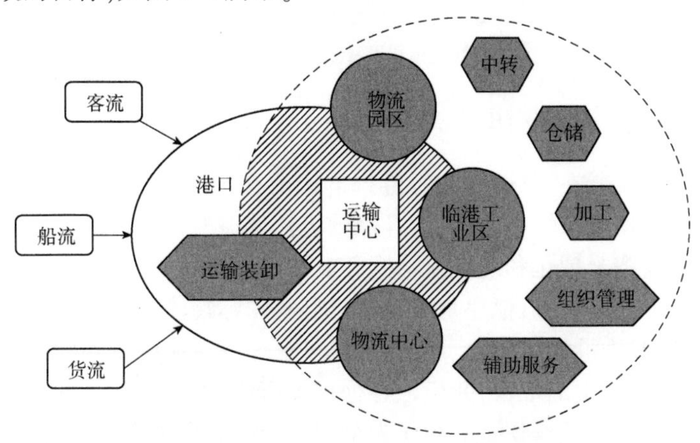

图1-4 港口物流枢纽发展形态——运输中心

2.2.2 港城物流枢纽

依托港口及其所在城市和城市群，拓展港口服务功能，实现港口物流系统与城市经济高度融合。其范围可理解为港口物流枢纽所在城市和城市群的范畴。

主要通过政策引导、规划布局，衔接港口物流与城市现代物流体系，通过临港工业和现代物流两个方面，实现港城融合。这种形态下，港口物流枢纽体现为城市物流系统中最主要的物流要素集聚和服务平台，如图 1-5 所示。

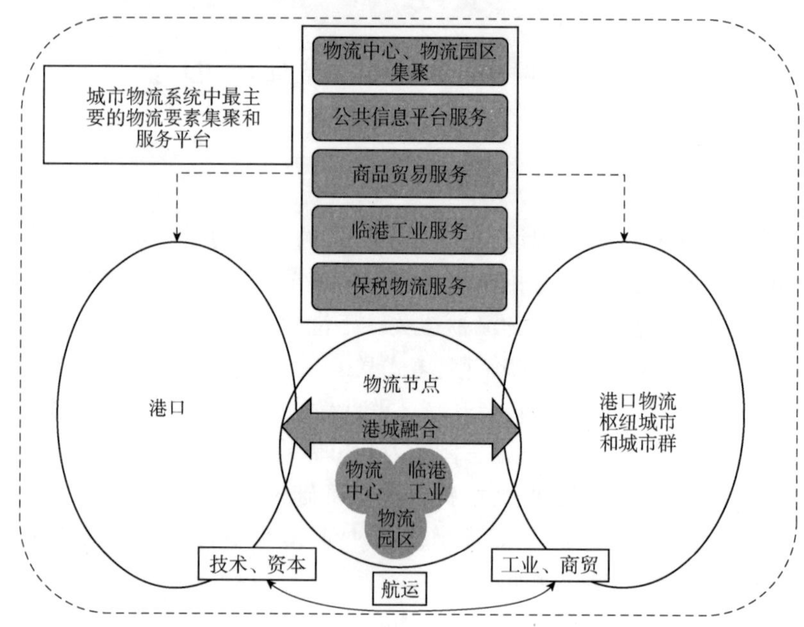

图 1-5　港口物流枢纽发展形态二——港城物流枢纽

2.2.3 国际物流枢纽

依托港口及其所在区域(可以是港口群或所在国际区域)，港口物流枢纽发展成为区域和国际物流系统中的枢纽，其范围包括港口所在港口群和所在国际区域，其发展重点是经济全球化和现代航运服务业的发展。

这种形态下，港口物流枢纽是所在港口群和国际物流系统的枢纽，连接海洋经济与陆地经济，成为港城一体化、区域一体化、全球一体化的重要载体，吸引相关制造业、服务业在空间上的汇聚，并衍生各种相关产业，形成产业集群，形成清晰的物流供应链和产业链。港口物流枢纽作为全球供应链节点和现代航运服务中心的突出功能，形成金融、保险、海事等高端物流服务中心，发展成为煤、油、矿、箱等主要货种的国际物流枢纽,以及汽车物流、冷链物流、大件物流等专业物流的国际物流枢纽。在这一形态下,港口物流枢纽在供应链中的作用突出,高端物流产业占据更为重要的位置,安全和绿色发展目标更为明显,如图 1-6 所示。

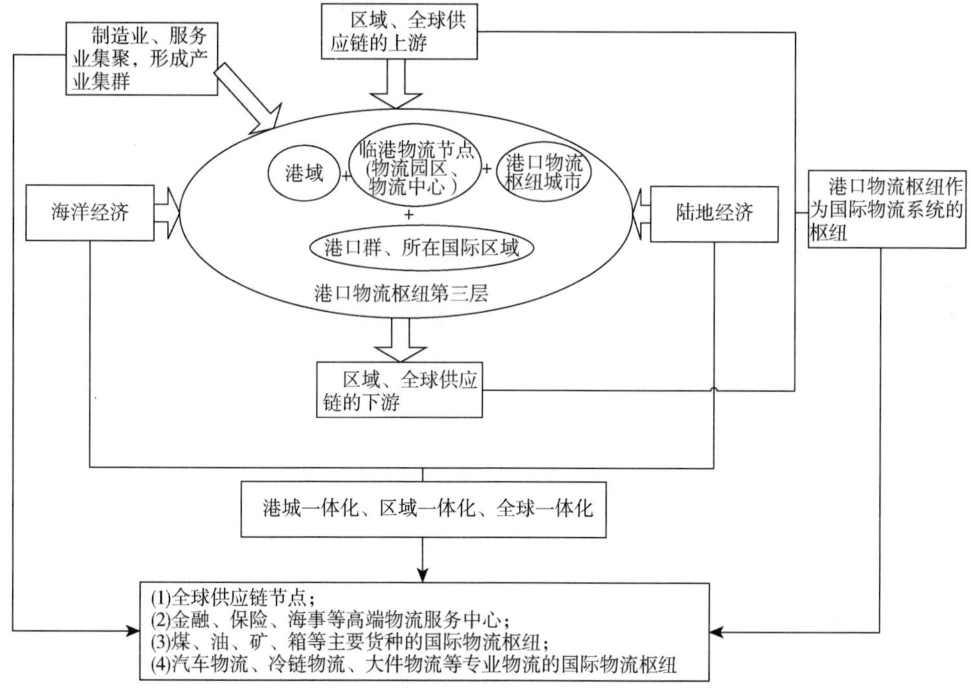

图 1-6 港口物流枢纽发展形态三——国际物流枢纽

2.3 港口物流枢纽的发展模式

2.3.1 运输中心的港口物流枢纽发展模式

对应运输中心发展形态,应用现代科学技术和管理技术来改造和提升港口基础设施、运输装备的现代化水平和运营效能。这一模式重点通过 4 个方面来实现:一是重视港口物流系统组织优化,提高码头前沿和后方堆场的机械配置;二是重视港口多式联运体系建设,提升港口集疏运能力;三是重视港口软环境建设,提升信息化水平;四是重视港口物流技术革新,推动港口向“经济、高效、安全、绿色”的方向转型,如图 1-7 所示。

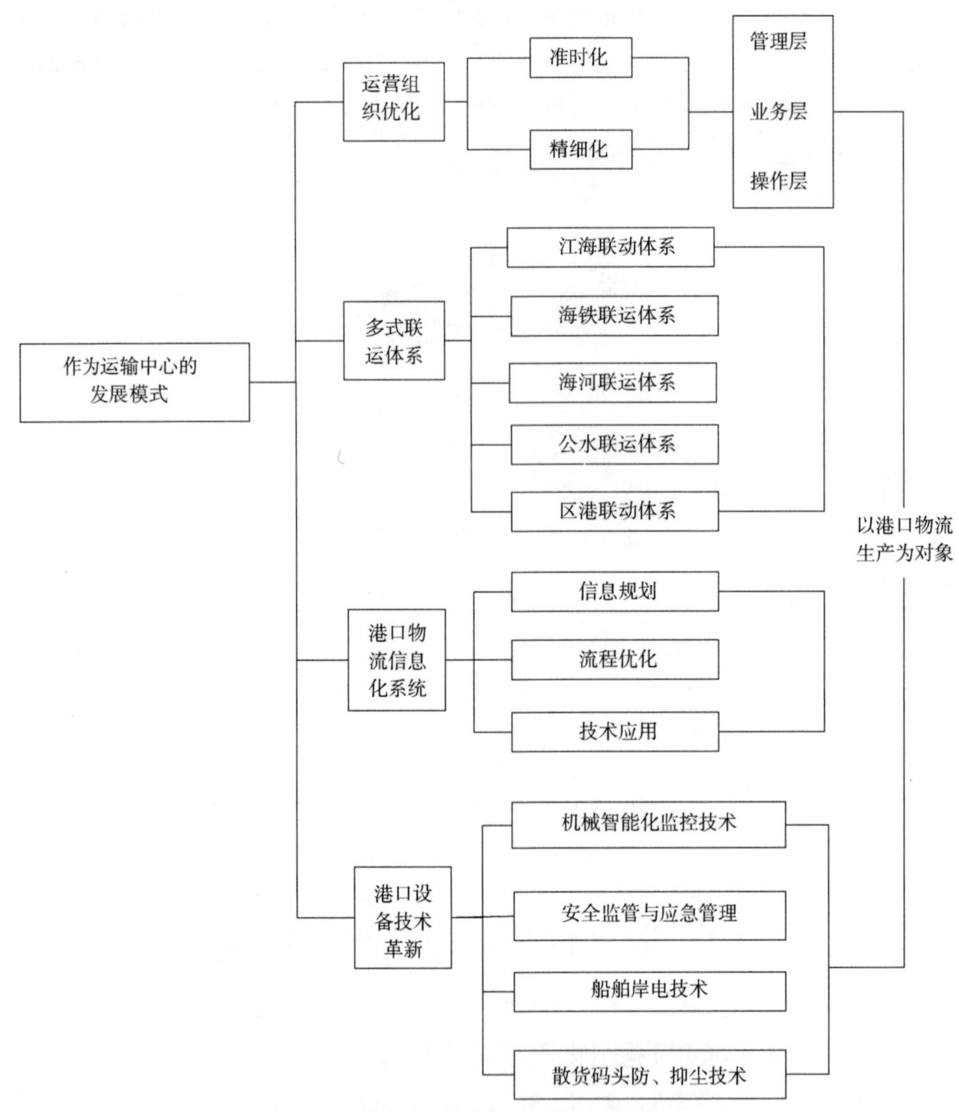

图 1-7 作为运输中心的港口物流枢纽发展模式图

2.3.2 港城物流枢纽的发展模式

对应港城物流枢纽发展模式，侧重于港口物流应与所在城市和城市群的物流体系融为一体，并体现物流要素集聚、协调、优化特点。这种模式中，临港工业和现代物流是两大要素，保税物流体系、临港工业系统、公共信息平台等系统是具体的途径和手段,如图 1-8 所示。

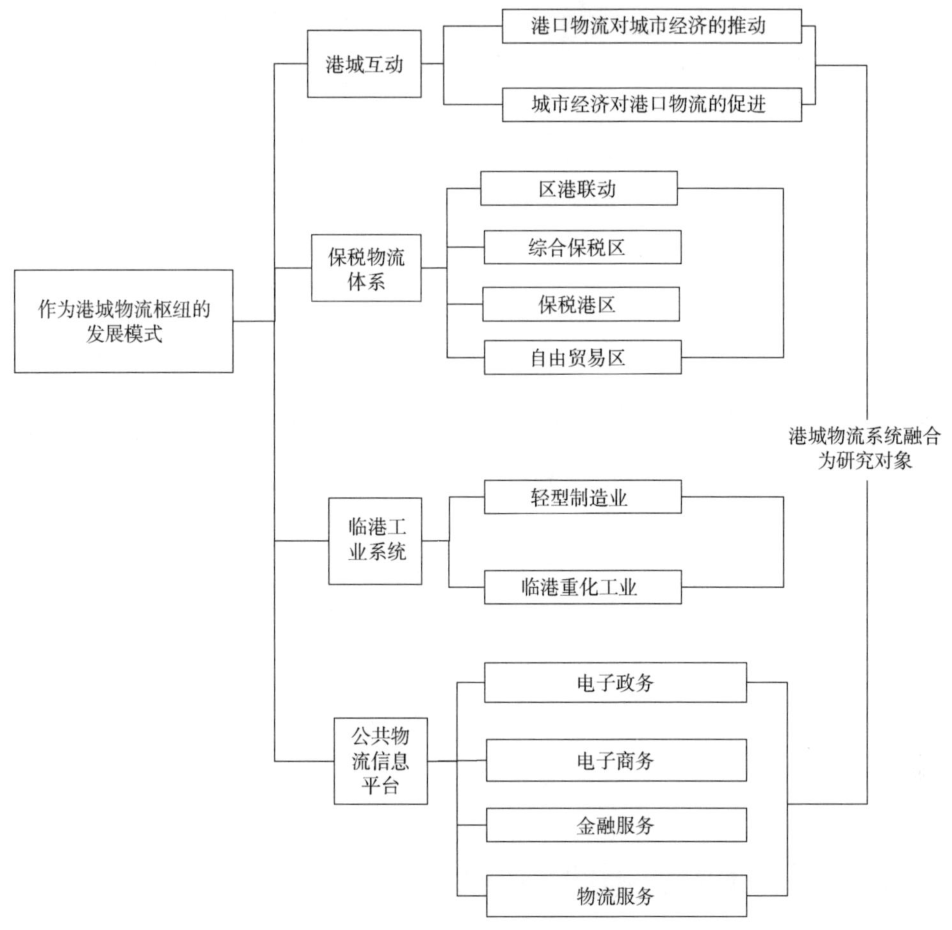

图 1-8 作为运输中心的港口物流枢纽发展模式图

2.3.3 国际物流枢纽发展模式

对应国际物流枢纽发展形态,依托港口及其所在区域(可以是港口群或城市群),以全球供应链系统为研究对象,体现经济全球化和现代航运服务业发展,从全球供应链体系中物流节点、高端物流服务中心、煤油矿箱主要货种的国际物流配置中心、专业物流国际配置中心 4 个方面,实现港口物流枢纽作为国际物流枢纽的功能。经济全球化和现代航运服务业发展是这一发展模式下的重点,国际物流枢纽的发展将更加重视"经济、高效、安全、绿色"发展目标的实现,如图 1-9 所示。

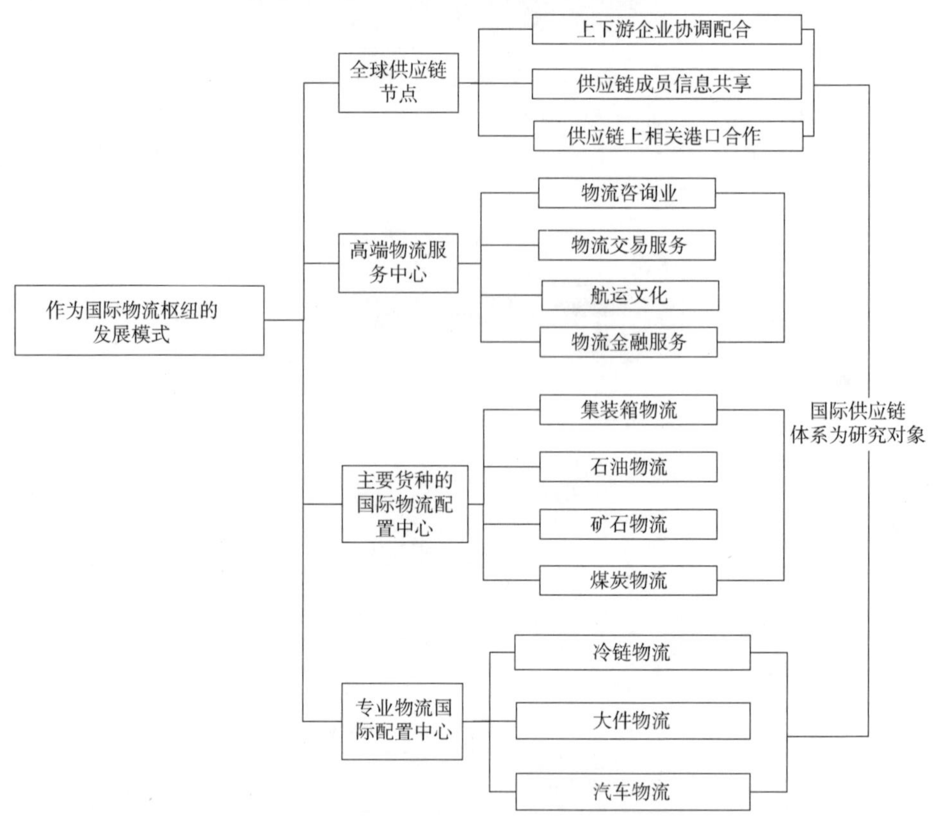

图 1-9　作为国际物流枢纽的港口物流枢纽发展模式

2.4　港口物流枢纽的发展目标及评价指标体系

围绕港口物流枢纽作为运输中心、港城物流枢纽和国际物流枢纽的 3 个发展形态，提出 3 套评价指标体系。对应港口物流枢纽“经济、高效、安全、绿色”的发展目标，将每套指标体系的目标层相应分为“经济、高效、安全、绿色”4 个方面。

运输中心发展形态下的评价指标体系，侧重体现港口物流枢纽生产服务功能的特征，其评价指标体系框架如表 1-1 所示。经济目标，通过自然条件、物流规模、物流效益、腹地资源等系统层指标描述；高效目标，通过集疏运效率、节点设施生产效率、物流服务水平、物流技术水平等系统层指标描述；安全目标，通过运输安全和港口安全 2 个系统层指标描述；绿色目标，通过能源强度、环境友好两个系统层指标描述。

运输中心发展形态下港口物流枢纽评价指标体系 表1-1

目标层A	系统层B	操作层C
经济	自然条件	区位条件
	港口腹地资源条件	港口腹地经济体量
		港口腹地外贸水平
	物流规模	港口货物吞吐量
	物流效益	港口业务营业额
		包装加工收入
高效	集疏运效率	铁路网平均饱和度
		公路网平均饱和度
		内河货物集疏运比例
	节点设施生产效率	船舶平均每装卸千吨货在港停时
		港口库存周转率
	物流服务水平	通关环境
		港口服务满意度
		航运服务满意度
	物流技术水平	港口生产信息化水平
安全	运输安全	万船事故率
	物流安全	港口事故率
绿色	能源强度	船舶单位运输能耗
		港口单位吞吐量能耗
	环境友好	船舶单位运输碳排放水平
		港口单位吞吐量碳排放水平

港城物流枢纽发展形态下的评价指标体系，侧重考量港口物流系统与城市经济融合的特征，其评价指标体系框架如表1-2所示。经济目标，通过港口对城市经济影响、港城发展协调度、保税物流、临港工业等指标反映。高效目标是通过港口中转效率、物流节点、物流信息服务等指标反映；安全目标是通过港口安全、运输安全和物流安全3个系统层指标描述；绿色目标是通过能耗强度、环境友好和可持续发展3个系统层指标描述。

国际物流枢纽发展形态下的评价指标体系，侧重港口物流枢纽在区域、国际物流系统中作用的发挥，其评价指标体系框架如表1-3所示。经济指标，通过航运业发展水平、港口发展水平、航运服务业发展水平3个系统层指标反映；高效目标，通过政策服务、人力资源、政府管理服务、港口在全球供应链中地位 4 个系统指标反映；安全目标，通过运输安全、港口安全、物流安全和安全管理 4 个系统层指标描述；绿色目标，通过环境友好和可持续发展 2 个系统层指标描述。

港城物流枢纽发展形态下评价指标体系框架 表 1-2

目标层 A	系统层 B	操作层 C
经济	港口对城市经济影响	港口物流业增加值占城市 GDP 比例
	港城发展协调度	运输弹性系数
		单位 GDP 的运输周转量
	商贸/保税物流水平	临港商贸企业总产值
		保税物流园区总产值
	临港工业发展水平	临港工业投资规模
高效	港口运输中转效率水平	单位时间货物装卸量
	物流节点发展水平	临港物流园区企业总产值
		城市物流配送中心仓储能力
	物流信息服务水平	公共物流信息平台发展水平
		电子政务系统服务水平
安全	港口安全	港口事故率
	运输安全	货运车辆万车公里死亡率
	物流安全	物流作业货损率
绿色	环境友好	船舶单位吞吐量能耗
	可持续发展	港口单位吞吐量能耗
		岸线节约指标

国际物流枢纽形态下港口物流枢纽评价指标体系框架 表 1-3

目标层 A	系统层 B	操作层 C
经济	航运业发展水平	船舶平均吨位
		港航物流企业数量
	港口发展水平	国际集装箱中转比例
		港口通过能力利用率
	航运服务业发展水平	航运金融服务业总产值
		海事仲裁案件数量
		航运保险业务交易金额
		船舶交易金额
		航运经纪从业人员数量

续上表

目标层A	系统层B	操作层C
效率	人力资源水平	本科及以上从业人员比例
	政府服务水平	公共服务能力
		公共政策
	港口在全球物流供应链地位	大型物流企业入驻数量
		国际班轮航线的数量
安全	运输安全	万船事故率
		货运车辆万车公里死亡率
	港口安全	港口事故率
	物流安全	物流作业货损率
	安全管理	安全管理制度
绿色	环境友好水平	船舶单位运输能耗
		港口单位吞吐量能耗
	可持续发展	岸线节约指标
		交通(物流)节能减排规划、政策完善程度

第二篇 内在机理

港口物流枢纽内在发展机理与案例分析

Gangkou Wuliu Shuniu Neizai Fazhan Jili yu Anli Fenxi

本篇根据港口物流领域最新研究成果，在借鉴分析国内外港口物流成功经验的基础上，通过理论分析、借鉴研究、模型构建等方法，研究港口物流枢纽概念，提出不同发展形态下的空间、要素和功能等内在发展机理，为港口物流枢纽的研究奠定理论基础。

第 1 章　港口物流枢纽相关概念

港口物流枢纽,不是一个孤立的概念,它的产生与港口、物流、枢纽等概念都有内在联系。目前,学术界对于这些概念形成了一致的观点和认识,在此基础上,通过概念辨析和逻辑推导,提出港口物流枢纽的概念及构成要素,作为研究的理论基础。

1.1　港口和物流的相关概念

1.1.1　港口概念与功能

2004 年 1 月 1 日施行的《中华人民共和国港口法》对于港口的概念作出以下描述:港口是指具有船舶进出、停泊、靠泊,旅客上下,货物装卸、驳运、储存等功能,具有相应的码头设施,由一定范围的水域和陆域组成的区域。

从现代港口发展观点来看,港口功能主要包括几个方面:

(1)港口是海运和陆运的交接点;

(2)港口是工业活动基地;

(3)港口是综合物流的中心;

(4)港口是城市发展的增长点;

(5)港口具有对社会经济发展的促进效应。

1.1.2　物流概念与功能

我国国家标准《物流术语》(GB/T 18354—2006)对物流的定义是:“物流是物品从供应地向接收地的实体流动过程。根据实际需要,将运输、储存、装卸、搬运、包装、流通加工、配送、回收、信息处理等基本功能实施有机结合。”

随着科技进步,物流概念与领域也在不断变化和发展。现代化物流更强调从供应链视角看物流,物流系统是整体优化的,对物流过程中的各功能环节统筹优化。现代物流的基本功能包括:运输、存储、包装、装卸搬运、流通加工、配送、信息管理 7 项。

1.1.3 枢纽概念与功能

枢纽,《辞海》的解释为"比喻冲要的地点,事物的关键之处"。有研究认为枢纽概念源自图论和网络几何学,有广义和狭义之分。广义指事物的重要环节,即事物相互联系的中心环节,狭义指某事物领域交汇中心,如神经枢纽、水利枢纽、交通枢纽等。

本书研究的港口物流枢纽,与交通枢纽有着内在联系;根据《物流术语》(GB/T 18354—2006),交通枢纽指在一种或多种运输方式的干线交叉与衔接处,共同为办理旅客与物品中转、发送、到达所建设的多种运输设施的综合体。

物流枢纽的概念是随着现代物流业的发展和现代物流网络体系的逐步形成而出现的,也是交通枢纽功能向运输物流一体化拓宽发展的结果。通过将物流概念和交通枢纽的概念结合,得出物流枢纽的概念:物流枢纽指依托综合交通运输枢纽、拥有一定数量、相互间有紧密的作业联系、合理的业务分工协作、便捷的运输联系的节点设施(物流园区、物流中心),衔接两种及以上交通运输方式、能承担区域(或物流枢纽)间主要物流交换衔接中转功能、相互间通常能组织直达班列(轮)(铁路直达班列、水运直达班轮、民航直达航班、公路直达班线)运输的物流设施群。

物流枢纽的形成演变过程,如图 2-1 所示。

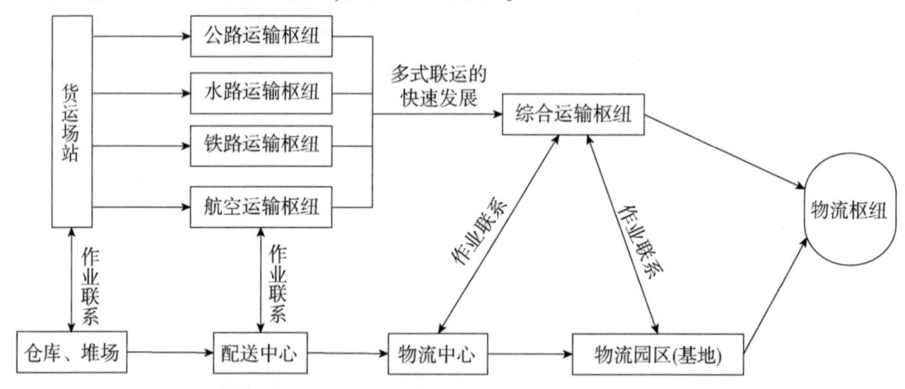

图 2-1 物流枢纽的形成演变过程

1.1.4 港口物流概念与功能

港口物流是一个实际意义大于理论意义的定义,其概念的推出结合了港口和物流的概念,体现港口作为物流体系中的重要节点,向全方位增值服务的发展方向。通过对国内外学术成果的研究,港口物流的概念可以概括如下:

“港口物流是社会物流的一个环节，指港口利用自身岸线资源、基础设施、货物集散、信息等优势，并依托物流园区、配送中心、物流信息系统和商品交易中心等平台，拓展港口传统业务，将运输、仓储、装卸搬运、代理、简单加工、配送、信息处理等物流环节有机结合，从而形成以港口为中心的为各类产业供应链提供物流服务的综合体系，以达到为客户提供多功能、一体化综合物流服务的目的。”

港口物流是以港口为核心形成的综合物流服务体系。它具备了综合服务功能、信息处理功能、多式联运功能、商贸服务和保税功能、集聚和辐射功能等，如表 2-1 所示。

港口主要服务功能 表 2-1

功能要素	内　　容
综合服务	运输中转、装卸搬运、仓储、包装、流通加工、配送和信息服务
信息处理	物流信息、贸易信息、金融信息和政务信息处理
多式联运	不同运输方式间换装的枢纽
商贸和保税	商贸服务中心、保税物流服务
集聚和辐射	服务范围，不仅包括周边，还能涵盖内陆和海外腹地

1.1.5 港口物流枢纽相关概念辨析

由表 2-2 可知，港口是港口物流依托的核心和枢纽，是港口物流体系发展和演化的起点，港口服务范围的扩大与港口功能的拓展，使港口在物流体系中的作用不断完善，进而形成以港口为核心的港口物流系统。

港口物流枢纽相关概念辨析 表 2-2

名　称	概　　念	功　　能
港口	港口是指具有船舶进出、停泊、靠泊，旅客上下，货物装卸、驳运、储存等功能，具有相应的码头设施，由一定范围的水域和陆域组成的区域(《中华人民共和国港口法》)	海运和陆运的交接点、工业活动基地、综合物流的中心、城市发展的增长点、具有社会经济发展的促进效应
物流	物流是物品从供应地向接收地的实体流动过程。根据实际需要，将运输、储存、装卸、搬运、包装、流通加工、配送、回收、信息处理等基本功能实施有机结合(物流术语)	运输、存储、包装、装卸搬运、流通加工、配送、信息管理
枢纽	“比喻冲要的地点，事物的关键之处”(辞海)	广义指事物的重要环节，即事物相互联系的中心环节；狭义指某事物领域交汇中心

续上表

名　称	概　　念	功　　能
交通枢纽	指在一种或多种运输方式的干线交叉与衔接处，共同为办理旅客与物品中转、发送、到达所建设的多种运输设施的综合体(物流术语)	(1)衔接多种运输方式； (2)办理旅客与物品中转、发送、到达
物流枢纽	物流枢纽指依托综合交通运输枢纽、拥有一定数量、相互间有紧密的作业联系、合理的业务分工协作、便捷的运输联系的节点设施(物流园区、物流中心)，衔接两种及以上交通运输方式、能承担区域(或物流枢纽)间主要物流交换衔接中转功能、相互间通常能组织直达班列(轮)(铁路直达班列、水运直达班轮、民航直达航班、公路直达班线)运输的物流设施群	(1)衔接两种以上交通运输方式； (2)承担区域间主要物流中转、交换、衔接功能； (3)紧密的作业联系、合理的业务分工协作和便捷的运输联系
港口物流	港口物流是社会物流的一个环节，指港口利用自身岸线资源、基础设施、货物集散、信息等优势，并依托物流园区、配送中心、物流信息系统和商品交易中心等平台，拓展港口传统业务，将运输、仓储、装卸搬运、代理、简单加工、配送、信息处理等物流环节有机结合，从而形成以港口为中心的为各类产业供应链提供物流服务的综合体系，以达到为客户提供多功能、一体化综合物流服务的目的	综合服务功能、信息处理功能、多式联运功能、商贸服务和保税功能、集聚和辐射功能
港口物流枢纽	港口物流枢纽是一个发展的概念，以港口为依托，拥有相互紧密作业联系的物流节点设施，由经济、政策等外部环境和内在要素驱动，表现出运输中心、港城物流枢纽、国际物流枢纽等发展形态，并具备运输中转、仓储加工、临港工业、商贸集聚、信息处理、全球物流供应链节点等服务功能的物流设施综合体	运输中转、仓储加工、临港工业、商贸集聚、信息处理、全球物流供应链节点等

而物流是一个过程，是以满足客户需求为目的，将物流环节中各种资源有效配置，保障流体在系统中有效运作的过程。港口物流作为社会物流的一个环节而存在，是港口发展与物流发展相互结合的结果。

随着对外贸易的往来频繁，港口运输迅速发展，港口物流逐渐发展成为一种新兴产业，对全球经济、区域经济和城市经济发展起着巨大推动作用。港口作为海陆运输的转换点，自然成为物流活动的集聚地。港口城市成为现代物流产业发展的理想区位，港口物流迅速发展为一种重要的物流形态，在此设立仓储、配送和流通加工企业，可以减少物流时间、降低物流费用。而港口生产的特点是为货物流动、物流全程提供全方位、高增值的服务。为了增强港口的竞争力，现代港口都在积极寻求构建港口物流链，港口城市利用自身的口岸优势，以先进的软硬件环境为依托，强化其对港口周边物流活动的辐射能力，突出港口集货、存货、配货服务功能，依托临港产业，以信息技术为支撑，以优化港口资源整合为目标，发展具有涵盖物流链所有环节的港口物流服务体系。

港口物流，已经是世界经济、区域经济和城市经济快速发展的重要引擎，并逐渐形成一种新兴经济，人们形象的称之为“蓝色新经济”。港口物流是多种物流物资、交通运输、服务资源的集合。从纵向看，港口物流涉及运输、储存、装卸、搬运、包装、流通加工、配送、信息处理，以及为以上多个环节提供装备和配套服务的诸多领域；从横向看，港口物流服务几乎涉及国民经济的许多方面，是一个跨行业、跨部门、跨地区的基础性产业，具有强大的经济渗透力和带动效应。港口物流业是沿海地区的优势产业、潜力产业，是服务业发展的重点领域。

1.1.6　港口物流枢纽概念界定

通过对港口物流、物流枢纽等相关概念的辨析，结合对港口物流发展的实际情况，研究认为港口物流枢纽是港口与现代物流相互结合，互为影响的产物。它符合港口发展内在规律，又体现经济全球化和一体化发展要求，代表了未来港口发展的方向。

一是从国民经济转型升级角度来看，我国已进入经济社会转型发展阶段，而发展物流业是经济社会转型发展的迫切要求。物流业是现代服务业的重要组成部分，对于调整经济结构、转变发展方式、增强国际竞争力具有重要作用。当前，世界经济深度转型调整，全球经济一体化和产业国际分工趋势日益明显，我国经济发展面临着进一步扩大内需、提高创新能力、促进发展方式转变的新机遇和新挑战。党的十八大，把推动服务业，特别是现代服务业的发展壮大，作为推进经济结构战略性调整的重要任务，对物流业的发展提出了更高的要求。将物流业与港口发展相结合，提出港口物流枢纽的发展思路，符合国民经济转型升级的发展要求。

二是从交通运输行业发展分析，根据《交通运输推进现代物流业健康发展的指导意见》，在国民经济转型升级过程中，需要相应提升传统运输枢纽的物流服务能力，引导港口加快转型升级，支持由传统运输和装卸业务向现代物流服务功能延伸。依托港口、“内陆无水港”等口岸资源，着力提升国际物流服务能力。鼓励港口与后方物流园区、产业园区等联动发展，提高物流服务配套能力。加强与海关、国检等口岸部门的沟通和协调，推动建立联合查验机制，促进一体化通关。港口物流枢纽的建设，应符合交通运输业发展趋势，能够体现交通运输行业对现代物流的推进作用。

因此,结合国民经济和交通运输行业转型升级的发展要求,通过多方面的文献分析、研究论证和专家咨询,将港口物流枢纽的概念界定如下:

港口物流枢纽,是一个发展的概念,以港口为依托,拥有相互紧密作业联系的物流节点设施,由经济、政策等外部环境和内在要素驱动,表现出运输中心、港城物流枢纽、国际物流枢纽等发展形态,并具备运输中转、仓储加工、临港工业、商贸集聚、信息处理、全球物流供应链节点等服务功能的物流设施综合体。

1.2 港口物流枢纽的构成

根据港口物流枢纽概念,港口物流枢纽依托港口,拥有相互紧密联系的物流节点设施,表现出运输中心、港城物流枢纽、国际物流枢纽 3 个发展形态,并具备相应的服务功能,由于港口物流枢纽是一个发展概念,在其各个发展形态下,有不同的关键因素发挥作用,但基本要素及相互关系可概括如下:

1.2.1 港口物流枢纽基本构成要素

1) 港口

港口是港口物流枢纽依托的基础条件,是港口物流枢纽的核心,港口的自然区位、港区陆域、岸线资源、基础设施、机械设备是港口物流枢纽功能实现的前提和基础。

2) 物流节点设施

港口物流枢纽,由相互衔接紧密的物流节点设施构成,包括物流园区、临港产业区、物流特殊功能区(如无水港、保税物流中心、保税港区等)。

3) 集疏运系统

港口物流枢纽中的物流节点设施,需要有高效、便捷的运输保障,既包括港口内部的运输系统,更重要的是与内陆腹地的公路、铁路和内河等集疏运体系。

4) 物流信息系统

物流信息系统是整个港口物流枢纽的“神经系统”。它利用现代信息技术和通信技术,保障港口物流枢纽运作相关部门或机构之间的有机联系,使得信息在港口物流各个环节交互和传递的畅通、高效、及时和准确,为港口的物流枢纽运作提供必要的信息支持。

5) 物流产业系统

物流产业系统是现代港口物流枢纽的重要组成部分,主要由港口物流相关物流增值服务企业、中介及配套的服务企业以及临港加工贸易企业等组成,是港口物流发展的切入点和潜在动力。

6)协调支持系统

协调支持系统主要包括:人力资源、组织管理、口岸服务、市场信息、政策制度、市场环境、人文环境等,如图 2-2 所示。

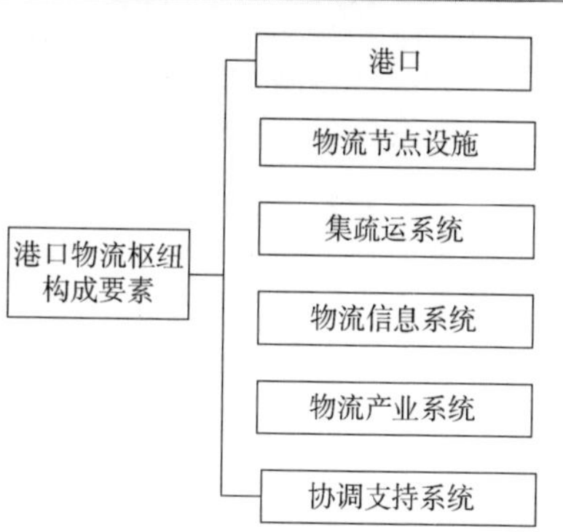

图 2-2 港口物流枢纽主要构成要素

1.2.2 港口物流枢纽基本要素关系

从港口物流枢纽基本构成要素相互关系来看,港口是港口物流枢纽的业务核心,港口的自然区位、港区陆域、岸线资源、基础设施、机械设备,是保障港口物流枢纽实现经济、高效、安全、绿色发展目标的关键所在,港口是港口物流枢纽区别于其他物流枢纽的最明显特征。

集疏运系统无缝连接港口物流枢纽内部各物流节点的设施,构成港口物流枢纽运作的硬件支持系统,为港口物流枢纽的正常运作提供了基础设施支持,同时,港口物流枢纽的发展也能反作用于港口,促进其向经济、高效、安全、绿色方面的升级。

物流信息系统是港口物流枢纽实现信息处理功能的重要支撑,不仅为港口的正常运营提供必要信息流支持,也为港口物流服务对象提供相应的信息服务。在不同发展形态下,信息化技术的应用,也体现了港口物流枢纽不同发展特点。在运输中心发展形态,信息技术主要应用于港口装卸和运输等主业,体现经济、高效、安全等生产要求;而当港口物流枢纽发展为港城物流枢纽形态,信息技术的应用领域逐步转向公共物流信息平台、绿色港口等新领域,体现港口物流枢纽发展的趋势和导向。

物流产业是体现港口物流枢纽发展的重要载体,港口物流枢纽通过物流业务拓展和服务功能的衍生,在追求经济、高效的同时,推进相关物流产业的发展,港口物流枢纽从运输中心逐步向港城物流枢纽和国际物流枢纽的发展过程,也是港口物流枢纽的临港产业、商贸产业、高端服务业不断拓展的结果。

协调支持系统,从软件建设方面支持港口物流枢纽的运作,包括人力资源、组织管理、口岸服务、市场信息、政策制度、市场环境、人文环境等,从内部发展到外部政府、行业发展环境等方面,在港口物流枢纽逐步向经济、高效、安全、绿色方向发展的过程中,政策法规、口岸服务、人文环境等协调支持系统变得更为重要。

总之,港口物流枢纽各基本要素间,既相互独立,又相互联系、彼此互动,共同构成了港口物流枢纽,如图 2-3 所示。

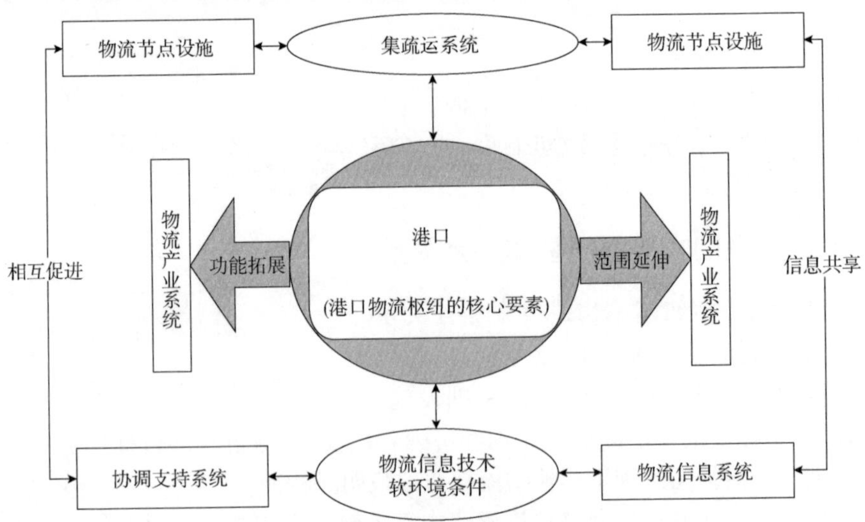

图 2-3　港口物流枢纽基本要素关系图

第 2 章　港口物流枢纽形成和发展机理

2.1　港口物流枢纽的形成和发展的动因

2.1.1　区位因素

港口有着天然的岸线和区位优势，并且是水陆运输换装的枢纽和中心。国际贸易活动中，劳动、资金、技术、资源等要素的流动，90%以上通过海运，而船流、货流最初必然通过港口的集聚和中转。这就是港口为何能够成为港口物流枢纽形成和发展所依靠的交通枢纽的原因。同时，港口具有陆向和海向双向腹地，并且是连接国内物流与国际物流的中枢。随着国内、国外两个市场的逐渐对接，港口对陆向腹地的作用将由原来的"窗口"转变为"枢纽"作用，现代化的物流设施依托港口形成港口物流枢纽，在追求经济、高效运作目标中，推动腹地综合运输的发展，加强腹地现代化物流网络的建设，进而加强整个腹地与国际物流体系的联系，推动区域经济的发展。

2.1.2　技术因素

科技是第一生产力，技术因素是港口物流枢纽形成和发展的重要动因。港口物流枢纽依托港口，通过信息化、智能化、安全、绿色等技术领域创新，将装卸、运输、仓储、配送、加工、信息服务、安全、环保等环节组合为有机整体。使港口物流枢纽从最初以运输、装卸为中心，逐步向国际物流系统的枢纽转变。

首先，从港口物流枢纽构成要素分析，港口、物流节点设施、集疏运系统等硬件设施水平的提高，依赖于现代物流技术的发展。智能化物流设备的出现，管理和控制系统的高度一体化，无缝衔接的集疏运系统，使港口物流系统的水平上升到一个新的高度，为港口物流枢纽的形成创造了条件；第二，技术革新改变了原有港口物流运作模式，机械化、智能化、安全、绿色的技术应用，使很多依靠人工的物流环节大大简化，依托港口整合多项物流服务功能，并在更大范围和更深层次实现物流服务成为可能；第三，技术创新改变了港口物流发展的思路。工业化带来了全球经济发展,也带来了安全、环境影响,依托港口发展而来的港口物流枢纽也是生产安全、资源消耗和环境污染的重要部门,需要建立高安全、低污染、低能耗、高效率的现代化港口物流体系。而安全、环保、节能技术的创新,可以实现安全、绿色港口物流枢纽的建设构想,进而推动港口物流枢纽的升级。

2.1.3 资本因素

资本因素是决定港口物流枢纽形成与发展的重要因素,港口天然的区域优势,使资本要素在港口集聚,资本要素的集聚将促进港口和港口所在城市物流产业的集聚,促进商贸、工业等产业资源的集中,从而带动以港口为依托的物流集聚体的布局,从而促进港口物流枢纽的形成和发展。

港口的开发建设,促进了港口相关产业的发展,为资本进入提供了机会,以资本集中为特征的临港产业集群,又极大拓展和提升了港口的服务能力,促使大型加工业基地在港口周边的集聚,如发电、钢铁、造纸、造船等临港工业,并促进与之相配套的机械、电器、控制、信息等产业的发展。基础产业的发展,进一步带动服务业发展,形成商贸、金融、保险等服务业。并促进所在城市发展,提供了相应的就业机会。因此,港口以自然区位优势获得了资本集聚的机会,进而实现产业的集聚,贸易中心的形成,并最终推动了港口物流枢纽的形成和发展。

2.1.4 人才因素

作为生产力三要素之一,劳动力要素是影响港口物流枢纽形成和发展的重要因素。早期港口以装卸、运输为主要功能,劳动力要素的表现形式是码头工人,从事的工作以简单、重复的装卸工作为主,在知识结构和专业水平上不能适应现代化物流操作要求。

随着港口及其相关物流产业升级,劳动力要素的表现形式变为专业化的物流人才,从事以信息化为主的管理和控制工作,对于人才知识结构和专业背景有更高要求。通过港口物流专业化的培养,劳动力素质有了较大提升,专业化物流人才比例提升,为信息化、智能化、安全、绿色等现代化技术应用提供了人力资源保障。特别是港口物流枢纽向区域和国际物流供应链体系枢纽转变过程中,人才因素更为重要,通过提升人员素质,转变思维模式,达到推动港口物流枢纽升级的目的。

2.1.5 行业因素

港口物流枢纽形成和发展与物流业、航运业、港口业,以及贸易、金融、法律等高端服务业的发展息息相关。

首先,物流业的发展推进港口物流枢纽形成。随着经济全球化和贸易全球化不断发展,现代物流更强调物流供应链一体化,促使运输、仓储、装卸搬运、代理、简单加工、配送、信息处理整合,依托港口实现港口物流枢纽功能的实现。

其次,航运业的发展推动港口物流枢纽的形成。为适应国际贸易发展要求,航运业逐步向大型化、专业化方向发展,各大船公司争相订购大型化、专业化、节能环保型船舶,从而对港口的水深条件、装卸设施、服务水平和腹地货源提出更大挑战。比如,马斯基主导的3E级集装箱船舶,其装载量已达到18000TEU以上,该集装箱船已正式交付使用,对挂靠码头的软硬件条件提出了新的要求。为了适应航运业大型化的趋势和基于节约投资成本、节约船舶在港时间以及加快货物流转速度的考虑,经济、高效、节能和绿色的发展趋势成为港口物流枢纽建设的首选。

第三,港口业的推动。港口与物流业的发展相辅相成,港口从单纯的运输节点转变为物流供应链的枢纽,港口功能从运输装卸,转变为包含加工、配送、信息服务以及具备柔性化、专业化特点的综合物流服务。港口成为全球化物流供应链体系中的重要环节和枢纽,在港口阶段性发展的过程中,追求运作效率和经济效率的提升,追求港口对经济社会的贡献,这同港口物流枢纽"经济、高效、安全、绿色"的内在发展目标一致。

最后,港口物流枢纽发展的内在动因,还在于贸易、金融、法律、咨询等高端服务体系的支撑。比如,鹿特丹港为制造商、船运公司和供货商提供全球性后勤保障,物流园区建在港区中心地带,与码头间有专门的运输通道,方便进行物资配给,提升了港口物流运作效率。新加坡港实行"一站式"服务,包括航运、贸易、法律、金融等在内的服务项目可以通过一个窗口集中办理,还可以通过先进的电子通信技术事先进行审核,有效提高物流企业的收益,并能够实现节能减排的目的。

2.1.6 环境因素

国家的政策扶植、外部环境、制度建设和文化培植对港口物流枢纽的发展尤为重要。比如,汉堡、安特卫普等港口,都实行自由港政策,货物进入港区即视为出口,可享受相应的税收和口岸服务。又如,伦敦港,虽然没有显著的吞吐量作为支撑,但波罗的海航运交易所、国际海事仲裁机构、全球航运金融服务机构云集于此,航运文化已经成为伦敦国际航运中心的显著标志,体现港口物流枢纽经济、高效、安全、绿色的发展目标。因而,港口物流枢纽的形成和发展,还需要所在地政府、企业和相关组织在政策环境、制度建设和文化培养上的推动。

2.2 港口物流枢纽的发展机理分析

港口物流枢纽是依托港口形成的具有综合物流功能的物流设施综合体,随着现代物流业的不断发展,港口作为海陆联动的重要转换点和全球供应链服务的节点,发挥着越来越重要的枢纽作用,吸引着大量货物运输物流服务需求。因此,港口物流枢纽的概念是一个发展的概念,并随着技术、资本、人才、行业、环境等因素的变化,体现出不同的发展形态,为方便理解,应用"空间、特征、功能"概念模型,说明港口物流枢纽的发展。

2.2.1 "空间—特征—功能"模型

这里建立港口物流枢纽"空间—特征—功能"模型,如图 2-4 所示,从空间、特征、功能三个角度研究港口物流枢纽的内在发展机理,见表 2-3。

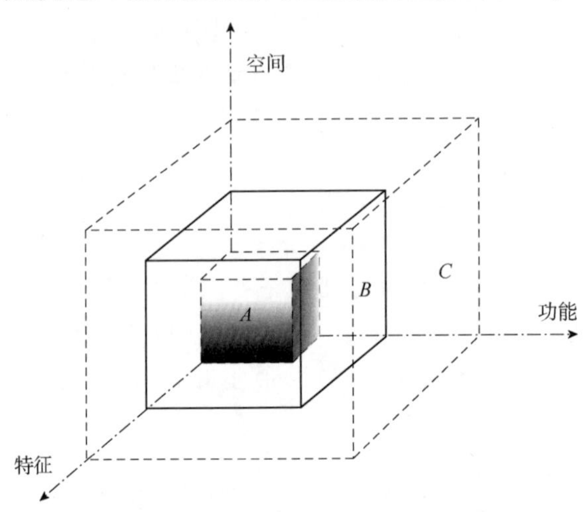

图 2-4 港口物流枢纽"空间—特征—功能"概念模型

A-运输中心;*B*-港城物流枢纽;*C*-国际物流枢纽

2.2.2 港口物流枢纽发展形态的相互关系

港口物流枢纽三种发展形态的相互关系,可以用系统科学理论中的内外因关系来进行分析。所谓内因,指事物区别于其他事物的内在本质,是系统内部各要素相互作用所产生的特定的稳定结构。所谓外因,指内因或系统存在和发展的外部环境。内因和外因的关系可以表述为系统与环境的关系。内因是事物变化的根据,但由于内因的复杂性特别是事物的多方面性,决定了事物变化的多方向性。外因是事物变化的条件,外因通过内因起作用,它不仅加速或延缓事物或内因变化的过程,还可能使事物或内因在某个方向的变化进程中断,特别是在事物变化的多方向中决定事物朝此而非其他方向发展变化。因此,事物的变化是多种内、外因共同作用的结果。

港口物流枢纽的空间、特征、功能分析表 表2-3

三种形态	空间	关键要素	功能	特征
运输中心	港域+临港物流节点设施(物流园区、物流中心)	港口(自然区位、港区陆域、岸线资源、基础设施、机械设备)、集疏运系统	(1)运输中转;(2)装卸搬运;(3)仓储;(4)简单加工;(5)信息处理	(1)港口作业区和临港物流园区作为物流枢纽的核心;(2)集中于运输、装卸、仓储、加工等生产服务
港城物流枢纽	港域+临港物流节点设施(物流园区、物流中心)+港口物流枢纽城市和城市群	物流信息系统、物流节点设施、物流产业	(1)临港工业、商贸集聚;(2)物流中心、物流园区集聚;(3)保税物流体系;(4)公共物流信息服务平台等	(1)港口及其所在城市和城市群作为物流枢纽的核心;(2)集中于港口物流系统与城市经济的互动;(3)经营货种综合化趋势明显,集装箱货占据比例较大;(4)港口临近区域产业结构不断升级,资金流、技术流、智力流不断向港城物流枢纽集聚
国际物流枢纽	港域+临港物流节点设施(物流园区、物流中心)+港口物流枢纽城市和城市群+港口群+所在国际区域	港口、物流产业(高端服务业、物流供应链体系)、协调支持系统(政策法规、人力资源、制度文化)	(1)全球物流供应链节点;(2)金融、保险、海事等高端物流服务中心;(3)煤、油、矿、箱等主要货种的国际物流枢纽;(4)汽车物流、冷链物流、大件物流专业物流的国际物流枢纽	(1)港口物流枢纽服务以所在港口群、所在国际区域为核心;(2)港口物流服务与国际物流系统衔接;(3)服务业逐步发展为港口物流枢纽的主导产业;(4)港口物流枢纽促进区域一体化、全球一体化的进程

通过港口物流枢纽内在发展机理分析,将港口物流枢纽分为运输中心、港城物流枢纽和国际物流枢纽三种发展形态。而三种发展形态内在要素并不是完全割裂,而是存在空间、时间的延续性,只是在不同发展形态下,由于外部环境的变化,不同要素体现出的重点不同,表现的功能各有侧重。并不是所有的港口都能成为国际物流枢纽,根据港口各自发展特点,在不同发展形态下,也可实现"经济、高效、

安全、绿色”的发展目标，如图2-5所示。

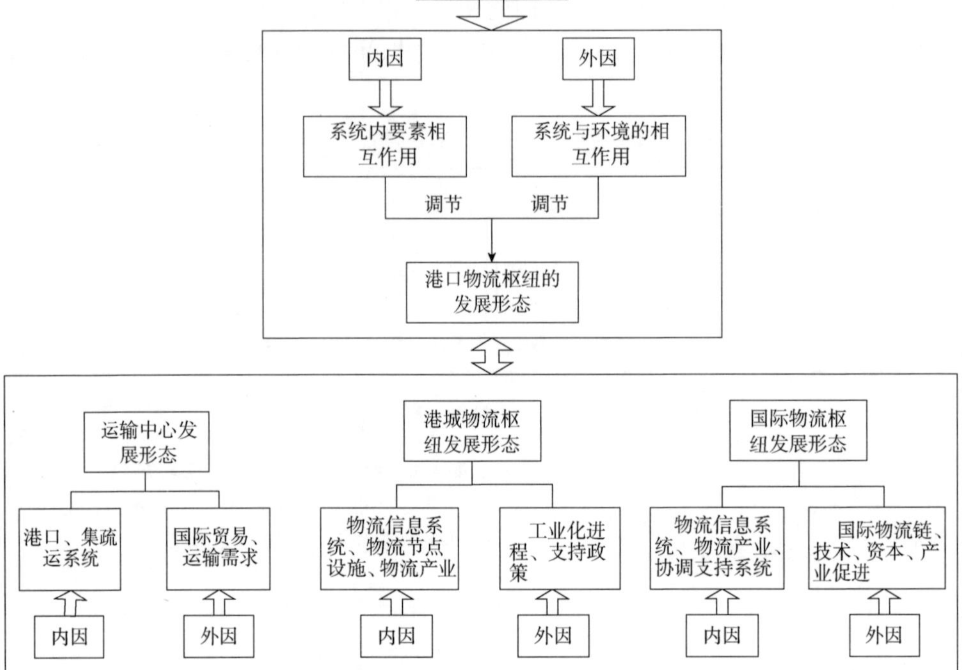

图2-5　港口物流枢纽发展形态的内在关系

如果一个港口处于运输中心的发展形态，由于国际贸易的发展，形成对货物运输的强大需求，系统内港口、集疏运系统等硬件要素作用突出，港口物流枢纽功能体现为运输、装卸、仓储、简单加工、生产信息处理，重点是通过机械、信息技术的优化，实现港口生产能力和效率的提升，优先考虑经济、效率的目标。其特征可理解为：

(1)港口作业区和临港物流园区作为物流枢纽的核心；

(2)港口物流服务集中于运输、装卸、仓储、加工等生产服务。

如果港口处于港城物流枢纽的发展形态，随着工业化进程的推进，加之运输技术的进步和国际贸易的增长，港口规模不断扩大，港口功能日趋多元化，物流信息系统、物流节点设施、物流产业等要素在系统内的作用突出，港口物流枢纽功能更多体现为临港工贸业集聚、物流园区集聚、保税物流体系、公共信息平台等功能。港口发挥了城市物流要素集聚平台的作用，港口物流枢纽在追求经济、效率的同时，更为重视安全、绿色的发展目标。其特征可理解为：

(1)港口及其所在城市和城市群作为物流枢纽的核心;

(2)港口物流服务集中于港口物流与城市经济的互动;

(3)港口经营货种综合化趋势明显,集装箱货占据比例较大;

(4)港口临近区域产业结构不断升级,资金流、技术流、物流不断向港城物流枢纽集聚。

如果港口处于国际物流枢纽形态,随着港口物流枢纽进入国际市场的便捷性和信息联系畅通性等优势受到重视,港口物流对国际物流系统的配置功能加大。金融、保险、海事仲裁等高端服务业在港口物流枢纽系统中得到很大发展。港口物流枢纽通过与国际供应链的衔接,以物流服务业作为实现经济、高效的发展手段,并更为重视港口安全和绿色发展目标的实现。其特征可理解为:

(1)港口物流枢纽服务以所在港口群、所在国际区域为核心;

(2)港口物流服务与国际物流系统衔接;

(3)服务业逐步发展为港口物流枢纽的主导产业;

(4)港口物流枢纽促进区域一体化、全球一体化的进程。

不同港口发展潜力不同,随着外部经济、政策环境的变化,以及内在发展要素的驱动,现阶段表现为运输中心形态的港口物流枢纽,未来也有可能发展成为港城物流枢纽,甚至国际物流枢纽,从而印证了港口物流枢纽三种发展形态的内在发展机理。

第3章　港口物流枢纽的功能

3.1　运输中心的功能

3.1.1　运输中转功能

运输和中转是港口物流枢纽基本物流生产服务的首要功能。在港口物流枢纽中,运输已不再是单一的、与其他业务分离的服务活动,而是构成物流供应链服务的关键环节。运输服务,主要体现在货物的集疏运上,包括公路运输、铁路运输、水路运输和管道运输,能够对港口内外腹地具有辐射服务。特别重要的是,依托港口形成的海/港/陆(河)一体化的联运网络运作,形成海铁、海公、海河等多式联运体系,通过不断完善现有设施、节点、网络,创新运输组织模式和服务手段,变革运输政策以有利于运输中转功能的实现。

3.1.2　装卸搬运功能

装卸搬运是影响货物流转速度的基本要素,通过信息化手段,建立码头作业管控一体化系统,提升装载、卸载、提升、运送、码垛等装卸搬运机械效率,提高码头作业效率,减少安全隐患,降低能源消耗,实现港口生产的"经济、高效、安全、绿色"。这一功能是港口物流枢纽发挥运输中心作用的重要方式。

3.1.3　仓储配送功能

仓储功能是港口物流枢纽的基本功能,是指各种运输方式转换的临时库存和为原材料、半成品及产成品提供的后勤储存和管理服务。由于经港口进出的货物品类繁多,对仓储条件需求各不相同,因此港口物流枢纽中应具备满足不同货种要求的仓储设施。

配送功能,是在仓储、存货管理的基础上,为企业生产提供后勤服务,即时配送企业所需原材料、零部件等物料。由于港口物流配送覆盖面广,运输线路长,业务复杂,需要配置相应的管理、调度系统。

3.1.4 简单加工功能

简单加工,也是港口物流枢纽的基础功能,一般分为流通加工和组装加工,前者指粘贴标签,销售包装等,后者指产品零部件的组装和满足客户个性化需求。

3.1.5 信息处理功能

在港口物流枢纽作为运输中心的层次,信息处理功能主要集中于如何应用信息技术,解决港口物流枢纽装卸和运输领域关键问题,提供业务管理和流程控制一体化的信息化操作系统,实现港口生产"经济、高效、安全、绿色"的发展目标。

3.2 港城物流枢纽的功能

3.2.1 临港工业功能

临港工业是港口物流枢纽提供增值服务的重要体现,通过适宜的土地政策、税收政策和市政配套设施,吸引在资本、技术、规模上具有比较优势的企业进驻,并通过产业拉动,实现对港口及其周边产业的辐射和带动作用。同时,通过临港工业企业形成的产业体系,支持下游企业的发展,实现港口物流与城市经济的同步发展。

3.2.2 商贸集聚功能

随着技术、资本等要素的不断集聚,港口作为城市物流系统要素集聚平台的功能更为凸显,依托港口形成的港口物流枢纽辐射范围不断扩大,势必成为商业服务中心,具备展示、会议、交易及一定的金融服务功能。同时,港口物流枢纽的核心是国际物流,连接海上经济和陆地经济。为便于国际物流发展,港口物流枢纽通常具备保税港区、自由贸易区等功能。

3.2.3 物流中心、物流园区集聚功能

港口物流枢纽依托港口,拥有相互紧密作业联系的物流节点设施,提供综合物流服务的物流设施集聚体,而物流中心和物流园区是最具代表的物流节点设施。随着港口物流枢纽成为城市物流系统要素集聚平台,物流中心和物流园区或依托港口而建,或与港口合而为一,最大限度地利用运输组织枢纽在货源集中和运输便利上的优势,以便减少装卸和搬运作业环节和降低相关关节的费用,提高物流作业效率。因此,港口物流枢纽作为城市物流系统要素集聚平台时,选择在港口城市发

展物流园区和物流中心,即建设临港物流园区是最为恰当的选择。

3.2.4 保税物流功能

港口物流枢纽依托港口,利用保税区、保税物流园区、保税港区政策优势,发展与保税功能直接相关的物流业务,是保税港区产业集聚的基础。保税物流功能,包括以保税区、保税物流园区、保税港区(保税区)为基地,以国际物流为重点的国际贸易、采购分拨、进出口代理、报关报检、仓储管理、简单加工、订单处理、运输服务以及物流方案设计等多个业务环节或多种业务模式。当前,我国港口保税物流体系的发展,主要以临港保税区或保税港区为节点,提供物流外包和增值服务,甚至包括资金结算等业务环节。以保税物流为主导的保税产业培育,是保税港区功能发挥的基础。

3.2.5 公共信息服务平台

港口物流枢纽作为城市物流系统的物流要素集聚平台,更加强调信息化作用,公共信息服务平台功能是港口物流枢纽在城市物流系统中要素集聚功能的具体体现,主要包括物流公共信息平台和商品交易平台。

公共物流信息平台是利用港口优势信息资源和通信设施以及 EDI 平台,建立包括港口、货主、管理部门在内的港口公共物流信息平台,有效联结承运人和托运人,为货运交易双方提供双向服务,提供市场与决策信息,包括物流信息处理、贸易信息处理、金融信息处理和政务信息处理等。

商品交易平台是依托港口物流枢纽,发挥区位优势和物流优势,以即期现货交易为基础,突出现货中远期交易功能,以期货交易为发展目标,立足于良好的集疏运网络和港口物流设施及完善的金融配套服务,以电子信息平台为载体,建设大宗散货、集装箱等多货种的市场交易平台。它是港口物流枢纽在港城物流系统发展层面,需要重点建设的功能。

3.3 国际物流枢纽的功能

3.3.1 全球物流供应链节点

作为区域和国际物流系统的枢纽,港口物流枢纽实现港口在区域和全球供应链的物流资源配置功能。利用优越的交通区位、完善的物流基础设施、先进的设备和技术水平等,为客户提供不同运输通道之间、不同运输方式之间便利的交换、集散服务。

其服务范围不仅包括所在城市,更可以辐射到港口群、城市群和全球供应链体系。

随着技术、资本、人才、环境等因素的不断完善,港口物流枢纽服务的范围和影响深度不断加强,并成为联系连接海洋经济与陆地经济,成为港城一体化、区域一体化、全球一体化的重要载体。围绕港口物流枢纽,形成工业、贸易产业集群,形成清晰的物流供应链和产业链,港口物流枢纽成为联系港口所在区域、周边港口群、城市群乃至全球的纽带。

3.3.2 金融、保险、海事、咨询等高端物流服务中心

港口物流枢纽发展为区域和国际物流系统的枢纽时,它已经成为现代物流服务业的重要载体,需要有发达的金融、保险业务,提供融资、离岸金融服务、船舶保险、财产保险等服务。随着港口物流枢纽与现代物流服务业特征日趋明显,与之相应的海上保险、海事仲裁等高端航运服务业将显著增强。

同时,围绕港口物流枢纽产生的物流设计和咨询服务产业功能增强,为客户提供整体物流方案的策划设计以及相应的程序支持,提供国际、国内贸易和保税区、物流园区的政策咨询,调集和管理组织自己及具有互补性服务提供的资源、能力和技术,以提供一个综合的供应链解决方案。

3.3.3 煤、油、矿、箱等主要货种的国际物流枢纽❶

作为区域和国际物流系统的枢纽,港口物流枢纽可以利用自然区域条件、码头基础设施、高效的生产工艺和良好的软环境条件,吸引全球范围内航运公司挂靠,实现对区域和全球范围内货源流向和流量的影响和配置功能。根据港口物流枢纽自身设施、腹地条件等情况,港口物流枢纽并不能实现对所有货种的全球支配枢纽功能,应结合实际,争取在煤、油、矿、箱等主要货种的国际物流子系统中占据重要的枢纽或节点地位。

3.3.4 汽车物流、冷链物流、大件物流等专业物流的国际物流枢纽

在实现主要货种的国际物流配置功能的同时,作为区域和国际物流系统的枢纽,利用港口技术优势、物流产业优势、物流设施优势,优先发展汽车物流、冷链物流、大件物流等专业化物流,并能在国际范围内,发挥物流资源配置的服务功能,实现港口物流枢纽的"经济、高效、安全、绿色"的发展目标,也是港口物流枢纽作为国际物流系统枢纽的重要功能。

---

❶ 茅伯科,《港口物流的不同层次与发展特点》,中国港口,2012.7。

第 4 章 港口物流枢纽发展目标和关键问题

4.1 发展目标

2013 年 5 月 20 日,交通运输部通过了《交通运输推进现代物流业健康发展的指导意见》,在发展目标上,指出到 2020 年基本建成便捷高效、安全绿色的交通运输物流服务体系。通过对港口物流枢纽概念、要素、层次、功能的分析,根据国家对交通运输物流服务体系的总体认识,结合国内外典型港口物流系统发展经验,可知港口物流枢纽的发展目标应定位于 4 个方面:经济、高效、安全、绿色。

4.1.1 经济

港口物流枢纽的形成和发展,是劳动、资本、技术等生产要素通过港口流动、扩散、集聚的结果,其根本目的是追求生产要素组合的最优化,降低生产成本,实现经济效益的最大化。港口物流枢纽是依托港口形成的多个物流节点、多种物流方式的集聚体,通过提供综合性的物流服务功能,连接海洋经济与陆地经济,实现港口经营、临港产业、港城经济和区域经济效益的最优。因此,港口物流枢纽建设的首要目标是经济效益的提升。

4.1.2 高效

港口物流枢纽的发展目标之一,在于提高港口物流系统的运作效率。从生产力要素构成看,技术往往是推动事物发展的重要动因。港口物流枢纽的建设,通过信息化为代表的先进技术,实现港口物流枢纽内多种物流设施的有效运作,多种运输方式的有效衔接,多项物流操作的有效实施,多个物流环节的无缝对接,从而使港口更好地融入物流产业链,最大化促进整个物流链和经济体系的运转效率。因此,实现港口物流系统的高效运转,是港口物流枢纽建设和发展的目标。

4.1.3 安全

港口物流枢纽既是货物海陆联运的枢纽,又是国际商品储存、集散的分拨中心,也是贸易、加工业发展的聚集地,并成为国际货物运输链和世界贸易发展中的重要组成部分。港口物流枢纽在发展建设中,越来越凸显出运输方式现代化、装卸机械自动化和电气化、装卸工艺合理化、管理手段现代化、建设和运营的绿色化等优势,其安全问题越来越受到瞩目。作为发展的概念,港口物流枢纽的发展过程,必然需要结合国民经济和社会发展趋势,因而,安全生产是港口物流枢纽的发展目标之一。

4.1.4 绿色

《国民经济和社会发展“十二五”规划纲要》提出要“深入贯彻节约资源和保护环境基本国策,促进经济社会发展与人口资源环境相协调”。《交通运输“十二五”发展规划》,指出“交通运输行业要以节能减排为重点,建立以低碳为特征的交通发展模式”。《“十二五”水运节能减排总体推进实施方案》,要求开展绿色水运发展长效机制。港口物流枢纽形成和发展的内在动因中,政策环境、社会制度和行业发展是重要的驱动力。因此,通过港口物流枢纽的建设,体现“资源节约型、环境友好型”社会发展目标,实现港口物流体系的环保、节能等发展目标,最终实现绿色港口的建设,是重要目标之一。

4.2 关键问题

4.2.1 发展认识和发展模式

港口物流枢纽的发展,首先要解决认识问题,充分剖析港口物流枢纽的内涵和特征,了解其形成和发展的内在机理,明确其发展目标和关键问题,对于整个港口物流枢纽建设和发展发挥着基础性作用。同时,对应港口物流枢纽概念的提出,在不同层次实现港口物流枢纽的手段和途径,实现港口物流枢纽经济、高效、安全、绿色的发展目标,是本项目需要考虑的关键问题。

4.2.2 科学布局规划

港口物流枢纽的基本要素,包括港口和物流节点设施、集疏运系统、物流产业系统、协调支持系统等,这些资源合理配置,是一项系统性工程。规划合理,可以有效提升港口物流枢纽的经济效益、运作效率,提升安全生产系数和节能环保水平,实现港口物流枢纽“经济、高效、安全、绿色”的发展目标。因此,应从发展的角度,着眼港口物流枢纽的布局规划,从系统层面配置港口物流枢纽的各种资源,以使港口物流枢纽向更高层次和水平不断发展。

4.2.3 运营组织与流程优化

港口物流运营组织模拟与优化旨在从港口物流整体视角上优化各作业环节的衔接,促进整个流程的优化和无缝衔接,以节省资源,提高效率,提升港口竞争力,促进港口各方面发展,实现港口资源合理配置。主要包括:优化港口设施设备配置,以最少的资源完成货运任务和利润创收,实现资源和能源的节约;优化各环节作业流程,打破作业瓶颈,提高作业效率;建设和优化港口信息系统,实现信息化管理,提高智能水平;通过引进低耗能高效率设备,并优化这些设备的配置,以及优化作业流程来达到节能减排的效果;强化内陆场站节点的组织优化,实现港口与多个物流节点的优化运作。港口运营组织与流程优化,是港口物流枢纽作为运输中心层面下,实现“经济、高效、安全、绿色”发展目标的关键。

4.2.4 公共信息平台建设

以港口物流公共信息服务平台、商品交易平台为代表的公共信息平台,是港口物流枢纽功能实现的重要载体。通过对港口物流枢纽三个层次的发展,信息化技术成为推动其发展的内在驱动力。利用港口优势信息资源和通信设施以及 EDI 平台,建立包括港口、货主、管理部门在内的港口公共物流信息平台,联结承运人和托运人,为货运交易双方提供双向服务,提供市场与决策信息,可以实现港口物流枢纽服务功能的延伸和拓展。通过构建物流信息服务及物流电子商务平台,解决港口物流信息公共服务平台和物流电子商务平台建设所面临的体系架构、运营模式和关键共性技术等问题,对于港口物流枢纽服务实现经济、高效的目标具有重要意义。

4.2.5 安全应急技术支撑

安全是港口物流枢纽发展和建设追求的目标,也代表了未来港口物流发展的方向。目前,在港口物流安全生产领域,相应的研究基础较少。从总体层面上,构架安全生产管理体系框架,研究其组成要素、相互关系、运行模式,是亟待解决的问题。在具体技术上,重大危险源识别与风险控制对策、港口危险货物安全状态监控技术、港口装卸作业事故应急处置技术、港口危险品装卸、转运、堆存作业安全技术等方面的研究,对于促进港口物流枢纽安全管理信息化,实现港口物流枢纽向安全化目标发展,具有实践意义。

4.2.6 绿色环保技术应用

港口是水运业的重要组成部分,世界主要发达国家都提出并正在建设绿色港口;绿色港口理念一经提出,得到社会各界的积极响应,已成为现代港口发展的重要标志。港口物流枢纽发展的目标中,通过节能、环保等措施的研究,实现港口物流枢纽绿色节能的发展方向。针对我国港口物流发展现状,从顶层设计角度,重点推进《绿色港口评价管理办法》和《绿色港口评价标准》;在具体技术上,通过优化港口装卸工艺及设备配置,促进靠港船舶使用岸电,研究与示范节能和环境保护技术,促进港口调整用能结构,完善运营管理,加强先进技术应用,达到推动港口节能减排和环境保护的目的,实现港口物流枢纽绿色发展目标。

第三篇　经验借鉴

港口物流枢纽内在发展机理与案例分析

Gangkou Wuliu Shuniu Neizai Fazhan Jili yu Anli Fenxi

国内外典型港口在港口物流的发展历程中，体现出港口物流枢纽各发展形态的功能和特征，本篇通过分析典型港口在物流发展的成功经验和阶段性特点，发掘港口物流枢纽发展的内在规律，为港口物流枢纽确立发展目标和解决关键问题提出参考性依据。

第1章 运输中心的发展经验

纵观国内外港口物流发展历程,首先表现出作为运输中心的发展层次,体现为港口规模、生产能力和技术水平的不断拓展和提高,港口物流的发展以实现港口运输、装卸主业为根本。

1.1 港口运作流程的优化

港口运输和装卸效率直接影响到港口物流发展水平,也是港口主业的重要体现,国内外港口运作流程上都投入相当大的科研力量,开发运用智能化运输、装卸、配送系统,满足港口运作流程优化的要求。

上海港罗泾—浦钢项目是"前港后厂"新型建设模式理论在实际工程项目中的成功例证。通过现代港口物流设计理念,将罗泾港区与特大型钢铁厂平面总体布局、装卸工艺流程、码头道路堆场、物流配送路由等相互衔接,研制设计了一套确实可行的公用散货码头对钢厂专业实时智能配送系统,由上海国际港务(集团)股份有限公司所属上海罗泾矿石码头有限公司承担为宝钢集团中厚板公司提供矿石、辅料的装卸、配送等各项服务。从而实现码头陆域与特大型钢厂间无缝集成的物流配送服务(图3-1),成功实现了无故障安全衔接运作,为钢铁企业有效降低了物流成本。

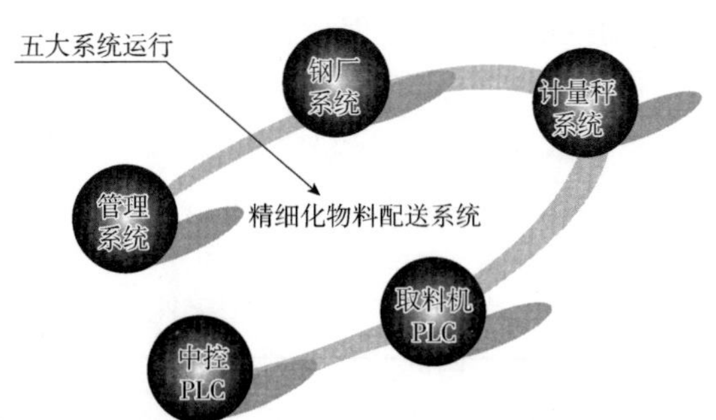

图3-1 罗泾—浦钢物流项目精细化物料配送系统图

在上港集团罗泾矿石码头有限公司港区信息系统中央控制室的指令下,从靠泊码头的大船上接卸的进口铁矿石和煤炭等原辅料,通过皮带机转运系统输送到码头后方的宝钢集团浦钢公司专用堆场,然后根据对方的取料指令,又通过 2 条矿石皮带机和 1 条煤炭皮带机转运输送系统与对方的连接,跨越港区码头与浦钢公司之间 30 多米宽的港外(厂外)社会道路,将新港区卸下的铁矿石、煤炭等原辅料直接送往对方的平台炉。浦钢公司也能将生产的钢铁成品通过港区码头直接装船起运。这种"前港后厂"式的钢铁工业物流配送系统,使用了六大技术:一是建立了大型接卸设备的计量秤数据在多系统的同步实时监控系统;二是建立了物料堆场动态数字化管理系统;三是建立了散货码头管控一体化系统;四是实现了钢厂物料配送精细化工艺设计和智能化物料配送;五是实现了与钢厂多系统接口设计;六是建立了系统设备故障的多种应急方案。项目自 2008 年运作至 2010 年底,已向浦钢公司输送矿石和辅料合计达 692.3 万 t。在完成几万次现场操作配送任务中,系统应变自如,安全、准确、及时,配送质量 100%满意,体现港口物流枢纽在运作流程优化方面的技术创新。

1.2 港口信息化技术的应用

技术进步是推动港口物流枢纽形成和发展的内在驱动力,无论是欧洲的鹿特丹港、安特卫普港,还是我国的香港、上海港,都十分重视先进技术在港口物流中的应用。通过信息化技术,提升港口物流系统运作效率,提高港口物流服务经济效益,保障系统运作的安全性和准确性。

比如,安特卫普港开发了港口信息和控制应用系统(简称为 APICS)监控往来港口和港口内部船舶运动,支持拖船活动,锁定调度,管理泊位,搬运货物,登记危险品等。并将在未来使用 APICS2 系统,将这一系统安装在最新的基础设施上,从而使安特卫普港的港口物流信息化水平保持在最前端。同时,为了保障集疏运系统的有效运行,针对公路、内河的不同特点,开发了不同的信息管理系统。在公路集卡运输中,使用电子预先通知系统,公路运输商的信息能够预先通知到集装箱码头,使得码头运营商可以更好地调度其资源和员工,从而使码头周转更快。在内河驳船运输中,开发了驳船运输系统 (BTS),为码头和驳船运营商之间的沟通提供了一个平台,以便码头预先发布公告和更严密安排相关操作。目前,该系统只适用于集装箱驳船,最终将扩展到其他类型的驳船运输。同时,自动识别系统(AIS)让安特卫普港务局保证流畅的驳船运输,每个驳船必须配备 AIS 异频雷达收发机,从而自动传输名称、位置、速度和方向相关数据。这使得港务局可精确估计驳船进入港口时间,从而确定哪些船闸可用,并提出最有效或最安全的路线。AIS 系统将不仅有助于提高港口安全水平，与 BTS 相结合，最终还可更有效的规划和优化船闸操作和泊位分配。

1.3 港口多式联运体系的发展

国内外港口物流体系发展好的港口，必然拥有便捷高效的多式联运集疏运体系，通过海铁联运、海陆联运、海河联运等多种方式，保障运输中心功能最大化地发挥。

比如，美国沿海港口就十分重视海铁联运的发展，以洛杉矶和长滩港为例，港口与内陆腹地多个城市通过密集的铁路班列相连，通过海铁联运方式，将集装箱直接运往内陆城市。一般来讲，亚洲集装箱货物到美国东部的船期要 23d，到西部长滩港是 12d，显然美国东部城市的货运时间远大于西部。而长滩港通过海铁联运系统，仅用 48h 就能将集装箱运往东部主要城市，相比传统航运的 23d，这一系统的效率是“12d+48h”。同时，长滩港还将海铁联运系统功能延伸到启动港，班轮公司与铁路公司紧密配合，通过船舶配载和班列编组的功能集成化，把班列编组的功能提前到启运港。在启运港配载时，根据班列编组的顺序，把集装箱货物配载在船舶最上方，船舶配载按车皮顺序配载，到港卸船时与火车车皮形成第一卡、第二卡、第三卡、第四卡的排列进行装车。船舶到港时间与目的地火车班列时间对应配载，到港卸船时与火车班列一一对应，通过这种启运港提前配载的方式，加快了海铁联运效率。

在欧洲，比利时的安特卫普港发挥独特的区位优势，发展多式联运体系。安特卫普港区与欧洲的高速公路网直接相连，还是 12 条国际铁路的终点，港区内的铁路网长达 960km。港区工业每年大约产生铁路货运量达 2500 万 t。由于，地处斯海尔德河、莱茵河运河、马斯河三角洲，安特卫普与比利时和欧洲的内陆水运网相连，每年有 5 万 2 千艘次内河驳船出入安特卫普港，可以航行到黑海。集装箱码头和滚装码头都设有内河驳船专用泊位，与腹地之间有直达集装箱航线。有些货物也通过管道运输，港区内有 100 多条管道线，总长度超过 350km。发达的集疏运系统，有效延伸了港口服务功能，并使港口腹地向内陆地区辐射。

1.4 港口物流绿色、安全技术的创新应用

安全、绿色、可持续是全球经济发展的总体趋势，同样也是港口物流枢纽建设和发展的重要目标。从国内外港口物流发展的趋势和特点来看，安全、绿色、可持

续是港口物流发展的一大特色。

比如,鹿特丹港务局通过多种措施,鼓励港口企业提高生产效率,使用清洁能源,限制港口的碳排放。并在港口规划中明确提出,到2025年前,实现鹿特丹港二氧化碳排放减半的目标。同样,安特卫普港密切参与各种绿色贸易通道项目,围绕特定货种达成海关双边协议。使货物流动履行最低限度的检查和海关手续,从而大幅节约时间和成本。绿色贸易通道让进出境货物流动快速、安全而高效。

在港口物流的安全控制上,安特卫普港通过港口监控信息系统检测船只安全。负责采取一切措施保障港口的公众秩序、和平和安全,制订装卸、存储和进港规定,维护港区的环境、完整性和安全。

第 2 章　港城物流枢纽的发展经验

从国内外港口物流发展特点来看，当港口物流系统完成规模化、专业化生产后，港口物流系统与城市经济之间的关系愈发紧密，港口逐步成为城市物流体系中最重要的枢纽。

2.1　临港工业体系的建设

根据港口物流枢纽发展内涵的分析，港口物流枢纽通过港口在自然区位、港区陆域、岸线资源、基础设施、机械设备等方面的优势，吸引资金、技术、原材料集聚，并形成工业发展基础，而港口所在城市经济的产业布局利用了港口特有的区位和要素集聚优势，发展不同特点的临港工业系统。

以鹿特丹港为例，港口工业已成为鹿特丹城市经济的重要组成部分，鹿特丹市约有 50%的增加值来自港口工业。鹿特丹港是世界三大炼油基地和化工基地，全球著名和炼油及化工企业，如壳牌、埃索、科威特石油公司等，都在鹿特丹港设点落户。此外，食品工业是港口另一个非常重要的工业。通过公路、内河、管道和铁路运输，港口工业与腹地产业间已经形成物流链体系。目前鹿特丹港区及腹地设有 Eemhaven、Botlek 和 Maasvlakte 3 个专业化的大型物流中心，面积分别为 35 万 m^2、86 万 m^2 和 125 万 m^2，提供包括木材、钢材、石油、化工在内的综合物流服务。这些物流中心采用最先进的通信和信息技术，并拥有充足、熟练、专业的劳动力，可提供各项增值服务以及海关的现场办公服务。

同为欧盟港口的安特卫普港，临港化工集群和钢铁集群地位突出。首先，安特卫普港有着欧洲最大、最多样化的临港化工集群，涵盖整个化工产业价值链，港口、工业和配送体系同时并进，形成了高度整合的临港化工物流体系。港口的 4 个精炼厂和 4 个蒸汽裂化厂能够高效生产化工产品。多年形成的处理塑料及液态化学产品的专业技术，以及强大的储存能力，为化工企业在能源、废料和产品管理领域提供了增效优势，如图 3-2 所示。安特卫普港提供驳船、铁路、公路和管道运输。安特卫普港是西欧管道网络的主要枢纽，通过 100 多条管道连接安特卫普(石油)化工群所有公司，这几乎占所有液体运输总量的 90%。对于比利时和邻国的化工品供应和配送而言,管道也提供了安全性和可靠性。对于储存危险货品,港口有专门的储存设备,在防火、消防、工业及环境安全方面符合最严格的国家及欧洲标准。

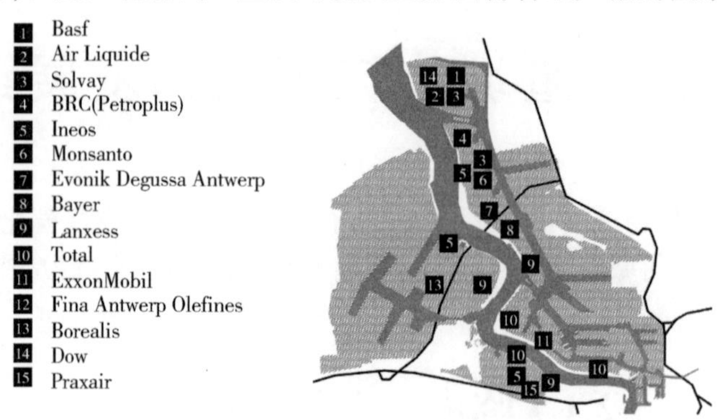

图 3-2 安特卫普港化工企业分布图

此外, 钢铁产业也是安特卫普港的重要产业,钢铁产品处理能力超过 1000 万 t。安特卫普港每个月可停靠 289 艘件杂货停靠,确保货物快速转运,而且港口内许多专业钢铁服务中心确保所有钢铁产品使用最新技术和最佳保护进行处理。在不同的生产线上,将盘管上的热轧钢卷切成不同尺寸。根据客户意愿,将所切的钢材进行包装和贴标签。同时,港口服务中心使用现代化信息技术,提供准时化、精细化、柔性化管理,保证生产无损坏、无事故、低成本。将来,安特卫普港将新建拥有 5500m^2 存储能力的钢铁存储配送中心,并投资建设适应多种气候条件的驳船、货车和火车的钢铁产品转运装卸的基础设施。

2.2 保税物流系统的建设

港城物流枢纽发展形态下,保税物流系统的建设是发挥港口物流对城市经济带动作用的重要载体,国内实行的保税区、保税物流园区、保税港区等政策,建设依托港口枢纽的保税物流系统。

以上海港外高桥保税区“区港联动”试点为例。2003 年 12 月 8 日,国务院同意上海外高桥保税区与外高桥港区联动试点。在外高桥港区内划出 1.03km^2(后上海市政府同意扩大为 1.188km^2)土地进行封闭围网,作为外高桥保税区的物流园区,专门发展仓储和物流产业。物流园区享受保税区相关政策,在进出口税收方面,比照实行出口加工区的相关政策,即国内货物进入物流园区视同出口,办理报关手续,实行退税;园区货物内销按货物进口的有关规定办理报关手续,货物按实际状态征税;区内货物自由流通,不征增值税和消费税。物流园区实行封闭管理,参照出口加工区的标准建设隔离监管设施。

上海外高桥保税物流园区与保税区相比,政策上有新的突破:保税物流园区内的企业,一是可享受保税区除生产加工以外的各项优惠政策;二是可享受出口加工区出口退税的优惠政策。功能上获得新的拓展:可以概括为“加二减一”。“加二”是指增加了“国际运转”和“国际配送”两项功能;“减一”是指保税物流园区不具有“生产加工”功能。上海外高桥保税物流园区具有以下 4 方面的功能:一是国际中转,即对国际、国内货物及进口保税货物进入保税物流园区进行分拆、集拼,转运至境内外其他目的港。二是国际配送,即对进口保税货物开展了分拣、分销、分送等分拨配送业务,或进行临港增值加工后向国内外配送。三是国际采购,即对采购进区的国内货物和进口保税货物进行出口集运的综合处理和临港增值加工后向国内外分销。四是国际转口贸易,即赋予园区内企业开展转口贸易的功能。

到 2007 年,外高桥保税物流园区已经形成港区联动和区域发展新的雏形。物流园区开发面积 1.2km^2,实际封关 1.188km^2,建成道路 9km、封关围网 6km、货物卡口、行政卡口、区港联动直通卡口,七通一平的土地面积 80 万 m^2,集装箱转运区 13.7 万 m^2,年设计集装箱转运能力 62 万 TEU,海关、检验检疫和公安通关与管理综合楼 1 万 m^2、商务楼 1.3 万 m^2,为园区进区企业的生产作业和营运管理提供 24h 的公共服务。2007 年,园区进出区货值实现 383 亿美元,为 2006 年的 210%;实现关税 42 亿元人民币;集装箱综合处理量达到 110 万 TEU,为 2006 年的 137%,如图 3-3 所示。

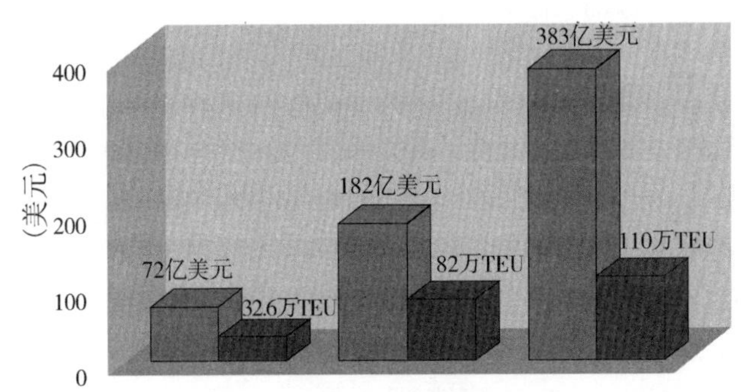

图 3-3　2005—2007 年外高桥保税物流园区进出口货值与集装箱综合处理量示意图

在货量提升的同时,园区外贸进出口的结构日趋完善。国货复进口业务比例由 2006 年的 55%下降到 45%;国际采购和国际配送货值比重占到 45%;国际转口与国际中转由 2006 年的 2%上升到 10%,货值由 2006 年的 3.6 亿美元上升到 38.3 亿美元。四大功能应用和流程创新有了显著成效,为优化今后业务结构、提升园区的能级,提供了良好的发展空间,如图 3-4 所示。

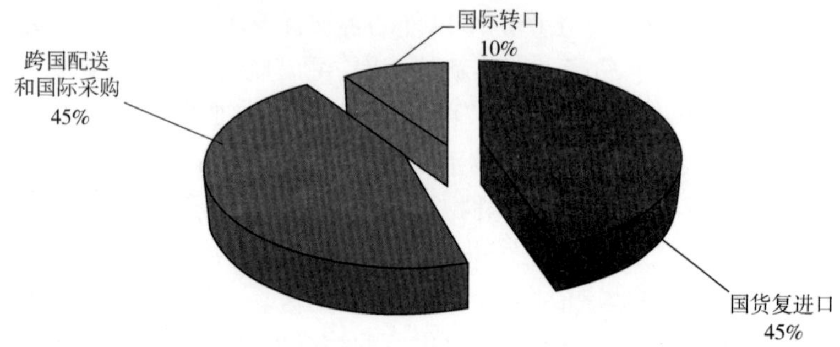

图 3-4 2007 年外高桥保税物流园区国货复进口、跨国配送和国际采购、国际转口分析图

外高桥保税物流园区建立以来,营运指标稳健增长。2005 年进出区货值 72.6 亿美元,进口贸易额 3.3354 亿美元。到 2010 年,进出区货值达 690 亿美元,进口贸易额达到 40 亿美元,进口区货票达到 42 万票,分别比 2005 年增长 9.5 倍、11.99 倍和 4.8 倍;进口区货量 269.32 万元(吨/票),比 2006 年增长 2.1 倍,如表 3-1 所示。

2005—2010 年外高桥物流中心营运指标统计表 表 3-1

指　标	2005 年	2006 年	2007 年	2008 年	2009 年	2010 年
进出区货值(万美元)	726000	1823000	3860200	5468700	5079100	6900000
进口贸易额(万美元)	33354	62732	200342	252600	313100	400000
进出区货票(票)	8.74	20.9	34.45	39.17	40.41	42
进出区货量(t)	—	130.05	231.06	240.69	209.84	269.32

2.3 公共物流平台建设

现代港口物流的发展,突破了港口原有作为运输中心的范畴,借助港口在物流供应链体系中的枢纽作用,通过建设公共物流信息平台,实现港口物流系统与城市经济的互动衔接。

项目组通过对法国马赛港的调研,进一步深入了解了港口公共物流信息平台的构建和结构。以法国马赛港正在应用的AP+(港口货物公共物流信息系统)来说明。这一系统由马赛吉普蒂斯公司开发,该公司股东是法国港口协会和马赛港集团,并与法国交通运输部、财政部,以及欧盟委员会、世界海关组织等组织合作。AP+系统是三位一体的公共物流信息平台,在货物运输企业、港口和公共管理部门之间搭建了流动性、安全性和可追溯性的系统,涵盖了海关、港口、机场、检验检疫服务,目前这种合作包含了马赛港、勒阿弗尔港地区。AP+设计目的是追踪一个港口或机场所涉及的整个物流链系统,用户的获益不仅在于一个简单的平台端口,而是整个的物流链系统。其主要功能模块如表3-2所示。

AP+(港口公共物流服务平台)主要工作模块表 表3-2

物流需求	组织		实现		验证	
输入(物流区域:港口、机场)输出						
关键流程	航次公告	货物声明	运输管理	海关操作	边检	行动追踪
AP+功能	商业公告	临时入境	货物状态确认	海关业务分配	海关监控	货物跟踪
	物理报告	危险品临时入境	运输报告	海关业务整合	货物堵塞	统计
			运输控制管理	材料会计管理		港口税收统计

通过AP+系统,可实现港口物流枢纽的大部分功能,包括:提升供应链上所有相关方的竞争力;通过自动过滤无效率的路径,可以更快地选择有效的运输路径;通过提供及时和安全的信息,保障供应链上所有利益相关方获得安全供应链;通过减少运营成本,提升生产力(比如,提供文件管理,改善信息获取路径,减少货物的无效移动等);通过提高信息转换和移动速度,简化和优化货物交换的信息手续;通过贸易文件和行政管理文件的无纸化,以及减少不必要的人员和货物排放,减少环境影响。

第 3 章　国际物流枢纽的发展经验

当港口物流系统与城市经济融合后,并向更广领域、更大范围、更深程度发展开来,必然与全球物流供应链体系相互结合,并发挥港口在国际物流系统的枢纽作用。国内外港口物流的发展趋势就是通过全球供应链节点、高端物流服务中心、专业化物流全球配置中心的建设,实现港口物流在整个物流体系中实现更为重要的枢纽功能。

3.1　全球物流供应链重要节点

以港口物流枢纽为重要节点的全球供应链体系,简化配送中心等中间环节,由港口直接衔接整条供应链,这种管理模式可以缩短物流供应链流程,减少系统成本。集成后的供应链更加强化了港口的功能,并要求港口物流枢纽,不仅应具有传统的集散功能,还应具备仓储控制与配送管理、流通加工、生产装配等适应集成供应链的功能。

从鹿特丹、香港等国际化大港口来看,现代港口物流逐步在向全球物流供应链重要节点的方向发展,主要体现为全方位和一体化。其中,全方位主要体现在各港口物流中心均围绕业主提供多种形式的增值服务,包括提供各种金融、保险服务,提供货物在港口、海运及其他运输过程中的最佳物流解决方案,提供公正验货、餐饮休闲娱乐、各项零售服务等。一体化主要体现在两个方面:一方面是港口物流企业内部的一体化,即将码头装卸、堆场、仓储、运输、包装等各环节的单一经济活动集中为“一条龙”经营,为客户提供“一体化”服务。在这一方面,香港亚洲货柜物流中心最具代表性。另一方面是物流企业与港口、其他产业乃至腹地发展的一体化。港口物流发展是以港口及其腹地的发展为基础和依托的,同时,港口物流的发展又反过来促进港口及腹地的发展,从而实现其一体化发展。现代港口物流的发展除了需要对传统装卸业务进行改革和深化外,还要求在港区内或毗邻港区建立相应的配送园区、货物深加工区等各项服务区,从而有效地对来自全球的运输链的各个环节加以整合,使之成为无缝对接的一体。

3.2 高端物流服务中心

从国外先进港口发展的路径来看,从运输中心到港城枢纽,再到国际物流枢纽,其影响世界的力量从生产能力逐步转向高端物流服务能力,通过贸易交易、信息传递、资本运行、金融服务、技术开发与运用等有形物流形态和无形贸易服务结合的方式,控制和影响国际、国内航运市场。而提到高端物流服务中心,不能不提到伦敦和香港。

伦敦港的建设规模和吞吐能力并不是世界前列,但在高端物流服务业上,规模庞大、发展成熟、充满活力。依靠几百年资本主义发展以及发达的国际金融业、贸易业的支撑,伦敦在航运管理、船舶保险、海事法律、船舶金融、海运研究、咨询和教育等服务业方面,走在世界前列。据统计,伦敦的服务业产值占 GDP 的比重超过85%,2010 年,伦敦船舶融资规模高达 645 亿美元,比 2008 年的 500 亿美元增加29%,约占全球市场的 15%;创纪录的直接航运保险费高达 51 亿美元,约占全球市场的 20%;航运交易金额约 340 亿美元,约占全球市场份额的 50%;航运仲裁年案值约 4 亿美元等。伦敦劳埃德船级社仍然是全球第二大船级社,检验船舶 1.62 亿吨,占据全球 16.27%的市场份额,如表 3-3 所示。

伦敦高端物流服务业概况 表 3-3

服务内容	基本情况	服务机构
船舶融资	船舶贷款、船舶租赁	苏格兰皇家银行
海上保险	船舶险、货运险、责任险	伦敦保险公司、英国劳埃德合作社
航运价格衍生品	航运指数期货、运费远期/期货合约和运费期权	伦敦清算所
船舶登记	船舶登记	劳埃德船级社
航运交易	发布价格水平指数,提供交易场所、信息服务等	波罗的海航运交易所
航运信息	发布、提供权威航运信息	克拉克森、劳埃德、德鲁里等
海事法律	仲裁世界 90%的海事案件	伦敦海事法院
国际组织服务	协调各国海上安全和防止船舶污染工作的政府间国际组织、海事立法、船舶技术规则和要求制定等	IMO、ISF、ICHCA、BIMCO

注:资料来源——伦敦政府网站。

值得注意是,现代航运服务业为英国提供了大量的就业岗位(主要集中在伦敦),约17200个左右。近年来从事以市场交易为主要内容的船务经纪(包括支持人员)的人数不断增加,从2000年4000人增加到2009年的5000人以上;保险经纪(包括P&I俱乐部和海损理算)大约有2450人;伦敦在航运法律服务方面也是世界领先的,在涉及跨国航运纠纷时,英国法律是运用范围最广的法律,律师事务所从业人员(包括大律师和海事仲裁员)从1990年的800人增加到2009年的2350多人;劳埃德船级社是世界第二大船级社,占10%的世界船队,在船级社工作的有3000多人。上述行业的就业人数已经占总人数的近80%,说明伦敦的现代航运服务业主要以市场交易等增值服务为主。

素有"东方明珠"之称的香港,在取得世界第一的集装箱吞吐量排名后,更为重视港口物流相匹配的物流服务功能,包括海关、金融、保险等软环境建设。依托自由港政策,香港在港口物流业务发展中主要开展以国际集装箱中转业务为主的业务管理模式,并以物流信息化技术为支撑,开展高端物流服务业。

首先,船舶经营业务在香港极为发达,在香港港口装卸货物的船舶中,只有少数(约7%~8%)由香港船东所拥有或经营,船舶经营业务已经扩展至国际层面。船舶经营也从传统的劳动密集型航运转化为"知识型航运服务"。设在香港的远洋船船东和经营公司已超过110家,其中,规模较大的都是香港船东会的成员。其次,香港积极推行第三方船舶管理,船东在具备了管理旗下船舶以及为其他船舶提供服务的能力后,便成立相应的船舶管理公司,带动了技术管理、新船建造监督、船舶修理和改装监督、商务管理、船员管理,以及提供船员培训设施等。再者,船舶融资和海事保险在香港发展很快,利用自由开放的国际金融体系,香港成为亚洲第一的国际船舶融资中心,为船东提供了理想的营商环境。同时,香港已设立亚洲船体保险市场,为亚洲区船东提供服务。世界最大、最有信誉的一些海损理算公司已在香港开设永久办事处,以合宜的收费、提供完备的服务而闻名。目前,香港拥有超过100名的核准船舶承保人,每年承保船舶的毛保费超过港币10亿元。再次,海事法律和仲裁服务形成完善体系,香港司法制度独立,不受立法和行政制度影响。所实施的法例与海事法、仲裁法、商业法等都与国际法接轨。许多国际海事律师事务所都在香港设立办事处,能为航运界提供包括船舶注册、买卖、租赁、保险等法律服务。同时,成立于1985年的香港国际仲裁中心,其仲裁员由香港出色的商业和专业人才组成,均熟悉海事法、国际贸易法等多个范畴。10多年来,中心提供的仲裁服务、处理的仲裁个案数已超越伦敦及不少亚洲和欧洲国家的对等机构。最后,香港还是全球航运中介的集中地,提供包括船舶经济、船舶代理、船舶注册等服务。截至2007年底,香港注册船舶约有1374艘,总吨位超过4000万t。香港船舶注册已跻身全球5大船舶注册之列。

3.3 主要货种和专业化物流国际配置中心

当今世界,国内外港口都在抢抓港口物流作为国际物流系统枢纽的机会,利用自身有利资源,争取成为区域、国际的主要货种和专业化物流的国际配置中心,一方面为港口未来的发展提供潜能,另一方面也掌握了在国际货物物流市场上的主导地位。现以上海港发展汽车物流系统为例,说明这一趋势。

上海海通国际汽车物流有限公司的口岸整车物流平台拥有洲海路、港建路两大码头资源,其中洲海路码头岸线219m,一个泊位,堆场面积18万m^2,年吞吐能力20万辆;港建路码头岸线530m和内侧270m,两个海轮泊位,一个江轮泊位,堆场面积29万m^2,年吞吐能力73万辆。公司具有一级国际货运代理资质和集成码头、海运、陆运等方面的强大资源,为客户提供供应链策划和解决方案、进出口代理(包括报关报验和订舱)、零部件海陆铁等门到门的多式联运服务、上海及关联港口区域仓储和物流增值服务。零部件物流中心提供内外贸进出口零部件拼箱、仓储、配送服务。建有:(1)3条商检线,提供整车检验检疫;(2)6条PDI线,提供进出港商品车售前检测;(3)20个VPC工位,提供个性化的加改装服务。另有5层结构7.7万m^2的室内立体车库,提供车辆分拨业务。公司先后在烟台、营口、沈阳、柳州、深圳等地设立零部件物流网点,业务范围延伸到长春、大连、青岛、武汉、广州、海口,韩国、美国、印度等地。码头与国内92个品牌汽车厂商、世界40个著名品牌汽车厂商有业务往来。

该公司发展港口汽车物流的切入点是为最终用户服务,真正服务对象是大型汽车制造厂商和汽车销售企业。通过与国际滚装船巨头的强强联合,凭借其地理区位优势和港口资源,利用港口作为物流平台为大型汽车制造厂商和汽车销售企业提供降低整体物流成本的一揽子解决方案,为其提供专业化的全程物流服务,成为拥有强大竞争实力的汽车进出口物流供应商。上海海通国际汽车物流有限公司码头管理信息系统处于行业的领先地位,实现了汽车滚装码头及汽车港口物流的管理信息化,将供应商、生产商、分销商、零售商、消费者、运输商以及仓储商等其他物流业务参与者通过一套集成的IT系统联系起来,实现了整个供应链效益的最大化;同时又根据客户的具体要求,开发符合客户动作要求的个性化、菜单式的物流软件服务包。从而实现上港集团"发展港口滚装业务、构建现代港口汽车物流平台"的战略,打造成具有物流供应链系统策划能力和物流管理能力的汽车物流旗舰企业的目标。

上海海通国际汽车物流有限公司到2004年码头滚装车辆吞吐量为4.5万辆，2010年吞吐量达到73.4万辆，2011年递增到110.88万辆，如图3-5所示。

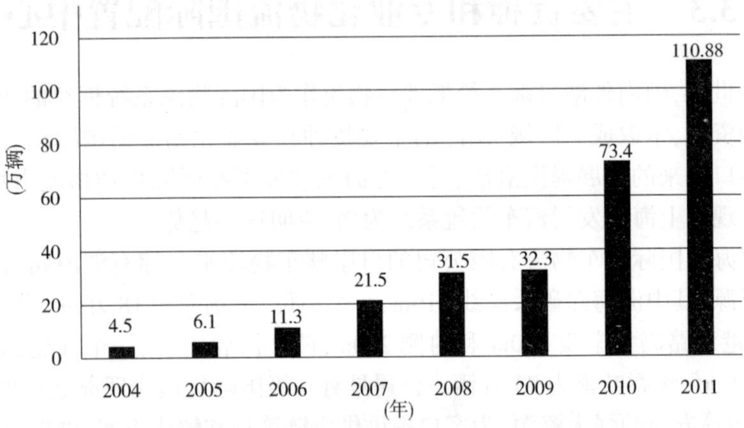

图3-5 2004—2011年上海海通公司码头滚装车辆吞吐量统计图

上海海通国际汽车物流有限公司2003年零部件物流年集装箱运量为3.7万集装箱，营业收入和利润分别为7607.53万元和605.89万元，2010年零部件物流年集装箱运量递增到21.74万集装箱，营业收入和利润分别递增到63649.49万元和5686.02万元，增幅分别达到487.57%、736.66%和838.46%，如表3-4所示。

上海海通国际汽车物流有限公司历年营业数据表 表3-4

项目 \ 年份	2003	2004	2005	2006	2007	2008	2009	2010
零部件运输业务(TEU)	37039	53662	54915	73116	89133	86732	128599	217427
整车一体化(辆)	426	8010	9830	22843	44053	82014	72254	170619
营业收入(万元)	7607.53	16232.31	18816.67	18544.23	23539.31	25727.80	31219.66	63649.49
利润总额(万元)	605.89	2698.60	1717.11	1967.20	2074.04	2381.91	3185.52	7297.50
净利润(万元)	605.89	2485.17	1456.38	1668.99	1735.46	1951.45	2545.88	5686.02

综上所述,从国内外典型港口物流发展经验分析,港口物流仍然符合港口物流枢纽的内在发展规律,即从运输中心到港城物流枢纽,再向国际物流枢纽发展。围绕港口物流发展的相关产业也体现为不同形态的不同特点。无法说哪个形态中,何种业态更为先进,但都体现了港口物流在追求"经济、高效、安全、绿色"等发展目标过程中,与当时所处的发展环境与现实基础相适应。

第四篇　评价指标体系

本篇以港口物流枢纽理论及评价理论为基础，为港口物流枢纽评价设计了一套科学、合理的评价指标体系，从而为定量评价港口物流枢纽发展水平建立一个评价尺度或标准。同时，应用评价指标体系，采用动态指标与静态指标相结合的方法，对防城港和重庆港建设港口物流枢纽进行实际验证，定量分析其发展水平，为两港的进一步发展提出理论依据。

第1章 港口物流相关评价方法

目前国内外学界关于港口物流枢纽方面的评价研究或是专注于对港口物流及其子系统的评价研究,或是局限于港口以外相关物流系统的评价研究,真正将港口物流枢纽作为一个整体从宏观角度全面分析和评价的研究还不多见。为全面了解国内外相关研究现状,课题组对国内外涵盖港口因素的物流枢纽评价研究现状进行分析,借此梳理出港口物流枢纽评价理论的体系构成及应用方法。

构建港口物流枢纽评价指标体系,需要根据港口物流枢纽发展的实际情况,选取能够准确、全面反映枢纽发展的若干指标,研究指标定义,分析指标现状,搜集指标数据,实现指标量化,建立综合评价指标体系递阶层次结构,构建综合评价指标体系模型。港口物流枢纽评价指标体系构建是基于专题一"港口物流枢纽理论",将港口物流枢纽作为一个自组织复杂体系。该体系包含若干子系统,子系统由若干指标构成,或者某个指标代表一个子系统,因此允许通过指标体系来实现指标的综合,从而在整体上综合评价港口物流枢纽发展的实际状况。评价指标体系的构建关键在于准确选取指标,指标选取需作到普遍性与特征性的统一,既要考虑到西部港口物流枢纽的发展实际,又要兼顾港口物流枢纽的普遍性,避免造成评价结果的失真。

1.1 评价指标体系研究

港口物流枢纽评价指标体系,就是在港口物流枢纽体系的一系列数据中,选择一部分与港口物流枢纽发展运营有关的指标来反映整个港口物流枢纽的情况,以此来研究港口物流枢纽的运行效率、活力以及竞争力。根据评价对象的不同,可以将评价体系分为以下几类:

(1)将港口这一运输单位独立出来,作为评价对象的指标体系。这种指标体系通过一些投入、产出指标来考察港口的绩效。例如,Jose Tongzon 以及杨华龙、任超、王清斌等的研究都属于这一类。

这种评价指标体系将港口作为一个独立的功能单元从整个港口企业中分割出来,虽然能够反映港口本身或港口企业在业务及运营方面的绩效或效率,但是不能体现港口作为区域物流枢纽组织所发挥的作用,更不能从整体上反映港口同其他物流组织之间的运营效果和效率。

(2)将港口企业作为评价对象的指标体系。这类指标体系的基本思路是将港口作为港口企业开展业务的主要载体,通过对港口企业在人力资源、财务、信息以及不同业务部门之间的协作效率进行考察和评价,研究整个港口企业的绩效评价。例如,陈军飞、许长新、严以新以及庞瑞芝的研究属于这一类。这种研究方法同前一种方法相比,包含了更多的信息,能够全面客观地反映港口经营效率。但是同样不能反应港口作为区域物流枢纽所起到的关键性作用,并且忽视了物流系统目前已经成为港口经营中的重要构架。

(3)将港口物流体系作为评价对象的指标体系。这类指标体系的基本思路是将港口物流作为一个系统,运用现代物流的理念对港口运输中转节点的原有定位进行重新定义,以现代物流和供应链管理理论为指导,对不同的港口物流构成元素或功能要素进行考察,确定港口物流系统的主要经营和管理指标,从而综合得出该港口物流评价指标体系。

(4)将物流枢纽作为评价对象的指标体系。这类指标体系的基本思路是将港口、空港、公交以及综合运输枢纽等物流枢纽作为评价对象,通过研究其枢纽运营方案及所处环境,深入分析交通物流枢纽的功能和特征,评价枢纽功能实现的水平。例如刘小明、沈龙利、邹文杰、姜帆等人的研究都属于这一类。这类评价是基于交通规划学的理论进行的,虽然在研究中对于港口在枢纽中功能重要性有所弱化,但对港口物流枢纽评价的研究具有极佳的参考价值和现实意义。

以上评价指标体系,由于侧重面不同,对于港口物流枢纽的评价来说往往有所欠缺。尽管得出一个或几方面的结论,都无法对于港口物流枢纽整体运营效果进行科学评价,因此需要找到一个更为全面的方法来分析评价港口物流枢纽。由于整个港口物流枢纽涉及的指标众多,为了详细、有效地研究港口物流枢纽评价问题,就必须在指标的罗列选取上实现突破,构建和完善关于港口物流枢纽的指标体系。最后,基于这样的指标体系,找出一个更为全面的且可直接应用的评价模型或方法。

1.2 评价指标研究

在评价指标的选取时,目前国内外的学者主要采取了定性研究和定量研究相结合的办法,试图全面、准确、主客观相结合地分析评价对象的运营绩效、水平、竞争力或功能实现情况。对于港口或港口物流枢纽而言,这样一个庞大的系统确实需要从各个角度确立指标并加以分析,才能保证评价的科学有效。但是,如果从各个角度来确立指标,往往会存在指标体系过于复杂,指标数据难以取得,很难找到合适的模型来进行评价等问题。于是,有人用主成分分析法、因子分析法等做了尝试,希望减少指标个数,从而配合评价模型得出相关结论。但是,由于抽象的范围不能过大,且无论用主成分分析还是因子分析,多数指标都必须是可定量的,选取指标的本身就存在很多局限性。而且指标经过抽象后,实际意义往往不够明确,导致后续的分析存在片面和不完整等问题,难以达到理想的效果。

鉴于此,有人就试图从投入产出方面考虑,但在这些文献当中,几乎所有研究都将港口的货物吞吐量列为阐述指标;当然有些文献还将其他一些项目列为产出指标,如用户满意度或是港口利润等。如果仅以港口为对象进行分析,这类研究或无可厚非。但是如果将港口物流枢纽作为一个全局性系统性整体进行考虑,就会发现这类研究存在片面性,难以反映枢纽整体的运营水平和不同运输方式之间的衔接效率,同时缺少环境指标,而上述内容是目前我国交通运输和物流领域关注的重点。本书将相关研究中指标选取进行了总结,如表 4-1 所示:

相关研究中的指标选取 表 4-1

有关研究	投入指标	产出指标
Roll 和 Hayut	人力资源 资本 货物的单一性	货物吞吐量 服务水平 用户满意度 船舶机具的数量 总货物吞吐量
Martinez 和 Burdia	工资 费用折扣 其他支出费用	总货物吞吐量 港口利润
Tongzon	起重机数量 集装箱泊位数量 拖船数量 堆场面积 船舶等待时间 港口员工数	货物吞吐量 船舶工作效率

续上表

有关研究	投入指标	产出指标
Valentine 和 Gray	泊位总长度 集装箱泊位长度	集装箱数量 总吞吐量
Tengfei	码头长度 堆场面积 桥式起重机数量 场站起重机数量 跨载机数量	总吞吐量
Chienlinlih 和 Antseng	集装箱桥吊数量 集装箱泊位长度 堆场搬运设备数量 集装箱堆场面积	集装箱吞吐量

1.3 评价方法研究

由于港口物流枢纽系统中包含了大量的模糊信息,这些信息很难用常规的方法进行度量和量化,另外港口物流枢纽本身的特点又决定了面临的决策要追求统筹兼顾、协调平衡和总体优化,这就使得港口物流枢纽评价必须带有一定的定性指标。这为港口物流枢纽评价带来一定难度。国内外不少专家和学者都从不同的角度定性分析了港口物流枢纽所辖领域的相关问题,然而如何从定量角度去分析港口物流枢纽相关领域存在问题的却不是很多。目前,常用的评价方法大致可以分为 9 大类,如表 4-2 所示:

常用的综合评价方法比较与汇总 表 4-2

方法类别	方法名称	方法描述	优点	缺点	适用对象
1. 定性评价方法	专家会议法	组织专家面对面交流,通过讨论形成评价结果	操作简单,可以利用专家的知识,结论易于使用	主观性比较强,多人评价时结论难收敛	战略层次的决策分析对象,不能或难以量化的大系统,简单的小系统
	Delphi 法	征询专家,用信件背靠背评价,汇总专家意见			

续上表

方法类别	方法名称	方法描述	优点	缺点	适用对象
2. 技术经济分析方法	经济分析法	通过价值分析、成本效益分析、价值功能分析,采用 NPV、IRR、T 等指标	方法的含义明确、可比性强	建立模型比较困难,只适用评价因素少的对象	大中型投资与建设项目,企业设备更新与新产品开发效益等评价
	技术评价法	通过可行性分析、可靠性评价等			
3. 多属性决策方法(MODM)	多属性和多目标决策方法(MODM)	通过化多为少、分层序列、直接求非劣解、重排次序法来排序与评价	对评价对象描述比较精确,可以处理多决策者、多指标、动态的对象	刚性的评价,无法涉及又模糊因素的对象	优化系统的评价与决策,应用领域广泛
4. 运筹学方法(狭义)	数据包络分析法(C^2R 模型、C^2GS^2 模型等)	以相对效率为基础,按多指标投入和多指标产出,对同类型单位相对有效性进行评价,是基于一组标准来确定相对有效生产前沿面	可以评价多输入、多输出的大系统,并可找出单元薄弱环节加以改进	只表明评价单元的相对发展指标,无法表示出实际发展水平	评价经济学中生产函数的技术、规模有效性,产业的效益评价、教育部门的有效性
5. 统计分析方法	主成分分析	相关的经济变量间存在起着支配作用的共同因素,可以对原始变量相关矩阵内部结构研究,找出影响某个经济过程的几个不相关的综合指标来线性表示原来变量	全面性、可比性、客观合理性	因子负荷符号交替使得函数意义不明确,需要大量的统计数据,没有反映客观发展水平	对评价对象进行分类
	因子分析	根据因素相关性大小把变量分组,使同一组内的变量相关性最大			反映各类评价对象的依赖关系,并应用于分类
	聚类分析	计算对象或指标间距离,或者相似系数,进行系统聚类	可以解决相关程度大的评价对象	需要大量的统计数据,没有反映客观发展水平	证券组合投资选择,地区发展水平评价

续上表

方法类别	方法名称	方法描述	优点	缺点	适用对象
5. 统计分析方法	判别分析	计算评价指标间距离,判断所归属的主体			主体结构的选择,经济效益综合评价
6. 系统工程方法	评分法	对评价对象划分等级、打分、再进行处理	方法简单、容易操作	只能用于静态评价	新产品开发计划与结果,交通系统安全性评价等
	关联矩阵法	确定评价对象与权重,对各替代方案有关评价项目确定价值量			
	层次分析法	针对多层次结构的系统,用相对量的比较,确定多个判断矩阵,取其特征根所对应的特征向量作为权重,最后综合出总权重,并且排序	可靠度比较高,误差小	评价对象的因素不能太多(一般不多于9个)	成本效益决策、资源分配次序、冲突分析等
7. 模糊数学方法	模糊综合评价	引入隶属函数 $\mu_{I_y}: C \to [0,1]$,把人类的直觉确定为具体系数(模糊综合评价矩阵) $R = [\mu_{I_y}(x_{jh})]_{n \times m}$,其中,$\mu_{I_y}(x_{jh})$ 表示指标 U_{I_y} 在论域上评价对象属性值的隶属度,并将约束条件量化表示,进行数学解答	可以克服传统数学方法中"唯一解"的弊端。根据不同可能性得出多个层次的问题解,具备可扩展性,符合现代管理中"柔性管理"的思想	不能解决评价指标间相关造成的信息重复问题,隶属函数、模糊相关矩阵等的确定方法有待进一步研究	消费者偏好识别、决策中的专家系统、证券投资分析、银行项目贷款、对象识别等,拥有广泛的应用前景
	模糊积分				
	模糊模式识别				
8. 对话式评价方法	逐步法(STEM)	用单目标线性规划法求解问题,每进行一步,分析者把计算结果告诉决策者来评价结果。如果认为已经满意则迭代停止;否则再根据决策者意见进行修改和再计算,直到满意为止	人机对话的基础性思想,体现柔性化管理	没有定量表示出决策者的偏好	各种评价对象
	序贯解法(SEMOP)				
	Geoffrion 法				

续上表

方法类别	方法名称	方法描述	优点	缺点	适用对象
9.智能化评价方法	基于BP人工神经网络的评价	模拟人脑智能化处理过程的人工的神经网络技术,通过BP算法,学习或训练获取知识,并存储在神经元的权值中。能够"揣摩"、"提炼"评价对象本身的客观规律,进行对相同属性评价对象的评价	网络具有自适应能力、可容错性,能够处理非线性、非局域性与非凸性的大型复杂系统	精度不高,需要大量的训练样本等	应用领域不断扩大,涉及银行贷款项目、股票价格的评估、城市发展综合水平的评价等

第 2 章　港口物流枢纽发展影响因素分析

2.1　运输中心形态下的影响因素

运输中心形态是依托于港口基础设施设备形成的物流设施综合体，注重于提升港口运营水平、生产效率物流运作效率。运输中心在功能上主要体现为运输中转、装卸搬运、多式联运、辅助功能等港口生产周边的服务功能，通过信息化、智能化、安全和绿色领域技术创新，提升港口基础设施总体能力和单体设施的最大能力，提高装卸作业效率和港口相关服务效率及便利性，提升港口基础设施、机械设备和工艺技术水平。作为港口物流枢纽的形态之一，运输中心同样是通过上述功能最终实现“经济、高效、安全、绿色”的目标。

运输中心形态下港口物流枢纽的基本任务仍然是将抵达港口的货物通过装卸作业等过程运送出港。在此基础上，结合一定的工业功能、商业功能和贸易功能等。按照港口物流枢纽的发展目标，选择相关的具体生产经营活动对港口物流枢纽发展的依存度较高的影响因素进行分析，如表 4-3 所示。这些影响因素对于港口的依存度大不相同，在计算其对港口物流枢纽发展水平的影响时就需要根据具体情况区别对待，这也是构建评价指标体系的主要依据。

对于部分相关影响因素的解释如下：

(1)物流规模。物流规模是现代物流服务的需求之一，指在物流活动中运输、储存、包装、装卸搬运和流通加工等物流作业量的总和。在当前没有系统的社会物流量统计的情况下，由于货物运输是物流过程中实现位移的中心环节，用货物运输量的变化趋势来衡量社会物流规模的变化趋势是最接近实际的。

对于港口物流枢纽来说，物流规模的大小直接决定了港口能否向物流枢纽转型的关键因素。通常来讲，物流货物种类较多、物流规模较大的港口更有机会成为区域性乃至国际性的港口物流枢纽。

(2)物流效益。物流效益就是由于物流活动引起的效用增加值，其水平是由物流产值和物流成本两部分因素决定。物流效益水平是影响港口物流枢纽发展水平的关键因素，也是驱动港口物流枢纽从低层次向高层次发展的内在动因。

运输中心形态的港口物流枢纽相关因素分析　表4-3

影响因素	所属目标	同港口物流枢纽的依存度
自然资源条件	经济	有一定的相关度,但不是主要影响因素
腹地资源条件	经济	相关度较高,影响港口物流枢纽的形成条件和发展进程的重要因素
物流规模	经济	高度相关,直接影响港口物流枢纽的发展水平
物流效益	经济	高度相关,直接影响港口物流枢纽的发展水平
集疏运效率	高效	高度相关,直接影响港口物流枢纽的发展水平
节点设施生产效率	高效	高度相关,直接影响港口物流枢纽的发展水平
物流服务水平	高效	高度相关,直接影响港口物流枢纽的发展水平
物流技术水平	高效	高度相关,直接影响港口物流枢纽的发展水平
运输安全	安全	相关度较高,影响港口物流枢纽发展水平的重要因素
港口安全	安全	相关度很高,是港口物流枢纽发展的前提和基础
能源强度	绿色	相关度较高,影响港口物流枢纽发展水平的重要因素
环境友好	绿色	相关度较高,影响港口物流枢纽发展水平的重要因素

(3)集疏运效率。运输是物流过程中的重要一环。合理高效的运输可以有效节约物流成本,减少浪费,从而提升港口物流枢纽的发展水平。而不合理的运输则会通过相向运输、重复运输以及过远运输、迂回运输和违反各种运输合理分工原则,降低运输效率,造成物流成本的显著增加。

在港口物流枢纽中,影响集疏运效率的关键因素在于基础设施建设水平。虽然政府已经投入大量资金用于基础设施建设,但是中西部地区的基础设施建设不仅需要耗费大量的资金并且需要耗费较长的时间,因此西部港口物流枢纽的交通基础设施建设仍然落后于港口物流枢纽对于交通运输的需求。运输结构也是影响运输效率的重要因素,在各种运输方式中,铁路和水运是集疏运效率最高的两种运输方式。但由于体制、运输条件以及运输惯性等各方面因素的限制,各港口通过结构调整提升交通运输效率仍然很难。此外,提升交通工具的实载率也是改进集疏运效率的有效途径。

(4)运输安全。运输安全是指物流线路的安全,包括货物在运输配送中产生的船舶运输安全、公路运输安全、铁路运输安全、航空运输安全等。

(5)能源强度。能源强度是能源利用与经济或物力产出之比。能源强度是对比不同国家和地区能源综合利用效率的常用指标之一,体现了能源利用的经济效益,是港口物流枢纽综合能耗使用效率水平的重要因素。港口物流枢纽作为主要的终端用能部门,其能源消费包括两个部分:一是由完成运输活动的各种运输工具或设施直接消耗的能源;二是服务于运输生产活动的运输组织或管理部门的能源消耗。

(6)环境友好。环境友好指标反映了港口物流枢纽在生产过程中对于环境产生污染的程度,主要包括船舶及港口生产作业对港口水域造成的污染、船舶及港口生产作业对城市空气造成的污染、营运车辆船舶产生的空气污染、营运车辆船舶产生的噪音污染等。

2.2 港城物流枢纽形态下的影响因素

港城物流枢纽是港口物流枢纽的另一重要表现形态,港口依托其所在城市,通过政策引导、规划布局,衔接港口物流与城市现代物流体系,通过临港工业、商贸集聚,物流中心、物流园区集聚,保税物流体系建设,公共物流信息平台建立等,实现港城融合,体现港口物流枢纽"经济、高效、安全、绿色"的发展目标。

这种形态下,港口物流枢纽体现为城市物流系统中最主要的物流要素集聚和服务平台。因此,按照港口物流枢纽的发展目标,选择对港口物流枢纽发展依存度较高的影响因素进行分析,如表 4-4 所示。

港城物流枢纽形态的港口物流枢纽相关因素分析 表 4-4

影响因素	所属目标	同港口物流枢纽的依存度
港口对城市经济影响	经济	高度相关,直接影响港口物流枢纽的发展水平
港城发展协调度	经济	高度相关,直接影响港口物流枢纽的发展水平
商贸/保税物流水平	经济	相关度较高,影响港口物流枢纽发展水平的重要因素
临港工业发展水平	经济	相关度较难确定,在相关度判断中主管因素体现的较多
港口运输中转效率水平	高效	高度相关,直接影响港口物流枢纽的发展水平
物流节点发展水平	高效	高度相关,直接影响港口物流枢纽的发展水平
物流信息服务水平	高效	相关度较高,影响港口物流枢纽发展水平的重要因素
港口安全	安全	相关度很高,是港口物流枢纽发展的前提和基础
运输安全	安全	相关度较高,影响港口物流枢纽发展水平的重要因素
物流安全	安全	相关度较高,影响港口物流枢纽发展水平的重要因素
能耗强度	绿色	相关度较高,影响港口物流枢纽发展水平的重要因素
环境友好	绿色	相关度较高,影响港口物流枢纽发展水平的重要因素
可持续发展	绿色	相关度较高,影响港口物流枢纽发展水平的重要因素

对于部分相关影响因素的解释如下：

(1)物流节点发展水平。物流节点是指所有进行物资中转、集散和储运的节点，包括港口、空港、火车货运站、公路枢纽、大型公共仓库及现代物流(配送)中心、物流园区等。物流节点效率的提升，能够带动整个港口物流枢纽的谐调、顺畅，实现系统总体的最优，因此物流节点效率是影响港口物流枢纽发展的一个重要因素。

(2)物流技术水平。物流技术是指物流活动中所采用的自然科学与社会科学方面的理论、方法，以及设施、设备、装置与工艺的总称。物流技术概括为硬技术和软技术两个方面。物流硬技术是指组织物资实物流动所涉及的各种机械设备、运输工具、站场设施及服务于物流的电子计算机、通信网络设备等方面的技术。物流软技术是指组成高效率的物流系统而使用的系统工程技术、价值工程技术、配送技术等。

在港口物流枢纽中，港口的信息化管理能够明显提高港口装卸中转效率。国内外的大型港口物流枢纽都具备了较高水平的信息化管理技术，通过 EDI 系统、管理信息系统能够实现货物的实时跟踪查询。安全监控系统的使用一方面能够提高货物通关效率，另一方面也能保证货物的运输安全。此外，GPS 系统可以用于船舶进港引航以及搬运设备的定位；运输工具朝着多样化、高速化、大型化和专用化方向发展能够有效提升运输服务效率。

(3)物流服务水平。物流服务水平体现在港口物流枢纽的物流服务多样性和物流服务效率两个方面。物流服务是在港口由传统运输中转节点到综合物流服务链中重要环节的定位转变中出现的，是整个港口物流体系的核心，是物流系统运作的中心环节，是现代港口物流系统的重要组成部分，是港口物流系统向集运输、工贸和多式联运等为一体的综合物流中心发展的体现。

一般认为，物流服务主要包括物流基本服务以及物流增值服务。基本服务包括传统港口物流枢纽运作过程中提供的诸如运输、仓储、包装等服务，也包括利用现代信息技术所提供的高效、快捷的数据分析、处理及传递等服务；增值服务包括为港口物流枢纽有效运作提供的诸如金融、保险及咨询等各种附加服务。可见，服务系统是增强港口物流枢纽服务竞争能力的核心资源，处于系统的中心环节。

(4)物流安全。物流安全是指物流活动中的安全性，包括货物在港口、物流(配送)中心、港口物流园区以及其他相关运输枢纽中产生的装卸、中转、存储安全。

(5)可持续发展。按照联合国环境发展会议提出的观点，可持续发展是建立在社会、经济、人口、资源、环境相互协调和共同发展的基础上的一种发展。港口物流枢纽的可持续发展则据此引申为实现港口物流枢纽发展的长期、健康、稳定以及可循环。这一方面表现为港口物流枢纽的集约化、规模化程度,体现在对于港口岸线资源的利用效率;另一方面也体现在港口物流枢纽在功能规划上,如何科学合理规划各港区的功能结构,避免港口物流枢纽内部各港区之间、所在港口同周边港口之间产生无序竞争,避免盲目建设和乱占、多占港口资源。此外,综合交通运输通道的合理布局,集约城市土地资源和通道资源,也是港口物流枢纽可持续发展的一个重要因素。

2.3 国际物流枢纽形态下的影响因素

当港口物流系统与城市经济融合后,并向更广领域、更大范围、更深程度发展,必然与全球物流供应链体系相互结合,发展为国际港口物流枢纽。作为国际物流枢纽的港口物流枢纽,侧重于区域和全球供应链的物流资源配置功能。利用优越的交通区位、完善的物流基础设施、先进的设备和技术水平等,为客户提供不同运输通道之间、不同运输方式之间便利的交换、集散服务。其服务范围不仅包括所在城市,更可以辐射到港口群、城市群和全球供应链体系。

这种形态下,港口物流枢纽体现为城市物流系统中最主要的发展趋势就是通过全球供应链节点、高端物流服务中心、专业化物流全球配置中心的建设,实现港口物流在国际物流体系中的枢纽功能。因此,按照港口物流枢纽的发展目标,选择相关的具体生产经营活动对港口物流枢纽发展的依存度较高的影响因素进行分析,如表4-5所示。

对于部分相关因素的解释如下:

(1)航运服务业发展水平。航运服务业主要包括船舶代理、货运代理、船舶管理、无船承运、船舶港口供应、船员劳务,以及航运金融、航运保险、航运法律服务、航运信息、航运交易等业务门类。航运服务业的发展水平是港口物流枢纽"软实力"的集中体现。促进航运服务业的健康发展,有利于进一步提升港口物流枢纽的服务能力和发展水平,有利于港口所在地区的现代物流业和现代服务业的发展,有利于提升港口物流枢纽在全球航运资源配置的支配地位和话语权,对于形成国际物流枢纽形态的港口物流枢纽具有重要的影响和意义。

(2)政府服务水平。政府服务水平和服务质量是影响港口物流枢纽发展的重要外部环境要素。政府行业管理理念的发展程度,港航物流业及相关服务业发展的营运环境、政策环境、法律环境的好坏,政府能否形成透明、规范有序的市场监管,影响到港口物流枢纽能否直接、充分地发挥作用。

国际物流枢纽形态的港口物流枢纽相关因素分析 表 4-5

影响因素	所属目标	同港口物流枢纽的依存度
航运业发展水平	经济	高度相关,直接影响港口物流枢纽的发展水平
港口业发展水平	经济	高度相关,直接影响港口物流枢纽的发展水平
航运服务业发展水平	经济	高度相关,直接影响港口物流枢纽的发展水平
政策制度水平	经济	相关度很高,是港口物流枢纽发展的前提和基础
人力资源水平	高效	有一定的相关度,但不是主要影响因素,往往也是其发展的表现形式
政府服务水平	高效	相关度很高,是港口物流枢纽发展的前提和基础
港口在全球物流供应链地位	高效	高度相关,直接影响港口物流枢纽的发展水平
运输安全	安全	相关度较高,影响港口物流枢纽发展水平的重要因素
港口安全	安全	高度相关,直接影响港口物流枢纽的发展水平
物流安全	安全	相关度较高,影响港口物流枢纽发展水平的重要因素
安全管理	绿色	相关度较高,影响港口物流枢纽发展水平的重要因素
环境友好水平	绿色	高度相关,直接影响港口物流枢纽的发展水平
可持续发展	绿色	高度相关,直接影响港口物流枢纽的发展水平

第3章 港口物流枢纽评价体系研究

3.1 评价指标体系的总体构建思路

3.1.1 评价的指导思想和原则

港口物流枢纽指标体系构建过程中应遵循的指导思想是:符合港口物流枢纽的特征及含义,符合国家及区域发展政策要求,反应港口物流枢纽发展特征,符合地区枢纽发展实际,有利于港口物流枢纽更好地朝着节能、高效、低成本、可持续的方向发展。

港口物流枢纽评价指标体系构建遵循的原则主要有以下几个方面:

1)系统性原则

港口物流枢纽是一个整体性全局性概念,是基于港口物流为核心的区域性物流组织,包括了港口内外部环境、资源要素、物流水平以及港口所在城市综合发展水平等诸多要素及其相互联系、交互作用的综合体系。因此对港口物流枢纽的评价不能只考虑某一单项因素(如港口物流等),必须采取系统设计、系统评价的原则。

同时,港口物流枢纽也是一个复杂的系统,是港口内外部环境、资源要素、物流水平以及港口所在城市综合发展水平等诸多因素及其相互联系、交互作用的综合体系。因此,必须充分考虑影响港口物流枢纽的各要素,采用系统设计、逐步筛选的方法,设置能反映各要素的相应指标,达到全面系统描述整体的目标要求。

2)可操作性原则

指标设计应尽量实现与现有统计资料、财务报表兼容;每一项指标都应该相对稳定,而且可以通过一定的途径、一定的方法观察得到。另外,每一项指标都应该是确定的、可以比较的。

3)目标导向性原则

对港口物流枢纽进行综合评价,其目的不仅仅在于排列出方案的名次和优劣,更重要的是引导和鼓励港口物流枢纽朝着正确的方向和目标发展。因此,在建立评价指标体系时必须要注意使评价指标体系对港口物流枢纽的建设和运作有正确的目标导向作用。

4）通用可比性原则

运用评价指标体系评价港口物流枢纽时，常常需要进行纵向（动态）和横向（静态或动态）的评价分析。因此，评价指标体系的建立一定要体现出通用性和可比性。此外，实现在港口物流枢纽评价中，评价的准确性、实用性以及定量性也是必要前提。

3.1.2　评价指标体系的初选和完善

港口物流枢纽评价指标体系的构建目的，是通过选取适合的指标，适合的方法，反映港口物流枢纽的发展特征，有效衡量港口物流枢纽的发展水平。结合港口物流枢纽理论内涵和发展目标的分析，其发展目标定位于“经济、高效、安全、绿色”4个方面。因此，港口物流枢纽评价指标体系的目标层（A层）就以这4个方面展开，突出评价指标体系在港口物流枢纽研究中的导向性。同时，结合港口物流枢纽影响要素和发展层次，在目标层下构建反映其特征的系统层（B层），细化目标层指标的功能，突出评价指标体系的系统性。最后，以可操作为原则，通过一系列反映港口物流生产、管理、安全、绿色的具体化指标，构建指标体系的操作层（C层），形成港口物流枢纽评价指标体系的操作层，用来进行数据收集和评价分析。

围绕港口物流枢纽发展目标，港口物流枢纽评价指标体系目标层相应分为“经济、高效、安全、绿色”4个方面。其中，经济目标层下，通过物流规模、物流供给能力和物流效益3个系统层指标描述，高效目标，通过物流节点效率、运输效率、物流技术水平以及物流服务水平4个系统层指标描述；安全目标，通过运输安全、物流节点安全两个系统层指标描述；绿色目标，以能源强度、环境友好和可持续发展3个系统层指标描述。系统层下具体的可操作指标，在指标解释中具体说明。

港口物流枢纽评价指标体系的构建，采取定性与定量指标相结合的方式构建，分指标初选和指标完善两个阶段。在评价指标体系的初选阶段，通过综合法对已存在的指标群按一定标准进行聚类，形成体系化的指标群，然后再通过分析法将度量对象和度量目标化分成若干部分，逐步细化，直到每一指标都可以用具体的统计指标来描述和实现。在指标体系完善阶段，进行指标的重要性、必要性和完备性分析。一般通过德尔菲法对初步指标体系进行匿名评议，并通过极大不相关原理对指标体系进行相关分析，从全局角度考虑指标体系是否存在冗余。最后，通过定性分析判断评价指标体系是否全面反应和测度港口物流枢纽的主要特征和发展状况。指标体系构建思路如图4-1所示。

以定性分析和定量分析相结合,定性分析主要从评价的目的和原则出发,考虑评价指标的完备性、针对性、稳定性、独立性以及指标与评价方法的协调性等因素,主观确定指标和指标结构的过程。定量研究则是通过一系列检验,使指标体系更加科学和合理。因此,指标体系的建立分两个阶段,即指标初选阶段和指标完善阶段。

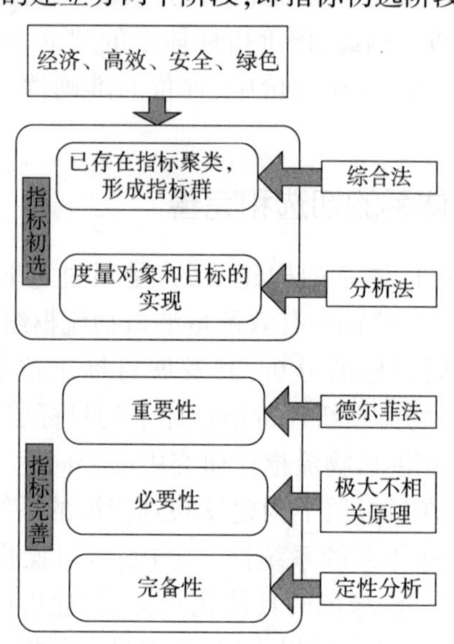

图 4-1 港口物流枢纽评价指标体系构建思路

1)指标体系的初选

指标的初选方法有综合法和分析法。综合法是指对已存在的一些指标群按一定的标准进行聚类,是一种构造指标体系的方法。如在一些拟定的指标体系基础上,做进一步的归类整理,使之条理化后形成一套指标体系。分析法是指将度量对象和度量目标化分成若干部分,并逐步细化,直到每一部分都可以用具体的统计指标来描述、实现。这样就形成了初步的指标体系。

2)指标体系的完善

初选后的指标体系还必须经过完善化处理才是真正科学、实用的指标体系。指标体系的完善工作除了测验每个指标的数值能否获取,每个指标的计算方法、范围和内容的准确性,还要对指标的重要性、必要性进行分析。

(1)重要性

指标的重要性根据每个评价指标的重要程度,保留那些重要指标,剔除对评价结果无关紧要的指标。一般用 Delphi 法对初步指标体系进行匿名评议,具体操作如下:

请 N 位专家对某层次 M 个指标进行匿名评议。设 E_{ij} 为指标 i 的 j 级重要程度的量值(一般将重要程度分为5级,即 $j=1,2,3,4,5$);N_{ij} 为指标 i 评级为 j 的专家人数,则有:

①指标 i 的专家意见集中程度 $\overline{E_i}=\frac{1}{n}\sum_{j=1}^{5}E_{ij}N_{ij}$,其大小确定了指标 i 重要程度的大小,反映了 N 个专家的评价期望值;

②专家对指标 i 重要程度评价的分散程度 $\delta_i=\sqrt{\frac{1}{n-1}\sum_{j=1}^{5}N_{ij}(E_{ij}-\overline{E_i})^2}$,一般若 $\delta_i>\frac{2}{3}$ 说明专家已经比较分散,可重新进行咨询;

③专家意见协调程度 $V_i=\delta_i/\overline{E_i}$,$\delta_i$ 越小,V_i 越大,说明专家意见越协调。

由 $\overline{E_i}$、δ_i、V_i 综合分析决定是否需要进行下一轮咨询。若已满足要求,则以最后一轮各指标的 $\overline{E_i}$、δ_i 的大小为判据,决定保留哪些指标,删除哪些指标,确定指标体系。

(2)必要性

必要性指构成指标体系的所有指标从全局考虑是否都是必不可少的,有无冗余现象。为此必须对指标体系进行相关分析,一般用极大不相关原理进行分析。具体操作如下:

设 $X_i=(x_{i1},x_{i2},\dots,x_{ip})$,$(i=1,2,\dots,p)$ 为 p 个评价指标的 n 各个样本,用矩阵表示如下:

$$X=\begin{bmatrix}X_1\\X_2\\\cdots\\X_n\end{bmatrix}=\begin{bmatrix}x_{11}&x_{12}&\cdots&x_{1p}\\x_{21}&x_{22}&\cdots&x_{2p}\\\cdots&\cdots&\cdots&\cdots\\x_{n1}&x_{n1}&\cdots&x_{np}\end{bmatrix}$$

相应有:

均值:

$$\overline{x_i}=\frac{1}{n}\sum_{k=1}^{n}x_{ki}\quad(i=1,2,\dots,p)$$

方差:

$$s_{ii}=\frac{1}{n}\sum_{k=1}^{n}(x_{ki}-\overline{x_i})^2\quad(i=1,2,\dots,p)$$

协方差:

$$s_{ij}=\frac{1}{n}\sum_{k=1}^{n}(x_{ki}-\overline{x_i})(x_{kj}-\overline{x_j})\quad(i\neq j;i,j=1,2,\dots,p)$$

得到相关矩阵 $R=(r_{ij}),r_{ij}=\dfrac{s_{ij}}{\sqrt{s_{ii}\times s_{jj}}}(i,j=1,2,\dots,p)$。

r_{ij}被称作 x_i、x_j 的相关系数，反映了 x_i、x_j 的线性相关程度，通过其大小比较，进行各指标两两相关性的比较确定指标。

3.2 评价指标体系构建——运输中心

作为运输中心的港口物流枢纽，主要关注于港口物流运营和生产效率的提升，体现为运输中转、装卸搬运、多式联运、辅助功能等转型升级。其服务功能包括运输中转、装卸搬运、仓储配送、简单加工、信息处理等功能。

3.2.1 评价指标体系初选

1）经济指标

运输中心形态下的港口物流枢纽，其经济性主要体现在港口物流枢纽的经济效益和社会效益当中。

（1）自然条件——是影响运输中心形态下港口物流枢纽发展水平的主要条件之一。不同地区的自然条件错综复杂，影响港口物流枢纽发展的自然环境因素不尽相同，港口区位条件、港口岸线资源、港口泊位水深等，是反映其水平的重要指标。

（2）腹地资源条件——通常来说，经济发达、客货流量大、地理位置优越、航行条件、停泊条件较好的腹地，能够为港口物流枢纽发展提供更为便利的发展条件。比较有代表性的指标包括港口腹地经济体量、港口腹地外贸水平等。

（3）港口航线覆盖能力——能够反映港口航线覆盖能力的代表性指标包括集装箱航线数量、国际集装箱航线数量等。

（4）物流规模——在运输中心状态下，能够反映港口物流枢纽的物流规模的代表性指标主要包括港口货物吞吐量、港口集装箱货物吞吐量等。

（5）港口流通加工能力——是运输中心的6大功能之一，主要包括了运输中心内的包装加工能力、整理性加工能力以及组装加工能力等。

（6）物流效益——是反映港口物流枢纽在物流经营方面的收入指标。港口业务营业总额等是反映运输中心形态下物流效益的代表性指标。

2）高效指标

（1）港口物流集疏运能力——铁路集疏运能力（海铁联运比例）、公路集疏运能力、内河集疏运能力、航空运输能力(航线、班次)。

(2)物流节点设施能力——港口仓库面积、港口堆场面积、库场总容量。

(3)港口物流服务水平——通关环境、船舶在港停时、港口企业满意度、航运企业满意度、物流企业满意度。

(4)港口装卸功能——港口机械设备数量、单位时间货物装卸量、单位时间集装箱装卸量。

(5)港口物流技术水平——物流信息平台应用水平、港口生产信息化水平、EDI 电子数据交换技术应用。

3)安全指标

(1)港口安全水平——港口事故率。

(2)运输安全水平——万船事故率。

4)绿色指标

港口可持续发展水平——港口岸线节约指标、船舶单位运输能耗、港口单位吞吐量能耗、船舶单位运输碳排放水平、港口单位吞吐量碳排放水平、港口新能源使用情况、港口粉尘综合治理情况、港口污水综合治理情况。

3.2.2 评价指标体系完善

项目组按照 3.1 指标体系构建思路中的要求对 3.2.1 中提出的具体指标进行筛选,进一步完善评价指标体系。具体过程如下:

第一步:项目组内部讨论,形成基本指标体系框架和预备遴选指标的详细资料;

第二步:专家深度访谈,对 6 名行业内资深专家进行一对一拜访,了解专家对整个指标的认识和构架之间关系的看法,进一步明晰指标体系构架和各指标层次关系;

第三步:按照 4.1.2 中的提出的方法,邀请 10 名行业内专家对指标的重要性和必要性进行分析,形成最终的港口物流枢纽指标体系。

通过多次比较分析,课题组形成了新的港口物流枢纽评价指标体系。其中包括了 4 项目标层指标,14 项系统层指标以及 27 个具体评价指标。具体的港口物流枢纽评价指标体系如表 4-6 所示。

3.2.3 评价指标解释

运输中心发展形态下港口物流枢纽评价指标体系框架构建后,需要对其中涉及的指标进行解释,以更好衡量运输中心形态下港口物流枢纽运作的绩效和发展水平。为突出重点,略去了一些简单常见指标的解释,仅对部分指标含义简要说明。

运输中心形态下的港口物流枢纽评价指标体系　　表 4-6

<table>
<tr><th>目标层 A</th><th>系统层 B</th><th>操作层 C</th></tr>
<tr><td rowspan="6">经济</td><td>自然条件</td><td>区位条件</td></tr>
<tr><td rowspan="2">港口腹地资源条件</td><td>港口腹地经济体量</td></tr>
<tr><td>港口腹地外贸水平</td></tr>
<tr><td>物流规模</td><td>港口货物吞吐量</td></tr>
<tr><td rowspan="2">物流效益</td><td>港口业务营业额</td></tr>
<tr><td>包装加工收入</td></tr>
<tr><td rowspan="9">高效</td><td rowspan="3">集疏运效率</td><td>铁路网平均饱和度</td></tr>
<tr><td>公路网平均饱和度</td></tr>
<tr><td>内河货物集疏运比例</td></tr>
<tr><td rowspan="2">节点设施生产效率</td><td>船舶平均每装卸千吨货在港停时</td></tr>
<tr><td>港口库存周转率</td></tr>
<tr><td rowspan="3">物流服务水平</td><td>通关环境</td></tr>
<tr><td>港口服务满意度</td></tr>
<tr><td>航运服务满意度</td></tr>
<tr><td>物流技术水平</td><td>港口生产信息化水平</td></tr>
<tr><td rowspan="2">安全</td><td>运输安全</td><td>万船事故率</td></tr>
<tr><td>物流安全</td><td>港口事故率</td></tr>
<tr><td rowspan="4">绿色</td><td rowspan="2">能源强度</td><td>船舶单位运输能耗</td></tr>
<tr><td>港口单位吞吐量能耗</td></tr>
<tr><td rowspan="2">环境友好</td><td>船舶单位运输碳排放水平</td></tr>
<tr><td>港口单位吞吐量碳排放水平</td></tr>
</table>

1)港口货物吞吐量

港口吞吐量是衡量港口规模大小的最重要的指标,是反映港口生产经营活动成果的重要数量指标,同时也是反应港口产业在区域物流链条地位的一项重要指标。吞吐量的大小是港口物流枢纽形成的关键性要素之一。

2)公路网平均饱和度

公路网平均饱和度是公路网日平均车流量与设计日流量的比值,这一比值直接反映出港口物流枢纽中公路运输的效率。根据公路网规划有关规范,该比值应该维持在 0.8 左右。

3)铁路网平均饱和度

铁路网平均饱和度是铁路网日平均通行量与设计通行能力的比值,这一比值直接反映出港口物流枢纽中铁路运输的效率。根据铁路网规划有关规范，该比值应该维持在 0.8 左右。

4）内河货物集疏运比例

内河货物集疏运是港口利用内河航道为货物提供集疏运通道。内河航运相较于铁路和公路运输来说，具有成本低、运输量大、绿色环保等优势。内河货物集疏运比例越高，表明港口在集疏运的效率方面表现越好。

内河货物集疏运比例＝内河货物集疏运量/港口集疏运总量

5）船舶平均每装卸千吨货在港停时

船舶平均每装卸千吨货在港停时是指在港停泊船舶平均每装卸千吨货（或千标准箱）所消耗的属港方责任的停泊时间。船舶平均每装卸千吨货在港停泊时间的计算公式为：

船舶平均每装卸千吨（或千标准箱）在港停泊时间＝千吨货（或千标准箱）停时艘天/装卸船舶货物吨数之和×1000（天）

其中，千吨货（或千标准箱）停时艘天等于生产性停泊时间与港方原因造成的非生产性停泊时间之和。

6）港口库存周转率

港口库存周转率是港口的仓库和堆场在一定时期内货物出库数量与平均库存数量的比值，一般用于反映港口货物的流动速度，即货物的流动性是否合理，促使港口企业在保证生产经营连续性的同时，提升物流的质量和效率。

7）通关环境

港口海关的通关效率是港口物流枢纽软环境发展水平的重要组成。通关环境包括船舶通关和货物通关两类，主要通过问卷调查的方式向船东、船代、货代、货主进行调查并打分。

8）港口生产管理信息化水平

港口生产管理的信息化，是将信息技术应用于港口建设、生产、经营、管理和服务，实现最大限度的信息共享；形成基于信息技术的新的经营和管理模式，实现管理和经营业务向智能化、网络化和扁平化变革；重组业务流程，优化资源配置。通过信息化建设，使得港口由传统运输企业向物流枢纽的核心转变，最大限度地消除信息不完全和不对称导致的效率损失，优化资源配置和业务流程，提升港口物流枢纽的服务效率。

9）航运服务质量满意度

这是对水路运输服务质量的评价指标，是反映运输质量的重要内容。考虑到这个指标与服务对象联系最密切，决定采取调查表抽样调查的办法来解决。

10) 港口服务质量满意度

这是对港口服务质量的评价指标,是反映质量的重要内容。这个指标同样采取调查表抽样调查的办法来解决。

11) 万船事故率

万船事故率是指运输船舶发生事故数。该指标用于描述水上船舶安全程度。计算方法为:

万船事故率=水上交通事故数/(营运船舶保有量×10000)

12) 港口万吨吞吐量事故率

港口万吨吞吐量事故率是指港口企业完成每万吨吞吐量发生事故数。该指标用于描述港口中转中转的安全程度。计算方法为:

港口万吨吞吐量事故率=港口事故数/(营运船舶保有量×10000)

13) 营运船舶单位运输周转量能耗

营运船舶单位运输周转量能耗是反映燃油使用效率的强度指标,其值越小越好。该指标除了可以反映营业性船舶燃油单耗的现状,也可将该指标作为考核指标,以控制和引导航运企业加强运输组织管理,提高运输效率,从而达到节约能源目的。

营运船舶单位运输周转量能耗=水路交通运输能源消耗总量/水路运输客货换算周转量

14) 港口单位吞吐量能耗

港口用能也是水路运输能源消耗的一大重要组成部分。港口单位吞吐量能耗指标值高低,可以引导加强港口节能设计和评估,提升港口设施设备的科技含量,改造与淘汰高耗能设备。

港口单位吞吐量能耗=港口能源消耗总量/港口货物吞吐量

3.3 评价指标体系构建——港城物流枢纽

作为城市物流系统要素集聚和服务平台的港口物流枢纽,通过政策引导、规划布局,衔接港口物流与城市现代物流体系,实现港口物流与城市经济的融合,其功能体现为临港工业、商贸集聚、物流节点、保税物流、公共信息平台等。

3.3.1 评价指标体系初选

1) 经济指标

临港工业发展水平——临港工业投资规模、临港工业增加值率、临港工业投入

产出比、临港工业单位产值能耗;

商贸物流能力——临港商贸企业数量、临港商贸企业总产值;

保税物流发展水平——保税物流园区面积、保税物流园区总产值;

港口对城市经济的影响——港口对城市经济直接贡献、间接贡献、港口城市土地增值程度、吸引外资能力、港口直接间接带动城市就业数量;

城市对港口经济的影响——人均物流业固定投资、物流总成本占区域GDP比重。

2)效率指标

港口运输中转效率水平——单位时间货物装卸量、库场总容量;

临港物流园区发展水平——临港物流园区面积、临港物流园区企业总产值;

城市物流中心发展水平——物流配送中心数量、物流配送中心仓储能力;

物流信息服务水平——物流企业信息化程度、公共物流信息平台(技术水平、功能)、电子政务系统服务水平。

3)安全指标

运输安全——万船事故率、货运车辆万车公里死亡率;

物流节点安全——物流作业货损率。

4)绿色指标

港口对城市可持续发展的影响——单位岸线年吞吐量、万吨吞吐量能耗、港口陆域面积占城市用地面积比例;

环境友好水平——船舶单位运输能耗、港口单位吞吐量能耗、船舶单位运输碳排放水平、港口单位吞吐量碳排放水平。

3.3.2 评价指标体系完善

项目组按照指标体系构建思路中提出的具体指标进行筛选,进一步完善评价指标体系。具体过程如表4-7所示。

3.3.3 评价指标解释

港城物流枢纽发展形态下港口物流枢纽评价指标体系框架构建后,需要对其中涉及的主要指标进行解释,明确其科学性和可操作性,以更好衡量这一形态下港口物流枢纽"经济、高效、安全、绿色"的发展水平。为突出重点,略去了一些简单常见指标的解释,仅对部分指标含义简要说明。

1)港口对城市经济直接/间接贡献度

港口为了完成货物位移需要为船东和货主提供必需的商品和服务,这些服务同港口生产有着高度的相关性和依赖性。港口装卸生产、港口建设、港口管理、集疏运、仓储等活动都会为港口所在城市产生大量的直接或间接的贡献。港口对于城市经济社会发展的贡献水平是衡量港口物流枢纽经济性的一个重要指标。

港城物流中心形态下的港口物流枢纽评价指标体系 表 4-7

目标层 A	系统层 B	具体指标层 C
经济	港口对城市经济影响	港口对城市经济直接贡献
		港口对城市经济间接贡献
	港城发展协调度	运输弹性系数
		单位 GDP 的运输周转量
	临港工业/物流发展水平	保税物流园区总产值
		临港工业投资规模
		临港物流园区企业总产值
高效	港口运输中转效率水平	单位时间货物装卸量
	物流节点发展水平	城市物流节点密度
	物流信息服务水平	公共物流信息平台发展水平
安全	运输安全	万船事故率
		货运车辆万车公里死亡率
	物流安全	物流作业货损率
绿色	环境友好水平	船舶单位运输能耗
		港口单位吞吐量能耗
	可持续发展	岸线节约指标

2）单位国内生产总值的运输周转量

该指标反映了港口物流枢纽的运输周转量同国民经济之间的关系，是港口同城市协调发展的重要特征，计算公式为：

单位国内生产总值的运输周转量＝运输周转量/GDP

3）运输弹性系数

运输量增长速度与国民经济增长速度的相关比例，叫做运输弹性系数，它反映运输业的发展是否适应国民经济的发展以及适应的程度。在新开发或处于大规模开发初期的地区，运输弹性系数的正常值明显>1；随着技术进步、新工艺与新原料路线的采用，单位产品的物耗相对下降，其正常值又往往略<1。要保持国民经济持续、快速、协调地发展，必须理顺产运关系，使国民经济的发展与交通运输的增长保持恰当的比例关系。

运输弹性系数=运输量增长率/国民经济增长率

4) 人均物流业固定投资

物流业固定资产投资是衡量某一特定区域内物流业发展水平的关键性指标。人均物流业固定投资的计算方法：

人均物流业固定投资=区域物流业固定投资/总人口数

5) 临港商贸企业总产值

临港商贸园区是依托于港口的商贸企业在空间上的集聚。临港商贸园区内企业的总产值的提升，能够有效提升港口物流枢纽的规模经济水平，降低社会商业成本，对于港口物流枢纽的形成和发展有着重要的促进作用。

6) 海关特殊监管区总产值

海关特殊监管区是保税区、出口加工区、保税物流园区和保税港区的统称，它们均由国务院批准设立，区内设置隔离设施及监控系统，由海关实行封闭监管。保税园区可以利用海关保税等独特条件，利用国外资金和技术发展外向型经济，从而带动港口物流枢纽的发展。

7) 临港工业投资规模

临港工业是依托于港口，在集中运输方式的衔接地将不同类型的工业在空间上集中布局的一种工业形态，也是一个有一定规模和多种工业功能的集合。临港工业投资规模的上升能够有效提升港口物流枢纽的规模经济水平，有效降低社会物流成本，对于港口物流枢纽的形成和发展起到非常重要的推动作用。

8) 物流公共信息服务水平

物流公共信息服务平台（PLISP）主要是依托于信息化系统建设，为企业提供专业化物流信息服务，促进企业间物流信息资源共享，进而推进物流信息整合，实现物流信息传递的标准化。PLISP 的主要功能在于提供公共物流信息，为政府、企业采集、传递、存储以及处理相关物流信息，同时为用户提供咨询服务。PLISP 的发展水平，对于港口物流枢纽的整合程度及运行效率都有着重要的影响。由于平台建设涉及要素较多，因此可用打分的方式对其进行评价。

9) 电子政务系统服务水平

电子政务系统，包括政府管理功能信息化和服务功能信息化等内容。政府利用电子政务系统实现及时、准确、差异化的服务是提升港口物流枢纽效率的有效手段。电子政务系统信息化服务水平的衡量，需要对当地的港口、船东、货主等利用电子政务系统的物流企业进行抽样调查，测算其平均发展水平。

10) 物流节点密度

物流节点密度是反映物流网络节点发展水平的重要指标，节点密度等于城市覆盖区域内物流节点的数量除以该区域的面积。节点密度越高,城市物流网络体系的承担能力就越强。为方便计算,报告中所指城市物流节点是对交通枢纽、大型公共仓库及现代物流(配送)中心、物流园区的统计。

11)环境友好水平

(1)水路运输单位运输周转量二氧化碳排放

$$水路运输单位换算周转量碳排放强度=\frac{水路运输碳排放量}{水路换算周转量}$$

(2)港口生产单位吞吐量二氧化碳排放

$$港口营运碳排放强度=\frac{港口营运碳排放量}{港口货物吞吐量}$$

12)岸线节约指标

岸线节约指标可采用单位货物吞吐量占用码头泊位长度、沿海港口单位吞吐量所占用生产性码头岸线长度、沿海港口单位长度码头岸线通过能力、内河港口单位吞吐量所占用生产性码头岸线长度。本研究采用港口单位长度码头岸线通过能力这一指标,其计算公式如下:

$$港口单位长度码头岸线通过能力=\frac{当年港口货物吞吐量}{当年港口生产用码头泊位总长度}$$

3.4 评价指标体系构建——国际物流枢纽

作为区域和国际物流系统的枢纽,港口物流枢纽实现港口在区域和全球供应链的物流资源配置功能。利用优越的交通区位、完善的物流基础设施、先进的设备和技术水平等,为客户提供不同运输通道之间、不同运输方式之间便利的交换、集散服务。其服务范围不仅包括所在城市,更可以辐射到港口群、城市群和全球供应链体系。其功能表现为全球物流供应链节点、高端物流服务业中心、煤油矿箱等主要货种的国际物流枢纽、专业化物流的国际配置中心等方面。

3.4.1 评价指标体系初选

1)经济指标

物流服务水平——物流成本占 GDP 比重;

现代航运服务业发展水平——航运金融服务业总产值、航运咨询服务机构数量、海事仲裁案件数量、航运经纪从业人员数量、船舶交易金额、航运保险业务交易金额;

航运业发展水平——内河航运企业船舶平均吨位、海运企业船舶平均吨位、港航物流企业数量;

港口发展水平——国际集装箱中转比例、港口货物吞吐量、港口集装箱吞吐量、港口通过能力利用率。

2)效率指标

政策制度水平——自贸区政策落实程度、政策一体化水平;

人力资源水平——航运从业人员人均收入、本科以上从业人员比例、航运及航运服务相关院校数量;

政府服务水平——政策法规体系完善度、行政管理透明度、公共服务能力;

港口在全球物流供应链的地位——大型物流企业入驻数量、国际班轮航线的数量、发布指数得到的认可程度。

3)安全指标

运输安全——万船事故率、水上人命救助有效率、货运车辆万车公里死亡率;

物流节点安全——物流作业货损率。

4)绿色指标

环境友好水平——营运船舶单位运输周转量能耗、港口单位吞吐量能耗;

能源强度水平——水路运输单位运输周转量二氧化碳排放、港口生产单位吞吐量二氧化碳排放;

可持续发展水平——岸线节约指标、交通(物流)节能减排规划、政策完善程度。

3.4.2　评价指标体系完善

项目组按照指标体系构建思路提出的具体指标进行筛选,进一步完善评价指标体系。具体过程如表4-8所示。

港城物流中心形态下的港口物流枢纽评价指标体系　　表4-8

目标层A	系统层B	操作层C
经济	航运业发展水平	船舶平均吨位
		港航物流企业数量
	港口发展水平	国际集装箱中转比例
		港口通过能力利用率
	航运服务业发展水平	航运金融服务业总产值
		海事仲裁案件数量
		航运保险业务交易金额
		船舶交易金额
		航运经纪从业人员数量

续上表

目标层A	系统层B	操作层C
效率	人力资源水平	本科以上从业人员比例
	政府服务水平	公共服务能力
		公共政策
	港口在全球物流供应链地位	大型物流企业入驻数量
		国际班轮航线的数量
安全	运输安全	万船事故率
		货运车辆万车公里死亡率
	港口安全	港口事故率
	物流安全	物流作业货损率
	安全管理	安全管理制度
绿色	环境友好水平	船舶单位运输能耗
		港口单位吞吐量能耗
	可持续发展	岸线节约指标
		交通(物流)节能减排规划、政策完善程度

3.4.3 评价指标解释

国际物流枢纽发展形态下港口物流枢纽评价指标体系框架构建后,为明确其科学性,提高其可操作性,需要对指标体系中主要指标进行解释,体现港口物流在国际物流系统中“经济、高效、安全、绿色”发展目标。对各简单常见的评价指标和前文所涉及的评价指标不再作说明,仅对下述部分指标的含义给予简要说明。

1)货运船舶平均吨位

货运船舶平均吨位是一个反映船舶大型化程度的指标。国内外发展实践充分表明,货运船舶平均吨位是一个逐步增长的长期发展过程,其发展水平与经济社会的现代化进程和水运的发展阶段与水平密切相关。提高货运船舶平均吨位也必将提升水运的规模运输效率和行业生产力水平及竞争能力。影响货运船舶平均吨位的主要因素有经济社会发展水平、航道条件、运输需求、运输政策及船舶技术等。

随着经济社会的发展和航道条件的逐步改善,港口物流枢纽的货运船舶特别是货运船舶平均吨位会大幅度提高。政府职能的转变,行业宏观管理的到位和行业政策的引导,也将稳步推进船舶的大型化发展进程。

2）港航物流企业数量

港航物流企业是指在专门为货物运输需求和运力供给者提供各种运输服务业务的总称。港航物流企业是为航运企业和货主提供相应服务的部门，其数量的多少直接影响到航运物流的服务水平。

3）航运服务业发展水平

航运服务业发展水平是港口物流枢纽发展的重要特征，由航运金融服务业总产值、海事仲裁案件数量、航运保险业务交易金额、船舶交易金额等操作层指标反映。

4）国际集装箱中转比例

国际集装箱中转量是衡量港口物流枢纽发展形态的重要特征之一。虽然迄今为止学术界还没能界定一个确定的比例作为定义一个国际中转港的标准，但通常这一比例至少要超过20%。目前国际公认的港口物流枢纽，如新加坡、香港、高雄、汉堡等，都有超过30%的集装箱中转比例。

5）港口通过能力利用率

港口通过能力利用率是港口吞吐量与港口通过能力的比值，用来表示港口吞吐能力利用情况。利用率低，说明港口闲置情况较为严重，港口产能过剩；利用率在1左右，表明港口吞吐量同设计能力基本相同，港口产能得到有效的发挥；而利用率在1以上值越高，表明港口超负荷使用情况越严重，港口产能严重不足。

6）政府服务水平

政府公共服务能力的高低，是反映港口物流枢纽发展外部环境的重要指标之一，是决定枢纽效率的关键。在操作层指标设计上，不仅包括提供公共产品和服务的能力，还包括制定公共政策和执行法律法规的能力。

7）本科以上从业人员比例

本科以上从业人员比例反映了港航物流业在当地的发展地位和重要程度，也反映了当地港航业的发展水平和人才集中度。本科以上从业人员比例越高，反映了高端人才在港航物流业中的比例越高。

8）国际班轮航线的数量

国际班轮航线的数量是反映港口物流枢纽国际化水平的重要指标之一，进而能够反映港口在全球供应链中所处的地位和作用。

9）交通（物流）节能减排规划、政策完善程度

交通（物流）节能减排规划、政策完善程度反映了一个地区的节能减排政策环境，体现了港口物流枢纽发展的可持续性。包括港口物流枢纽所在城市的节能减排法规标准制度，交通节能减排工作制度，交通节能减排工作配套政策与措施文件等。

3.5 港口物流枢纽评价方法的选择

评价方法的选取主要取决于评价者本身的目的和被评价事物的特点。而且,就同一评价方法本身而言,在一些具体问题的处理上也并非相同,需要根据不同的情况进行不同的处理。选择评价方法时可以遵照以下的原则:评价方法必须具有坚实的理论基础,能为人们所信服;评价方法简单明了,尽量降低算法的复杂性;评价方法必须能够正确反映评价对象和评价目的。

遵照上述原则,一般可以选择出较为适宜的评价方法。不过,这些原则也只是定性的、指导性的原则。在大多数情况下,最优的评价方法是不存在的。

3.5.1 评价方法的选择

对港口物流枢纽功能进行评价的目的是整体把握港口物流系统的能力状况,充分了解各港口发展水平,找到发展相对落后的港口和影响港口功能的薄弱环节,以便有针对性地开展建设。因此,首先采用层次分析法(AHP)对港口物流枢纽的功能进行评价排序。

港口物流枢纽是一个多输入、多输出的庞大复杂系统,对其发展水平进行评价的主要目的是为了找出港口建设发展过程中的薄弱环节,有的放矢的加以改进。为了保证改进的成效,必须明确需要改进的具体内容,同时合理预测各项措施实施后的效果。为了满足以上要求,选取模糊综合评价模型(FCE)。

综上所述,采用层次分析法(AHP)和模糊综合评价方法(FCE)相结合进行港口物流枢纽发展水平进行评价。

3.5.2 评价方法的基本模型

1)层次分析法

层次分析法是美国运筹学家T.L.Saaty等人在20世纪70年代中期提出了一种定性和定量相结合的,系统性、层次化的多目标决策分析方法。在环境科研实践中,AHP法广泛应用于生态安全、环境规划、区域承载力、化学品环境性能评价等众多领域。AHP法的核心是将决策者的经验判断定量化,增强了决策依据的准确性,在目标结构较为复杂且缺乏统计数据的情况下更为实用。应用AHP法确定评价指标的权重,就是在建立有序递阶的指标体系的基础上,通过比较同一层次各指标的相对重要性来综合计算指标的权重系数。具体步骤如下:

(1)构造判断矩阵

同一层次内 n 个指标相对重要性的判断由若干位专家完成。依据心理学研究得出的“人区分信息等级的极限能力为 7±2”的结论,AHP 法在对指标的相对重要性进行评判时,引入了九分位的比例标度,如表 4-9 所示。判断矩阵 A 中各元素为 i 行指标相对 j 列指标进行重要性两两比较的值。

相对重要性的比例标度　　表 4-9

甲比乙	极重要	很重要	重要	略重要	同等	略次要	次要	很次要	极次要
甲指标评价值	9	7	5	3	1	1/3	1/5	1/7	1/9

注:取 8,6,4,2,1/2,1/4,1/6,1/8 为上述评价值的中间值。

显然,在判断矩阵 A 中(表 4-10),$a_{ij}>0$,$a_{ii}=1$,$a_{ij}=1/a_{ji}$(其中 $i,j=1,2,\cdots,n$)。因此,判断矩阵 A 是一个正交矩阵,左上至右下对角线位置上的元素为 1,其两侧对称位置上的元素互为倒数。每次判断时,只需要做 $n(n-1)/2$ 次比较即可。

判 断 矩 阵 A　　表 4-10

	X_1	……	X_i	……	X_j	……	X_m
X_1	1	……		……			$1/a_{1m}$
……		……					
X_i			1		$1/a_{ij}$		
……	……			……			
X_j			a_{ij}		1		
……	……					……	
X_m	a_{1m}						1

(2)权重及一致性检验的计算

将判断矩阵 A 的各行向量进行几何平均,然后归一化,得到的行向量就是权重向量。设 A 的最大特征根为 λ_{max},其相应的特征向量为 W,则有 $AW=\lambda_{max}W$。

AHP 法计算的过程如下:

① λ_{max} 和 w 的方根法计算步骤。

a.判断矩阵每一行元素的乘积 $M_i=\prod_{j=1}^{n}b_{ij}$,$i=1,2,\cdots,n$。

b.计算 M_i 的 n 次方根 $\overline{W}_l=\sqrt[n]{M_i}$。

c.对向量 $\omega=[\overline{W}_1,\overline{W}_2,\cdots,\overline{W}_n]$ 归一化,$\omega_i=\dfrac{\overline{W}_l}{\sum_{i=1}^{n}\overline{W}_l}$,$\omega$ 即为指标权重。

d.计算判断矩阵的最大特征根 $\lambda_{\max}=\frac{1}{n}\sum_{i=1}^{n}\frac{(AW)_i}{\omega_i}$。

②判断矩阵一致性的检验。

AHP 法对人们的主观判断加以形式化的表达和处理,逐步剔除主观性,从而尽可能地转化成客观描述。其正确与成功,取决于客观成分能否达到足够合理的地步。由于客观事物的复杂性及决策者认识的主观性,对判断矩阵做一致性检验,成为不可或缺的环节。一致性指标 $CI=\frac{\lambda_{\max}-n}{n-1}$。

为了度量不同阶数判断矩阵是否具有满意的一致性,需引入判断矩阵的平均随机一致性指标 RI 值。1~15 阶判断矩阵的 RI 值如表 4-11 所示,更高阶的平均随机一致性指标 RI 值可参见其他相关文献。当阶数大于 2,判断矩阵的一致性比率 $CR=CI/RI<0.10$ 时,即认为判断矩阵具有满意的一致性,否则需要调整判断矩阵,以使之具有满意的一致性。

平均随机一致性指标 *RI* 值 表 4-11

n	1	2	3	4	5	6	7	8	9	10	11	12	13	14	15
RI	0	0	0.52	0.89	1.12	1.26	1.36	1.41	1.46	1.49	1.52	1.54	1.56	1.58	1.59

2)模糊综合评价法

模糊综合评价法是一种应用非常广泛并且有效的模糊数学方法。所谓模糊综合评价法,简单地说,就是运用模糊数学和模糊统计方法,通过对影响某事物的各个因素的综合考虑,对该事物的优劣做出科学地评价。模糊综合评价就是应用模糊变换原理和最大隶属度原则,考虑与被评价事物相关的各个因素,从而对其所做的综合评价。

在综合评价的问题中,对应于每一因素,都有一确定的评价分数,但对于许多问题,并不能简单的用一个分数来加以评价,例如:评价衣服的好坏,这时,影响评价的因素有花色、样式、耐用度、价格等。显然,按照同一评价因素,不同的人会得出不同的评价结果,这时的评价结果,不再是一个确定的数,而是一个用语言来表达的模糊概念了。为了得到正确的评价结果,应该采用模糊综合评价方法。

利用模糊综合评价可以有效的处理人们在评价过程中本身所带有的主观性,以及客观所遇到的模糊性现象。模糊综合评价通常按以下的步骤进行:

(1)确定评价因素集合 $U=\{u_1,u_2,\cdots,u_m\}$

其中$(i=1,2,\cdots,m)$为评价因素,m 是同一层次上单个因素的个数,这一集合构成了评价的框架。

(2)确定评价等级标准集合 $V=\{v_1,v_2,\cdots v_n\}$

其中$(i=1,2,\cdots,n)$是评价等级标准,n是元素个数,即等级数或评语档次数。这一集合规定了某一评价因素的评价结果的选择范围。评价元素既可以是定性的,也可以是量化的分值。

(3)确定隶属度矩阵

假设对第i个评价因素,进行单因素评价得到一个相对于的模糊向量$R_i=(r_{i1},\cdots,r_{im})$,$(i=1,2,\cdots,m;j=1,2,\cdots,n)$。

r_{ij}为因素具有的程度,$0<r_{ij}<1$。若对n个元素进行了综合评价,其结果是一个m行n列的矩阵,称之为隶属度R。显然,该矩阵中的每一行是对每一个单因素的评价结果,整个矩阵包含了按评价标准集合V对评价因素集合U进行评价所获得的全部信息。本书采用专家打分法确定定性指标隶属度,应用隶属度函数计算定量指标隶属度,生成评语集。

(4)进行多层次综合评价

根据最大隶属原则,确定评价对象所属的评价等级,给出评价结论。

3.6 评价指标体系操作说明

根据本报告2.2中对于港口物流枢纽发展因素的研究结论,结合专题一中对港口物流枢纽的发展内涵及目标的分析,本研究按照港口物流枢纽发展的三种形态,即运输中心、港城物流枢纽和国际物流枢纽,分别构建相对应的评价指标体系。每个港口物流枢纽评价指标体系都包括三层——第一层为目标层,即对港口物流枢纽发展的评价,为经济、高效、安全、绿色;第二层为系统层,即实现目标层的主要影响指标;第三层为操作层。按照每个形态发展的各自特点,其系统层和操作层各有不同、各有侧重。

在评价指标体系的实证分析环节,各单位可根据自身需要和愿景选择相对应的评价指标体系进行评价。如港口A的发展愿景定位于港城物流中心的发展形态,即可按照港城物流中心形态下港口物流枢纽评价指标体系选取相应指标并进行计算。通过评价的结果,发现本港口当前发展水平同愿景中港口物流枢纽发展定位之间的距离,并找出影响本港口A向港城物流中心形态下港口物流枢纽转变的主要制约因素。为改进和提高港口物流枢纽发展水平,提供理论和现实依据。

第 4 章　港口物流枢纽评价实证分析

本章将利用上述指标体系及评价模型,对西部地区的防城港和重庆港发展状况进行指标测算并做一评价。

4.1　防城港港口物流枢纽评价实证分析

4.1.1　防城港口物流枢纽定位分析

防城港是《全国沿海港口布局规划》中明确规定的 25 个重要港口和 12 个区域重要贡献港口之一。海岸线总长 584km,其中建港岸线长 20.3km。现有大中小港口 8 个,泊位 99 个,万吨级以上泊位 22 个。年设计通过能力 3626.5 万 t,2012 年防城港港口吞吐量超过 8000 万 t。在航线上,防城港已开辟有连接"珠三角"、"长三角"、环渤海湾等经济圈的国内航线,并已和世界 100 多个国家和地区的 220 个港口通航,海运网络覆盖全球,集装箱航线开辟有东南亚、东北亚、中东、欧洲、美西、美东、澳门、香港等国际和地区直航或中转班轮航线以及防城港—蛇口/赤湾—全球集装箱公共快线。

防城港是中国沿海主枢纽港之一,是西南大通道上的重要出海港口。国家及地方政府对其发展定位是:为防城港经济发展和对外开放服务,为广西和西南广大地区能源物资对外运输服务(表 4-12)。依托防城港外向型经济和临海产业带的发展,充分发挥港口的基础平台作用,发展以港口为中心的现代物流业,进一步拓展商贸、仓储、配送、临港工业、金融、信息服务等功能,发展集装箱运输,成为以能源和大宗物资运输为主、功能齐全的现代化综合性港口。

从防城港港口发展定位来看,其港口发展趋势有以下几方面的特点:第一,港口发展依托于全球经济一体化,凭借港口物流基础,形成清晰的物流供应链和产业链,并致力于形成在供应链上具备支配能力;第二依托于港口吸引制造业、服务业在此地集聚,并衍生出相关临港产业;第三,利用港口航运业发展基础,形成金融、保险、海事仲裁等高端航运服务业,并将绿色和安全融入到港口发展的全程之中。防城港上述发展目标的特征同港口物流枢纽中的国际物流中心形态基本吻合。因此,在分析中,首先将防城港定位在国际物流枢纽的形态,并按照前文中国际物流枢纽形态的评价指标体系理论方法进行指标体系的构建,运用层次分析法和模糊综合评价法对防城港港口物流枢纽的指标权重和具体指标进行计算。

相关规划对防城港的定位 表4-12

规划名称	港口定位	服务功能	港口物流枢纽特征
《广西北部湾经济区发展规划》	依托深水大港,促进广西北部湾经济区开发的依托	临海重化工业、港口物流	国内外两个市场、两种资源的加工制造基地和物流基地
《全国沿海布局规划》	西南港口群重要组成	西南沿海煤炭、矿石、建材、集装箱运输系统的中转基地	全国25个主要港口之一
《西南沿海地区港口群体(广西)港口总体规划》	国家综合运输体系重要枢纽;防城港外向型经济和工业化依托	以散杂货为主,加快集装箱运输	具有运输组织、装卸储运、中转换装、临港工业、现代物流、信息服务及保税加工配送等多功能、现代化的综合性港口
《广西北部港口总体规划》	沿海主要港口之一,综合运输体系的重要枢纽,实施西部大开发战略和连接国际市场、发展外向型经济的重要支撑,是西南地区出海大通道的重要口岸	以大宗散货运输为主,加快发展集装箱运输	多功能、现代化的综合性港口

4.1.2 层次分析法确定指标权重

1)指标权重的计算

根据已确定的评价指标体系的特点,运用德尔菲方法,由各个专家根据其多年的实践经验对各个指标的重要程度进行两两比较,采用层次分析法,得到各个指标的权重结果。建立第一层对总目标层的模糊判断矩阵,如表4-13所示。

计算得到相应的特征向量,并进行归一化,即得到第一层对于总目标层的权重集 $X=(0.391,0.352,0.121,0.136)$。其中,$\lambda=6.100$,$CI=0.02$,$RI=1.24$,$CR=0.0161<0.1$。

系统层判断矩阵　　表 4-13

	经　济	高　效	安　全	绿　色
经济	1	2	5	3
高效	1/2	1	3	2
安全	1/5	1/3	1	1/2
绿色	1/3	1/2	2	1

同理求得各项评价指标相应的权重集分别为：

(1)系统层权重

经济指标：=(0.275,0.528,0.725)；

效率指标：=(0.172,0.379,0.449)；

安全指标：=(0.225,0.375,0.172,0.228)；

绿色指标：=(0.635,0.365)。

(2)操作层权重

①经济

航运发展水平：=(0.374,0.326,0.200)；

港口发展水平：=(0.614,0.386)；

航运服务业发展水平：=(0.234,0.146,0.280,0.125,0.215)。

②高效

人力资源水平：=(1)；

政府服务水平：=(0.435,0.565)；

港口在全球供应链中地位：=(0.571,0.429)。

③安全

运输安全指标：=(0.751,0.248)；

港口安全指标：=(1)；

物流安全指标：=(1)；

安全管理指标：=(1)。

④绿色

环境友好水平：=(0.600,0.400)；

可持续发展指标：=(0.376,0.624)。

其中,C 指标层的推算结果如表 4-14 所示。

按照上述步骤,依次计算 C 层指标相对于 T 层的权重并进行一致性检验,将结果汇总。将港口物流枢纽评价指标及其权重汇总并按照指标层 C 相对于 T 层的权重进行排序。将各指标权重整合,如表 4-15 所示。

C 层指标权重计算结果 表 4-14

C 层 指 标	相对于 B 层权重	相对于 A 层权重	相对于 T 层权重	排 序
海运企业船舶平均吨位	0.574	0.103	0.0402	12
港航物流企业数量	0.426	0.055	0.0215	6
国际集装箱中转比例	0.614	0.265	0.1037	21
港口通过能力利用率	0.386	0.167	0.0652	17
航运金融服务业总产值	0.234	0.069	0.0268	8
海事仲裁案件数量	0.146	0.043	0.0167	3
航运保险业务交易金额	0.28	0.082	0.0321	10
船舶交易金额	0.125	0.037	0.0143	2
航运经纪从业人员数量	0.215	0.063	0.0246	7
本科以上从业人员比例	1	0.172	0.0605	16
公共服务能力	0.435	0.165	0.058	15
公共政策	0.565	0.214	0.075	19
大型物流企业入驻数量	0.571	0.256	0.0902	20
国际班轮航线的数量	0.429	0.193	0.0678	18
万船事故率	0.751	0.169	0.0204	4
货运车辆万车公里死亡率	0.248	0.056	0.0068	1
港口事故率	1	0.375	0.0454	13
物流作业货损率	1	0.172	0.0208	5
安全管理制度	1	0.228	0.0276	9
船舶单位运输能耗	0.439	0.279	0.0379	11
港口单位吞吐量能耗	0.561	0.356	0.0484	14

指 标 权 重 集 表 4-15

A 层指标	权重	B 层 指 标	权重	相对 T 权重	C 层 指 标	权重	相对 A 权重	相对 T 权重	排序
经济	0.391	航运业发展水平	0.275	0.108	海运企业船舶平均吨位	0.574	0.103	0.0402	12
					港航物流企业数量	0.426	0.055	0.0215	6
		港口发展水平	0.432	0.169	国际集装箱中转比例	0.614	0.265	0.1037	21
					港口通过能力利用率	0.386	0.167	0.0652	17
		航运服务业发展水平	0.293	0.115	航运金融服务业总产值	0.234	0.069	0.0268	8
					海事仲裁案件数量	0.146	0.043	0.0167	3
					航运保险业务交易金额	0.28	0.082	0.0321	10
					船舶交易金额	0.125	0.037	0.0143	2
					航运经纪从业人员数量	0.215	0.063	0.0246	7

续上表

A层指标	权重	B层指标	权重	相对T权重	C层指标	权重	相对A权重	相对T权重	排序
效率	0.352	人力资源水平	0.172	0.061	本科以上从业人员比例	1	0.172	0.0605	16
		政府服务水平	0.379	0.068	公共服务能力	0.435	0.165	0.058	15
					公共政策	0.565	0.214	0.075	19
		港口在全球物流供应链地位	0.449	0.158	大型物流企业入驻数量	0.571	0.256	0.0902	20
					国际班轮航线的数量	0.429	0.193	0.0678	18
安全	0.121	运输安全	0.225	0.027	万船事故率	0.751	0.169	0.0204	4
					货运车辆万车公里死亡率	0.248	0.056	0.0068	1
		港口安全	0.375	0.045	港口事故率	1	0.375	0.0454	13
		物流安全	0.172	0.021	物流作业货损率	1	0.172	0.0208	5
		安全管理	0.228	0.028	安全管理制度	1	0.228	0.0276	9
绿色	0.136	环境友好水平	0.635	0.086	船舶单位运输能耗	0.439	0.279	0.0379	11
					港口单位吞吐量能耗	0.561	0.356	0.0484	14
		可持续发展	0.365	0.050	岸线节约指标	0.574	0.103	0.0402	12
					交通（物流）节能减排规划、政策完善程度	0.426	0.055	0.0215	6

2)指标权重的结果分析

(1)最终目标层A相对于总目标层T的权重

根据计算得到的A层指标相对于T层的权重，如图4-2所示，按照权重数值大小，可以得到准则层B各个因素的相对重要性排序：A1>A2>A4>A3。

其中，经济、高效这2个指标的权重均大于0.3，并且权重之和大于0.5，即这2个指标的权重之和要大于其他指标的权重之和，即“经济指标”和“效率指标”属于最终目标层A中最重要的指标。也就是说，防城港在朝着国际物流枢纽形态的港口物流枢纽发展过程中，提升其经济性和高效性是首先需要关注的两个方面。

(2)系统层B相对于总目标层T的权重

根据计算得到的B层指标相对于T层的权重，如图4-3所示，按照权重数值大小，可以得到准则层B处于最重要的三个指标为：航运服务业发展水平；港口在全球供应链中的地位；以及港口物流枢纽的可持续发展水平；这3个指标的权重均大于0.1，并且权重之和大于0.5，即这3个指标的权重之和要大于其他指标的权重之和；也就是说航运服务业发展水平、港口在全球供应链中的地位以及港口物流枢纽的可持续发展水平是国际物流枢纽形态下港口物流枢纽最重要的参考要素。

这种指标权重的排序同第二篇4.3中对于国际物流枢纽形态下港口物流枢纽概念的描述基本一致——在国际物流枢纽形态下,港口物流枢纽是区域和国际物流系统的枢纽,吸引产业集聚,形成清晰的物流供应链和产业链,并在供应链中处于支配地位;金融、保险、仲裁、咨询等高端航运服务业作为其重要支撑,成为国际物流枢纽形态的重要特征,为国际供应链提供服务和相应的解决方案。

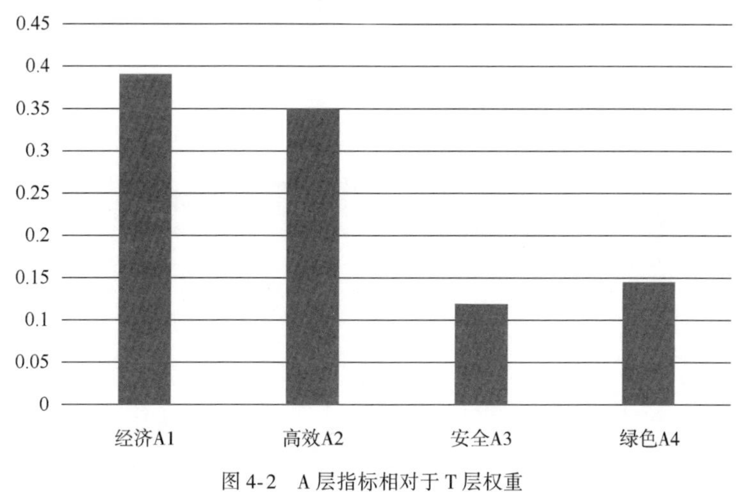

图4-2 A层指标相对于T层权重

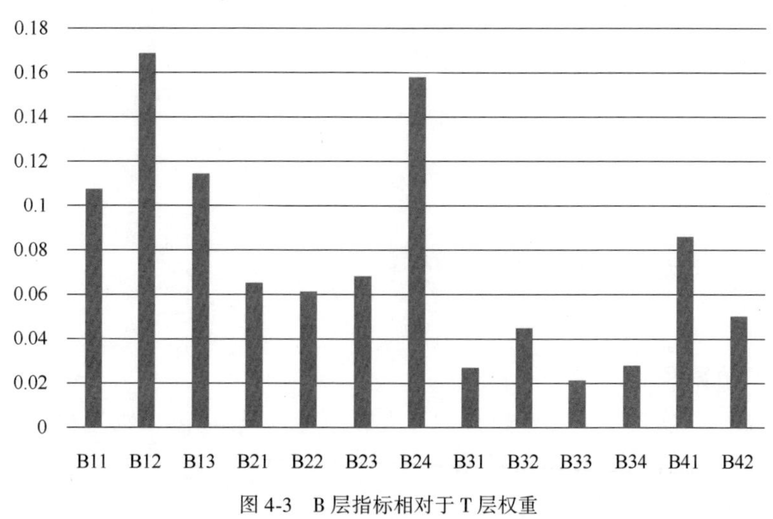

图4-3 B层指标相对于T层权重

(3)系统层C相对于总目标层T的权重

通过计算操作层(C层)相对于T层的权重(图4-4),在操作层层指标中有5

个指标权重大于或接近0.06,它们分别是国际集装箱中转比例、港口通过能力利用率、政府公共服务能力、大型物流企业入驻数量。其中,国际集装箱中转比例是影响国际港口物流枢纽发展程度的重要指标。其发展水平一方面反映了港口硬件设施条件,另一方面更能突出反映港口发展的软环境,因此被列为重要指标。政府公共服务能力的水平也是企业生存软环境的重要影响因素。大型物流企业入驻数量直接体现了港口物流枢纽在国际供应链中的支配地位。这些指标基本较为全面地体现了国际物流枢纽发展形态的特征要点。

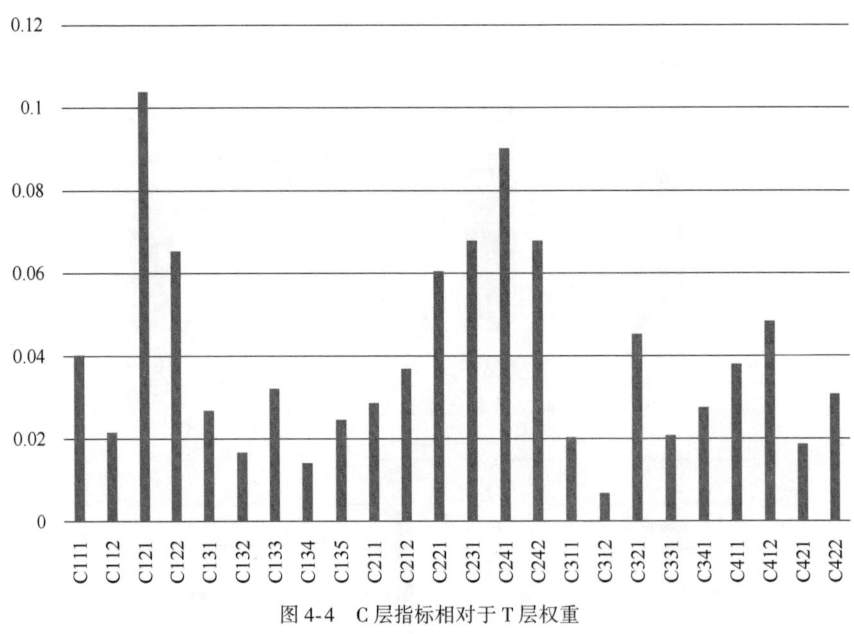

图4-4　C层指标相对于T层权重

4.1.3　防城港模糊综合评价分析

1)数据处理

(1)原始数据

课题组通过实地调研和资料查询等方式,获得防城港港口物流枢纽发展指标的相关数据。整理后如表4-16所示。

(2)评价标准的确定

方案一:定性指标评价等级标准

借鉴文献中相关指标评价等级的说明,针对指标体系中的4个定性指标建立了“差”、“一般”、“良好”三个评价等级,并且给出了相应的定性评价标准,如表4-17所示。

防城港评价指标数据 表4-16

系统层B	操作层C	数值	单位
航运发展水平B11	海运企业船舶平均吨位	0.5	万t
	港航物流企业数量	55	个
港口发展水平B12	国际集装箱中转比例	0.5	%
	港口通过能力利用率	97.5	%
航运服务业发展水平B13	航运金融服务业总产值	3.7	亿元
	海事仲裁案件数量	0	个
	航运保险业务交易金额	0.9	亿元
	船舶交易金额	0	亿元
	航运经纪从业人员数量	100	人
人力资源水平B21	本科以上从业人员比例	35	%
政府服务水平B22	公共服务能力	3	打分
	公共政策	3	打分
港口在全球供应链中地位B23	大型物流企业入驻数量	17	个
	国际班轮航线的数量	27	条
运输安全指标B31	万船事故率	0.15	%
	货运车辆万车公里死亡率	3.8	%
港口安全指标B32	港口事故率	0.3	%
物流安全指标B33	物流作业货损率	2	%
安全管理B34	安全管理制度	4	打分
环境友好水平B41	船舶单位运输能耗	3.2	t/万t
	港口单位吞吐量能耗	7.4	t/万t
可持续发展指标B42	岸线节约指标	3.35	万t/km
	交通(物流)节能减排规划、政策完善程度	4	打分

注:1.物流作业平均货损率采取物流企业抽样调查。

2.防城港至今尚未开展航运服务业相关统计,文中所用数据是根据近年来相关统计数据及课题组实地调研情况估算,仅供实证分析使用。

定性指标评价标准　　表 4-17

指标名称	一　般	较　好	好
政策一体化水平	管理部门基本没有实现政策一体化	初步具备政策一体化的特征	政策清晰、规定明确,一体化程度高
政策法规体系完善度	相关政策法规不健全,政策法规体系基本没有形成	政策法规比较健全,政策法规体系具备雏形	政策法规非常健全,政策法规体系发展成熟
公共服务能力	政府公共服务能力较差,不能满足企业需求	政府公共服务能力一般,基本满足企业需求	政府公共服务能力很好,全方位满足企业需求
交通(物流)节能减排规划、政策完善程度	缺少交通(物流)节能减排规划、政策	基本具备交通(物流)节能减排规划、政策	交通(物流)节能减排规划、政策非常完善

方案二:定量指标评价等级标准

按照交通运输部发布的发布的相关行业标准要求,同时参照国内外先进港口物流枢纽的发展水平,筛选了定量指标评价等级标准。

(3)由隶属度函数计算定量指标评语集

方案一:采用专家打分法获得定性指标评语集

邀请专家根据定性指标评价等级标准,对北部湾的港口物流枢纽建设情况进行打分,采用百分制统计法统计专家意见,最终得到定性指标的评语集,所得结果如表 4-18 所示。

评 价 标 准　　表 4-18

评 价 指 标	等　级			
	一般	较好	好	实例
海运企业船舶平均吨位	0.1	0.3	1	0.5

例如,邀请 20 位专家对园区的“政策一体化水平”进行等级评价,有 8 位专家认为关联度较“差”,除以专家总数后得到“差”的隶属度 0.4;分别有 6 位认为关联度“一般”、“良好”,则“一般”、“良好”的隶属度均为 0.3,汇总得到的模糊评价矩阵为[0.4,0.3,0.3]。

方案二:由隶属度函数计算定量指标评语集

以“海运企业船舶平均吨位”评语集的确定为例,说明定量指标隶属度的确立过程。查阅定量指标评价标准,提取关于的信息:

可知,$x_1=0.5$,$v_1=1$,$v_2=3$,$v_3=7$,按照公式,具体计算过程如下:

$$r_1=0 \qquad x_1>v_2$$

$$r_2 = \frac{v_3 - x_1}{v_3 - v_2} = 0.88 \qquad v_2 < x_1 < v_3$$

$$r_3 = 1 - r_2 = 0.12 \qquad v_2 < x_1 < v_3$$

因此,得到 C_{111} 评语集为[0,0.88,0.12],表示防城港港口物流枢纽的"物流行业增加值占 GDP 比重"有 77%的可能属于"一般"水平,有 23%的可能属于"良好"水平。按照上述步骤分别计算其他指标的隶属度,最终将隶属度汇总得到模糊综合评价矩阵,如表 4-19 所示。

防城港模糊综合评价矩阵　　表 4-19

系统层 B	操作层 C	模糊综合评价矩阵		
		一般	较好	好
航运发展水平 B_{11}	海运企业船舶平均吨位	0	0.77	0.23
	内河航运企业船舶平均吨位	—	—	—
	港航物流企业数量	0.32	0.68	0
港口发展水平 B_{12}	国际集装箱中转比例	0.23	0.35	0.42
	港口通过能力利用率	0	0.44	0.56
航运服务业发展水平 B_{13}	航运金融服务业总产值	0.34	0.66	0
	海事仲裁案件数量	0.78	0.22	0
	航运保险业务交易金额	0	0.88	0.12
	船舶交易金额	0.85	0.15	0
	航运经纪从业人员数量	0.88	0.12	0
人力资源水平 B_{21}	本科以上从业人员比例	0.33	0.33	0.34
政府服务水平 B_{22}	公共服务能力	0.1	0.65	0.25
	公共政策	0	0.35	0.65
港口在全球供应链中地位 B_{23}	大型物流企业入驻数量	0.2	0.38	0.42
	国际班轮航线的数量	0.2	0.8	0
运输安全指标 B_{31}	万船事故率	0.7	0.3	0
	货运车辆万车公里死亡率	0.5	0.5	0
港口安全指标 B_{32}	港口事故率	0	0.27	0.73
物流安全指标 B_{33}	物流作业货损率	0.6	0.4	0
安全管理 B_{34}	安全管理制度	0	0.48	0.52
环境友好水平 B_{41}	船舶单位运输能耗	0.1	0.7	0.2
	港口单位吞吐量能耗	0	0.8	0.2

续上表

系统层B	操作层C	模糊综合评价矩阵		
		一般	较好	好
可持续发展指标 B_{42}	岸线节约指标	0.45	0.32	0.23
	交通(物流)节能减排规划、政策完善程度	0.45	0.55	0

2)模糊综合评价

根据公式

$$B_{ij} = Z_{ij} \times R_{ij}$$

式中:B_{ij}——B层第 ij 个指标所包含的各下级因素相对于它的综合模糊运算结果;

Z_{ij}——B层第 ij 个指标下级各因素相对于它的权重;

R_{ij}——模糊评价矩阵,表示B层第 i 个指标下级各因素相对于评语集的关系。

例如,查阅表4-14,可知 B_{11} 层下级各个指标(即 C_{111}、C_{112})相对于B层的权重,分别为0.574、0.426,所以:$Z_{11}=[0.574,0.426]$。

查阅表4-15,由指标 C_{111}、C_{112} 评语集组成的模糊综合评价矩阵 R_{11} 为:

$$R_{11} = \begin{bmatrix} 0 & 0.77 & 0.23 \\ 0 & 0.17 & 0.83 \end{bmatrix}$$

运行Matlab程序,输入上述两个矩阵,进行矩阵相乘运算后得到:

$$B_{11} = Z_{11} \times R_{11} = [0.136, 0.732, 0.132]$$

按照上述步骤,分别计算B层其他下级指标的模糊综合评价矩阵 R,将计算结果汇总,如表4-20所示。

B层各个指标模糊运算结果 表4-20

W_{11}	R_{11}	$B_{11}=[0.136, 0.732, 0.132]$
W_{12}	R_{12}	$B_{12}=[0.141, 0.384, 0.474]$
W_{13}	R_{13}	$B_{13}=[0.488, 0.477, 0.033]$
W_{21}	R_{21}	$B_{21}=[0.33, 0.33, 0.34]$
W_{22}	R_{22}	$B_{22}=[0.1, 0.65, 0.25]$
W_{23}	R_{23}	$B_{23}=[0.2, 0.56, 0.239]$
W_{31}	R_{31}	$B_{31}=[0.6497, 0.3493, 0]$
W_{32}	R_{32}	$B_{32}=[0, 0.27, 0.73]$

续上表

W_{33}	R_{33}	$B_{33}=[0.6,0.4,0]$
W_{34}	R_{34}	$B_{34}=[0,0.48,0.52]$
W_{41}	R_{41}	$B_{41}=[0.044,0.7561,0.2]$
W_{42}	R_{42}	$B_{42}=[0.45,0.463,0.086]$

汇总上述计算结果,由各个指标模糊运算结果生成一级评判结果,如表 4-21 所示。

第一级评价结果 表 4-21

B 层因素集	防城港评价结果		
	一　般	较　好	好
航运发展水平 B_{11}	0.136	0.732	0.132
港口发展水平 B_{12}	0.141	0.384	0.474
航运服务业发展水平 B_{13}	0.488	0.477	0.033
人力资源水平 B_{21}	0.33	0.33	0.34
政府服务水平 B_{22}	0.1	0.65	0.25
港口在全球供应链中地位 B_{23}	0.2	0.56	0.239
运输安全指标 B_{31}	0.649	0.349	0
港口安全指标 B_{32}	0	0.27	0.73
物流安全指标 B_{33}	0.6	0.4	0
安全管理制度 B_{34}	0	0.48	0.52
环境友好指标 B_{41}	0.043	0.756	0.2
可持续发展指标 B_{42}	0.45	0.463	0.086

同理,可获得第二级评价结果,如表 4-22 所示。

第二级评价结果 表 4-22

A 层因素集	防城港评价结果		
	一　般	较　好	好
经济	0.242	0.507	0.251
高效	0.213	0.485	0.302
安全	0.249	0.358	0.392
绿色	0.192	0.649	0.159

同理,可获得第三级评价结果,如表 4-23 所示。

第三级评价结果 表 4-23

B 层因素集	防城港评价结果		
	一　般	较　好	好
港口物流枢纽发展水平	0.226	0.501	0.273

4.1.4 模糊综合评价的结果

1）一级评价结论分析

（1）评价结果

分别计算系统层（B 层）所有下级指标的模糊综合评价矩阵 R，汇总上述计算结果，由各个指标模糊运算结果生成一级评判结果，如图 4-5 所示。防城港港口物流枢纽系统层指标中，隶属于经济目标层下的航运服务业发展水平以及运输安全水平、物流安全水平以及可持续发展水平等评价结果为“一般”。而航运业、港口业发展水平等传统水运业发展水平指标，评价结果基本都处在“较好”和“好”。

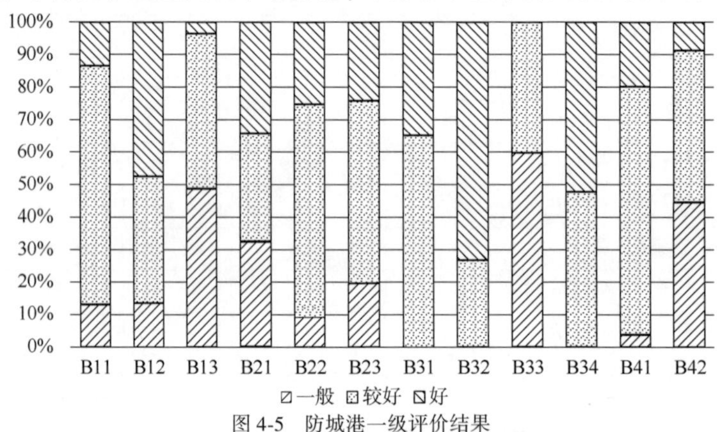

图 4-5 防城港一级评价结果

（2）原因分析

这表明目前北部湾在港口物流枢纽的硬件基础设施条件的建设上已经取得了一定的成绩，具备了成为港口物流枢纽的硬件基础。同时传统的水运相关产业，如航运业、港口业近年来发展较快，发展水平较高。但是在现代航运服务业、政府管理、人才培养等软环境建设方面方面，防城港的发展总体较为滞后，严重影响到了港口物流枢纽的进一步发展。

2）二级评价结论分析

（1）评价结果

同理，计算目标层（A 层），可获得第二级评价结果，如图 4-6 所示，通过模糊综合评价，防城港在经济性、高效性、绿色性的发展上，处于“较好”水平；而在安全目标上，F港则有39.2%的可能属于“好”。

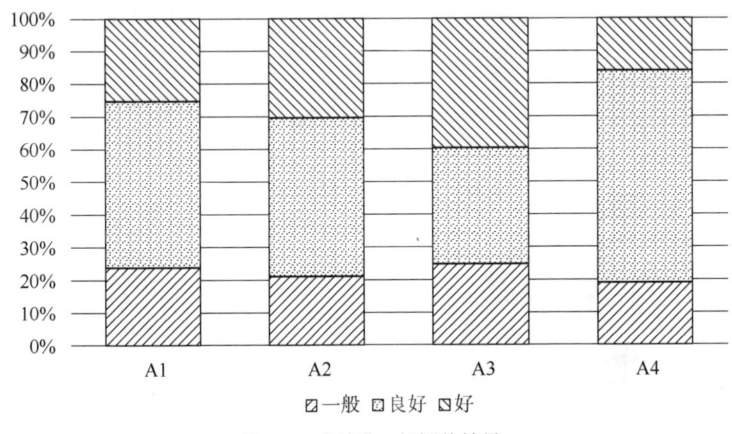

图4-6 防城港二级评价结果

(2)原因分析

在4个评价指标中，防城港在“安全”一项上处于“好”水平，其他指标均为“良好”，这一方面说明近年来由于防城港地方政府及企业对于安全生产的重视取得了良好的成效，也说明在其他领域防城港在同国际物流枢纽这一港口物流枢纽形态的发展水平上还有一定的差距。

首先，从经济性上来看，防城港在航运和港口两项指标上发展水平尚可，但航运服务业发展严重滞后。从现实来看，防城港的港口发展刚刚从起步发展阶段向成熟阶段迈进，相关服务业尤其是金融服务业和航运服务业的发展都处于萌芽期。下一步防城港在港口物流枢纽建设上的重点就应当放在航运服务业的发展上来。

其次，从高效性上来看，防城港的政策一体化水平、政策法规体系完善度的评价结果都比较低，政府的公共服务能力也处于低位。这说明防城港在政策法规、体制机制以及政府职能转变等方面还需要进一步加强。此外，人才尤其是高端人才的匮乏也是影响到港口物流枢纽运行效率的一个重要因素，在本土人才培养暂时难以实现的现实条件下，如何通过政策、资金等方式吸引外部人才，是防城港相关企业和政府管理部门近期工作的重点。

此外，防城港的绿色指标的评分也比较低，环境友好和可持续发展的指标同先进地区有很大车距。管理部门和企业需要按照“两型”港口的发展要求，进一步落实中央低碳交通和节能减排的具体规定，实现港口物流枢纽的绿色、可持续发展。

3) 三级评价结果

(1) 评价结果

计算总目标层(T层)下级指标的综合评价矩阵 R,可获得第三级评价结果,如图4-7所示。所评价F港口物流枢纽发展水平有22.6%的可能属于“一般”;有50.1%的可能属于“较好”;有27.3%的可能属于“好”。根据最大隶属度原则,所评价港口物流枢纽的可持续发展水平为“较好”。

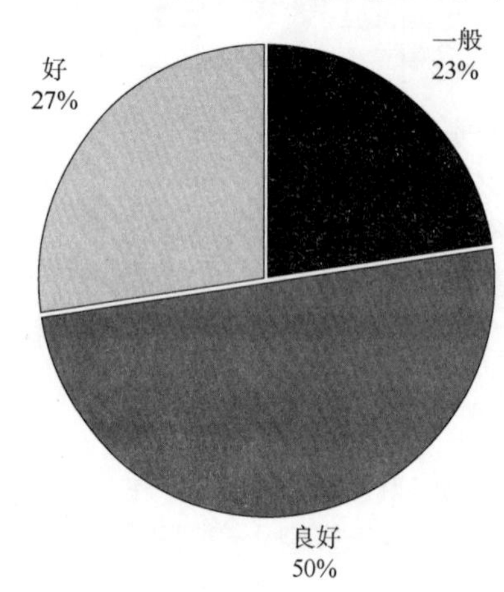

图4-7 防城港三级评价结果

(2) 原因分析

结合前文一级、二级评价结果,根据防城港当前发展现状,总结防城港距离国际物流枢纽形态的港口物流枢纽存在差距的原因,可以归纳为以下几个方面:

第一,金融业与服务业不够发达。防城港位于我国西南地区,经济发展基础条件差、发展水平低,金融业、服务业相比于东部地区尤其滞后。国际物流枢纽要求港口物流枢纽所在地区具备金融市场成熟、金融服务体系健全的条件,而防城港的现实条件距离要求明显有非常大的差距。此外,防城港的产业结构也不够合理,第一、第二产业仍然占据大部分比重,第三产业相对落后,制约着对服务业要求较高的国际物流枢纽的建设速度。

第二,缺少航运交易平台。国际物流枢纽作为全球供应链的配置中心,航运相关的交易平台,包括船舶交易平台、货物交易平台、货运交易平台以及专门的交易机构和人员等,都是不可或缺的。防城港近年来航运业发展迅速,但是航运交易领域的发展却明显滞后,成为制约其向国际物流枢纽迈进的重要影响因素。

第三,缺少专业化的高端人才队伍。人才,是国际物流枢纽形成的人力资源保障。防城港所处的广西地区,教育资源尤其是高等教育方面,同东部地区相比差距很大。航运、金融等领域的高端人才本土培养较为困难。而由于经济发展以及人才政策的制约,高端人才引进进展的也不顺利。

第四,法律政策环境的优化步履维艰。防城港所在的北部湾地区在国家性立法方面,没有得到明确的倾斜;在地方性立法以及政策制定方面,地方政府和各管理部门自行其是,各行其道,没有一套合理的法律政策体系来确立长期支持港口航运发展的相关政策;而在政策法律的协调性上,北部湾管委会的统筹职能也较为虚化,难以对地方政府和管理部门形成有效的约束。

4.2 重庆港口物流枢纽评价实证分析

4.2.1 重庆港口物流枢纽定位分析

重庆位于中国西部和中部结合处偏西南,是国家"十一五"规划打造的第4大经济板块(成渝经济区),是规划并在实施的西部交通枢纽;是撬动"连接中国11个省市区,跨越东、中、西3大经济带,辐射近4亿人口长江流域"这一杠杆的支点,西部大开发的前沿和战略核心。按照国务院批复的《重庆市城乡总体规划》的要求,重庆市将成为国家重要的现代制造业基地和西南地区综合交通枢纽。为贯彻落实中央的精神,重庆在《重庆市国民经济和社会发展第十一个五年规划现代物流业发展专项规划》布局了三大枢纽性物流园区(西部现代物流产业园、空港物流园、寸滩港物流园),打造长江上游无缝连接的多式联运平台,构建长江上游现代物流中心的主骨架。

重庆港是长江中上游的重要港口,与长江流域的八省二市相连接,是长江上游最大的内河主枢纽港,现为全国内河主要港口。经济腹地主要包括重庆市辖9区12县及四川、云南、贵州三省。重庆港系国家一类口岸,主要从事港口装卸、客货运输、水陆中转、仓储服务、物流配送等多种综合性经营服务。港口年货运综合通过能力900万t,年客运旅游通过能力近1 000万人次,码头泊位114个,堆场面积35万m^2,拥有年通过能力为10万TEU的国际集装箱专用码头、年通过能力为10万辆的汽车滚装码头和全国内河港口最大的400t级特大重件装卸作业线等17座现代化货运码头和16座客运旅游码头。

根据国家和地方相关规划的要求以及重庆市和重庆港对于港口发展定位(表4-24),重庆港的发展可以归纳为以下几个方面的特征:重庆港及港口所在的重庆市作为物流枢纽的核心;港口物流带动重庆市经济发展,加快推动工业、商贸功能向港口地区的集聚;多种货物经营,其中以集装箱运输作为主要发展点;重庆港将成为重庆市物流服务体系核心;形成报税监管区、临港工业区等完整支持平台。这些发展特征同港口物流枢纽中的港城物流枢纽形态基本吻合。因此,在分析中,首先将重庆港定位在港城物流枢纽的形态,并按照港城物流枢纽形态的评价指标体系理论方法进行指标体系的构建,运用层次分析法和模糊综合评价法对防城港港口物流枢纽的指标权重和具体指标进行计算。

相关规划对重庆港的定位 表4-24

规划名称	港口定位	服务功能	港口物流枢纽特征
《国务院关于印发物流业调整和振兴规划的通知》	全国性物流枢纽城市、西南物流区域核心城市	全国性的物流中心,为西南地区提供完整的物流服务体系	重庆港及港口所在的重庆市作为物流枢纽的核心
《国务院关于推进重庆市统筹城乡改革和发展的若干意见》	长江上游地区综合交通枢纽和国际贸易大通道	临港工业商贸服务集聚区,区域性物流平台	重庆港集中于将港口物流带动重庆市经济发展;加快推动工业、商贸功能向港口地区的集聚
《重庆港总体规划》	腹地资源开发、生产力布局和区域经济发展的重要依托,长江上游地区综合交通枢纽的重要支撑和发展临港工业和现代物流的重要平台	实现临港工业、商贸集聚;成为物流中心、物流园区集聚;构建保税物流体系;建设公共物流信息服务平台	多种货物经营,其中以集装箱运输作为主要发展点;重庆港将成为重庆市物流服务体系核心;形成报税监管区、临港工业区等完整支持平台

4.2.2 层次分析法确定指标权重

1)指标权重的计算

运用德尔菲方法,由各个专家根据其多年的实践经验对各个指标的重要程度进行两两比较,采用层次分析法,得到各个指标的权重结果。求得各项评价指标相应的权重集如表4-25所示。

指标权重集 表4-25

目标层A	权重	系统层B	权重	相对T层权重	具体指标层C	权重	相对T层权重
经济	0.415	港口对城市经济影响	0.317	0.132	港口对城市经济直接贡献	0.764	0.101
					港口对城市经济间接贡献	0.236	0.031
		港城发展协调度	0.382	0.158	运输弹性系数	0.419	0.066
					单位GDP的运输周转量	0.581	0.092
		临港工业/物流发展水平	0.301	0.1245	保税物流园区总产值	0.321	0.040
					临港工业投资规模	0.278	0.035
					临港物流园区企业总产值	0.401	0.050

续上表

目标层A	权重	系统层B	权重	相对T层权重	具体指标层C	权重	相对T层权重
高效	0.213	港口运输中转效率水平	0.474	0.101	单位时间货物装卸量	1.000	0.101
		物流节点发展水平	0.311	0.066	城市物流节点密度	1.000	0.066
		物流信息服务水平	0.215	0.046	公共物流信息平台发展水平	1.000	0.046
安全	0.186	运输安全	0.785	0.146	万船事故率	0.596	0.087
					货运车辆万车公里死亡率	0.404	0.059
		物流安全	0.215	0.040	物流作业货损率	1.000	0.040
绿色	0.186	环境友好水平	0.724	0.135	船舶单位运输能耗	0.500	0.067
					港口单位吞吐量能耗	0.500	0.067
		可持续发展	0.276	0.051	岸线节约指标	1.000	0.051

2)指标权重的结果分析

(1)最终目标层A相对于总目标层T的权重

根据计算得到的A层指标相对于T层的权重,如图4-8所示。按照权重数值大小,可以得到准则层B各个因素的相对重要性排序:A1>A2>A3>A4。

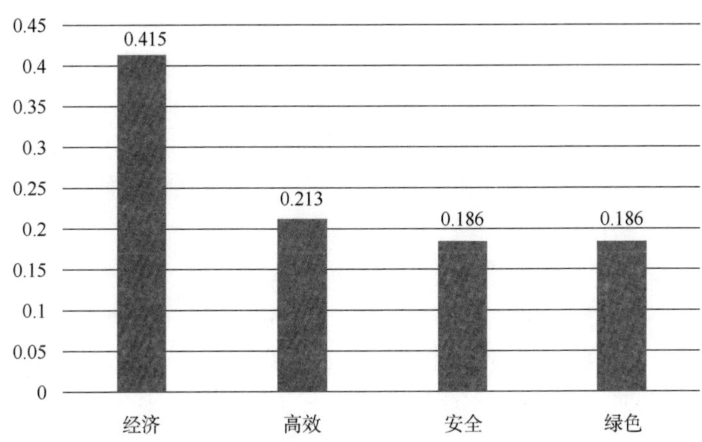

图4-8 A层指标相对于T层权重

其中,经济指标的权重达到0.415,接近评价权重的1/2,也就是说经济指标是评价港城物流枢纽形态的港口物流枢纽的最为重要的指标。重庆港在向港城物流枢纽发展过程中,提升港口物流枢纽经济性是首要环节。

(2)系统层 B 相对于总目标层 T 的权重

B 层指标中(图 4-9),港城发展协调度、运输安全水平、环境友好水平、港口对城市经济影响、临港工业/物流发展水平位于该层评价指标的前 5 位,且权重之和大于 0.7。这说明,港城发展协调度、运输安全、环境友好、港口对城市经济影响以及临港工业物流业发展水平是国际物流枢纽形态下港口物流枢纽最重要的参考要素。

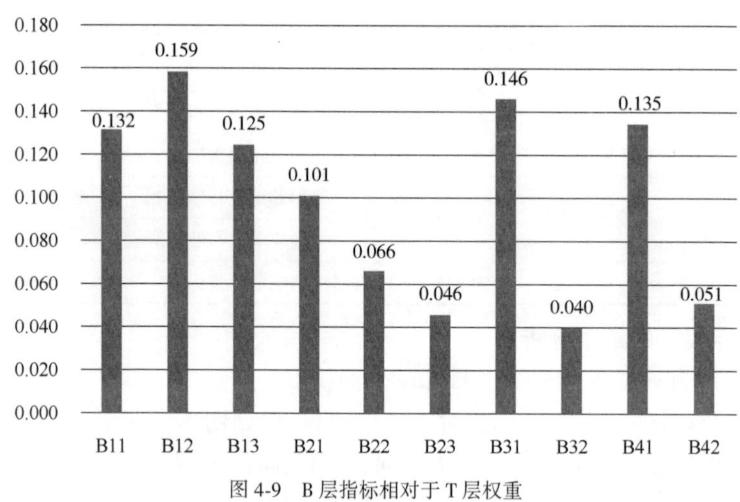

图 4-9　B 层指标相对于 T 层权重

根据专题一中对于港城物流枢纽形态的描述,可以看出,港城物流枢纽形态下,港口作为城市物流系统的枢纽和重要节点,港口物流系统同城市之间的互动是其发展的重要特征。港口对于城市经济的贡献、港城发展协调度以及临港工业物流发展水平都是这一理念下的具体体现。而随着港口物流枢纽的形成,安全和绿色相关要素的重要性也逐渐凸显,进而成为支持港口物流枢纽发展的重要保障。

(3)系统层 C 相对于总目标层 T 的权重

通过计算操作层(C 层)相对于 T 层的权重得出的结论(图 4-10),反应港口对于城市经济影响的指标港口对城市经济的直接贡献,反应港城协调度的指标单位 GDP 的运输周转量,反应港口效率的重要指标单位时间货物装卸量等 3 项指标权重大于或接近 0.10。

4.2.3　重庆港模糊综合评价分析

1)数据处理

课题组通过实地调研和资料查询等方式,获得重庆港港口物流枢纽发展指标的相关数据。整理后如表4-26所示。

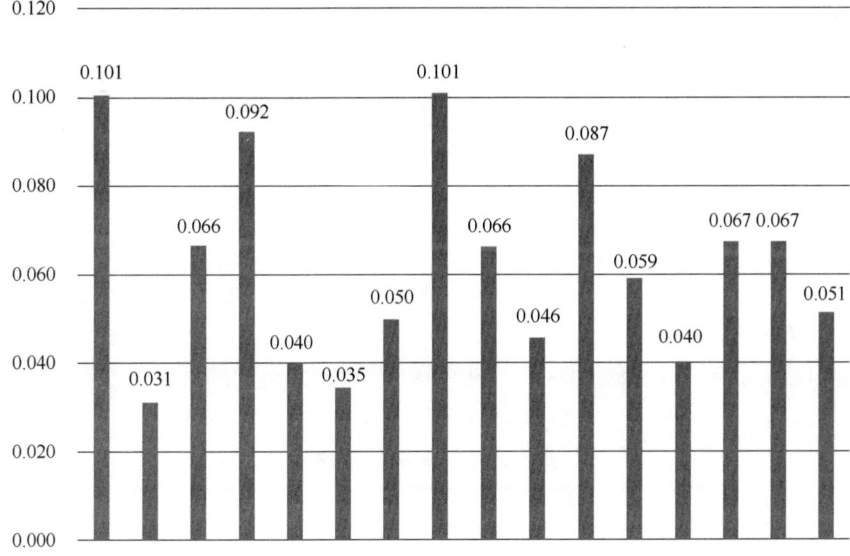

图4-10 C层指标相对于T层权重

重庆港评价指标数据 表4-26

系统层B	具体指标层C	数值	单位
港口对城市经济影响	港口对城市经济直接贡献	0.44	%
	港口对城市经济间接贡献	29	%
港城发展协调度	运输弹性系数	0.79	—
	单位GDP的运输周转量	0.141	t·km/元
临港工业/物流发展水平	保税物流园区总产值	5000	亿元
	临港物流园区企业总产值	3000	亿元
港口运输中转效率水平	单位时间货物装卸量	25	TEU/h
物流节点发展水平	大型枢纽、配送中心数量	39	个
物流信息服务水平	公共物流信息平台发展水平	4	打分
运输安全	万船事故率	1.8	%
	货运车辆万车公里死亡率	4.9	%
物流安全	物流作业货损率	3.1	%

续上表

系 统 层 B	具体指标层 C	数值	单位
环境友好水平	船舶单位运输能耗	2.8	kg/kt · km
	港口单位吞吐量能耗	3.22	t/万 t
可持续发展	岸线节约指标	3.59	万 t/km

注:1.重庆港对经济的直接贡献和间接贡献数据摘自重庆交通大学的毛超艳、陈俊杰《投入产出模型在重庆港对城市经济贡献研究中的应用》一文,数据仅作实证评价使用,不代表课题组观点。

2.由于物流节点密度数据获得较为困难,本报告采用大型枢纽、配送中心数量替代原指标。

3.物流作业平均货损率采取物流企业抽样调查。

4.由于缺少统计数据,重庆港单位吞吐量能耗利用重庆市单位 GDP 能耗估算。

邀请专家根据定性指标评价等级标准,对重庆的港口物流枢纽建设情况进行打分,采用百分制统计法统计专家意见,最终得到定性指标的评语集。计算指标的隶属度,最终将隶属度汇总得到模糊综合评价矩阵,如表 4-27 所示。

重庆港模糊综合评价矩阵 表 4-27

系 统 层 B	操 作 层 C	模糊综合评价矩阵		
		一般	较好	好
港口对城市经济影响	港口对城市经济直接贡献	0.2	0.55	0.25
	港口对城市经济间接贡献	0.1	0.2	0.7
港城发展协调度	运输弹性系数	0.27	0.58	0.12
	单位 GDP 的运输周转量	0.4	0.42	0.18
临港工业/物流发展水平	保税物流园区总产值	0	0.3	0.7
	临港工业投资规模	0	0.2	0.8
	临港物流园区企业总产值	0	0.5	0.5
港口运输中转效率水平	单位时间货物装卸量	0.1	0.5	0.4
物流节点发展水平	城市物流节点密度	0.32	0.43	0.25
物流信息服务水平	公共物流信息平台发展水平	0.35	0.2	0.45
运输安全	万船事故率	0.1	0.8	0.1
	货运车辆万车公里死亡率	0.42	0.2	0.38
物流安全	物流作业货损率	0.17	0.72	0.11
环境友好水平	船舶单位运输能耗	0.64	0.16	0.2
	港口单位吞吐量能耗	0.55	0.32	0.13
可持续发展	岸线节约指标	0.42	0.32	0.26

2)模糊综合评价的计算

分别计算 B 层下级指标的模糊综合评价矩阵 R,计算结果如表 4-28 所示。

B 层各个指标模糊运算结果 表 4-28

W_{11}	R_{11}	$B_{11}=[0.176,0.467,0.356]$
W_{12}	R_{12}	$B_{12}=[0.346,0.487,0.155]$
W_{21}	R_{21}	$B_{21}=[0.000,0.352,0.648]$
W_{22}	R_{22}	$B_{22}=[0.100,0.500,0.400]$
W_{23}	B_{23}	$B_{23}=[0.320,0.430,0.250]$
W_{31}	R_{31}	$B_{31}=[0.350,0.200,0.450]$
W_{32}	R_{32}	$B_{32}=[0.229,0.558,0.213]$
W_{41}	R_{41}	$B_{41}=[0.170,0.720,0.110]$
W_{42}	R_{42}	$B_{42}=[0.595,0.240,0.165]$

汇总上述计算结果,由各个指标模糊运算结果生成一级评判结果,如表 4-29 所示。

第一级评价结果 表 4-29

B 层因素集	重庆港评价结果		
	一　般	较　好	好
港口对城市经济影响	0.176	0.467	0.356
港城发展协调度	0.346	0.487	0.155
临港工业/物流发展水平	0.000	0.352	0.648
港口运输中转效率水平	0.100	0.500	0.400
物流节点发展水平	0.320	0.430	0.250
物流信息服务水平	0.350	0.200	0.450
运输安全	0.229	0.558	0.213
物流安全	0.170	0.720	0.110
环境友好水平	0.595	0.240	0.165
可持续发展	0.420	0.320	0.260

同理,可获得第二级评价结果,如表 4-30 所示。

第二级评价结果 表 4-30

A 层因素集	重庆港评价结果		
	一　般	较　好	好
经济	0.188	0.440	0.372

续上表

A 层因素集	重庆港评价结果		
	一　般	较　好	好
高效	0.222	0.414	0.364
安全	0.217	0.593	0.190
绿色	0.547	0.262	0.191

同理,可获得第三级评价结果,如表 4-31 所示。

第三级评价结果　　表 4-31

B 层因素集	重庆港评价结果		
	一　般	较　好	好
港口物流枢纽发展水平	0.267	0.430	0.303

4.2.4　模糊综合评价的结果

1)一级评价结论分析

(1)评价结果

分别计算系统层(B 层)所有下级指标的模糊综合评价矩阵 R,汇总上述计算结果,由各个指标模糊运算结果生成一级评价结果(图 4-11)。重庆港港口物流枢纽系统层指标中,临港工业和临港物流业以及运输中转效率得到了较好的评价,评价结果为“好”。同时,港口对于城市的直接经济贡献和间接经济贡献较高,这同当前一些机构的研究结果相吻合。总的来看,重庆港的物流节点运作效率以及环境相关指标评价较低。事实上,尽管重庆市在西部港口城市中处于较高水平,但是同东部发达省份的港口相比,在物流节点运作效率、节能减排和可持续发展上还有很大差距,这些结论也比较符合业界的普遍看法。

(2)原因分析

模糊综合评价结果表明,目前重庆港同重庆港城关系处于较好状态,港口同城市实现了协调发展格局。这说明,目前在重庆市的统一规划和部署下,通过港口的发展,吸引了大量临港产业和物流服务业集聚,从而为城市及城市群经济发展注入了强大活力。而在港口物流促进所在城市及城市群经济的同时,城市和城市群的发展又为港口物流提供支持和保障。临港工业和临港物流业的发展,为重庆港提供了大量的稳定的货源供给,实现了港城良性互动。

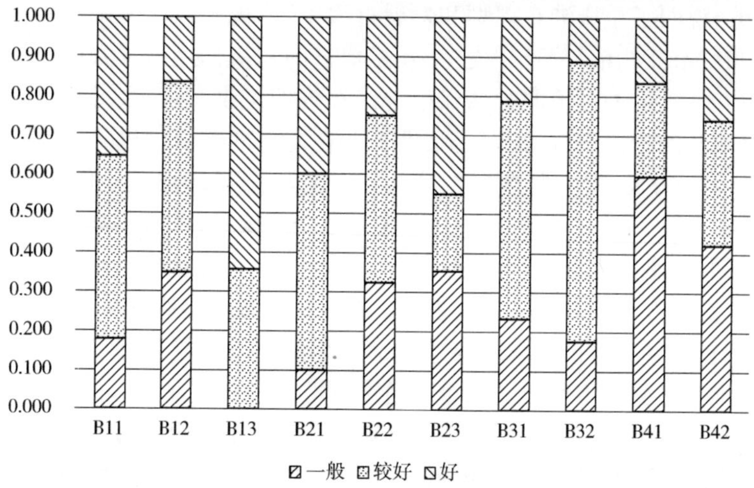

图 4-11 重庆港一级评价结果

2)二级评价结论分析

(1)评价结果

同理,计算目标层(A 层),可获得第二级评价结果(图 4-12)。通过模糊综合评价,重庆港在经济性、高效性的发展上,处于"较好"水平;而在安全和绿色目标上,则有分别属于"较好"和"一般"的水平。

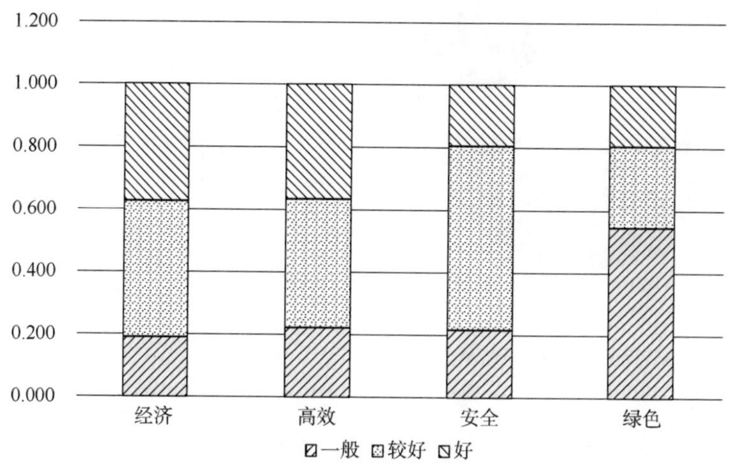

图 4-12 重庆港二级评价结果

(2)原因分析

如前所述,在 4 个评价指标中,重庆港在"经济"和"高效"两项指标中得到了较高的评分，说明了重庆港在规划和发展过程中，体现了高度协调和一体化，充分发挥港口和城市互相依存、互相支持、互相促进的积极作用。一方面，重庆市积极发展各项物流园区，积极争取包括保税港区在内的优惠政策，取得了良好的收效；同时，通过政府的招商引资，实现了临港工业在港口的集聚，以临港产业带动地方经济发展。另一方面，重庆市的铁路、公路等集疏运体系较为发达，将区域内的港口、无水港、空港、车站等紧密连接起来，形成覆盖整个区域的海陆空一体化的物流体系。

但是需要注意的是，尽管地方政府对于安全生产高度重视，但是重庆市的物流体系在物流安全方面距离港城物流枢纽的要求还有很大差距。车辆事故率和物流作业货损率较高。一方面要求政府管理部门加强监管和检查，促使企业物流流程规范化、标准化。另一方面也要求企业通过技术进步和管理优化，减少物流作业过程中货物、车辆、人员的损失，实现整个港城物流体系的安全运行。

此外，重庆港的绿色指标的评分也比较低，环境友好和可持续发展的指标同先进地区有很大差距。这就要求重庆的相关管理部门和企业，按照国家和地方的要求，比照东部沿海省份以及国外发达国家对于低碳可持续发展的要求，进一步推动绿色港口、绿色交通的建设，实现港城物流枢纽的协调可持续发展。

3）三级评价结果

（1）评价结果

计算总目标层（T 层）下级指标的综合评价矩阵 R，可获得第三级评价结果（图 4-13）。所评价重庆港口物流枢纽发展水平有 22.6%的可能属于“一般”；有 50.1%的可能属于“较好”；有 27.3%的可能属于“好”。根据最大隶属度原则，所评价港口物流枢纽的可持续发展水平为“较好”。

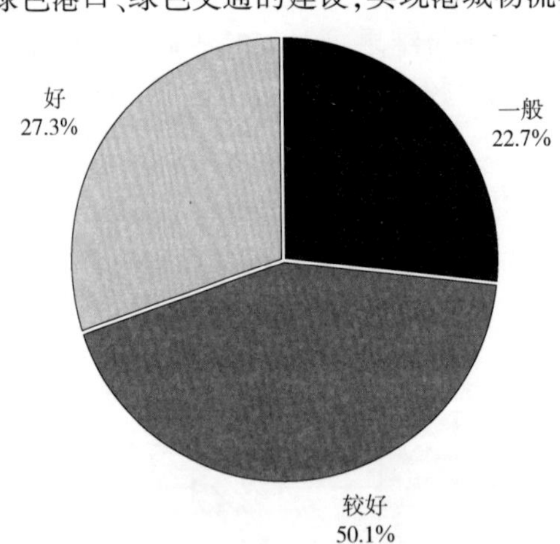

图 4-13 重庆港三级评价结果

（2）原因分析

结合一级、二级评价结果，根据重庆港当前发展现状，总结重庆港距离港城物流枢纽形态的港口物流枢纽存在差距的原因，可以归纳为以下几个方面：

第一，物流信息化建设的差距。公共信息平台是实现港口要素集聚和优化的重要途径，在这一层次，公共物流信息平台更多偏重于港城物流系统的融合，体现为港口物流枢纽外部环境的构建，是更广层面的物流信息系统设计。重庆市目前依托重庆市航交所，构建物流信息服务平台，提供信息发布、信息咨询等服务，取得了一定成效,但在电子商务系统、金融服务系统、企业物流服务系统等方面,距离港城物流枢纽的要求还有很大的差距。

第二,港口增值服务能力的不足。应努力提高港口对城市的直接经济贡献。目前,重庆港的收益主要还来自传统港口业务,而在物流增值业务等方面仍需进一步加强。

第五篇　发展模式

港口物流枢纽内在发展机理与案例分析

Gangkou Wuliu Shuniu Neizai Fazhan Jili yu Anli Fenxi

本篇基于港口物流枢纽内在发展机理研究的结论，按照港口物流枢纽在不同发展形态的定位特点，提出相应的建设和运营模式，目的是研究并解决港口物流枢纽三个发展形态下功能实现的路径和手段。本篇将为实现港口物流枢纽“经济、高效、安全、绿色”目标提供抓手，并为在西部典型港口开展案例分析，提供理论基础。

第 1 章 港口物流枢纽发展模式的认识

1.1 关于模式的理论分析

1.1.1 什么是模式

模式(pattern),最为基本的解释是“事物的标准样式”,在《魏书·源子恭传》、《墨庄漫录》、《代李伯相重锲汶滨遗书序》等中国古籍中,都有对于模式一词的记载和说明。模式一词指代范围很广,标志了物件之间隐藏的规律关系,可以表达数字、抽象的关系,也可以是思维方式。模式强调的是形式上的规律,是解决问题的经验的总结,是前人积累的经验的抽象和升华。只要是一再重复出现的事物,就可能存在某种模式。从哲学的观点看,模式是关于事物发展的价值观、认识论和方法论的综合反映,核心是回答发展什么、怎样发展的问题。实践证明,在完成某项工作的进程中,人们会自觉或不自觉地选择某种模式。合理的模式,必须根据客观环境和条件的变化、发展中出现的新机遇和新挑战,树立正确的理念,采取相应的方式,还要根据实施的效果对理念、方式进行评估和调整。

近年来,有关模式的探讨贯穿社会经济发展过程,尤其是对于发展模式的研究,呈现了多学科、多学派的研究趋势,在经济学领域❶,发展模式主要指“在一定地区、一定历史条件下,具有特色的经济发展的路子”,也就是对特定时空经济发展特点的概括。在哲学层面,发展模式是发展的理念和原则,目标和战略,途径和机制等方面的统一体。是由理念、主体、客体和工具等要素组成的完整系统,人们对其选择是否正确直接关系到发展的绩效❷。还有人认为❸,发展模式是指人类社会从低级状态向较高级状态转化时所遵循的方式,即它们遵循的原则、途径、程序及终极结果。

---

❶ 洪银兴、陈宝敏.苏南模式的新发展——兼与温州模式比较.改革.2001年。

❷ 段培君,《关于创新发展模式的思考》,人民日报,2006年。

❸ 石本惠、张星炜,《社会主义社会全面发展理论研讨会综述》,天府新论,1996年。

本书研究的港口物流枢纽建设和运营模式,是从港口物流枢纽 3 种发展形态入手,侧重研究不同形态下功能实现的途径和手段。由于发展形态的要求下,港口物流枢纽中要素特点不同,发展模式各自有其特征和侧重点,因此在研究中重点寻求适于发展的普适性规律,以便于管理部门和港口企业在实际规划、生产和管理中进行推广应用。

1.1.2 模式的内涵与要素

近年来,有关模式的探讨贯穿社会经济发展过程,尤其是对于发展模式的研究,呈现了多学科、多学派的研究趋势,在经济学领域❶,发展模式主要指“在一定地区、一定历史条件下,具有特色的经济发展的路子”,也就是对特定时空经济发展特点的概括。在哲学层面,发展模式是发展的理念和原则、目标和战略、途径和机制等方面的统一体。是由理念、主体、客体和工具等要素组成的完整系统,人们对其选择是否正确直接关系到发展的绩效❷。还有人认为❸,发展模式是指人类社会从低级状态向较高级状态转化时所遵循的方式,即它们遵循的原则、途径、程序及终极结果。

在此,综合多学科对模式的研究结论,将发展模式概括为在一定历史条件下,对发展(增长)方式的理性分析和总结,是行为主体在一定时期内为追求发展而体现出的理念,采取的行动方式,取得效果的统一体。发展模式的核心是方式,指推动事务发展的各种生产要素投入及其组合的方式,其实质是依赖什么要素,借助什么手段,通过什么途径来实现发展。基于这种认识的模式蕴含着三个要素:理念、方式和效果。理念是发展的先导和指南,方式是发展的途径和手段,效果是在理念指导下的结果。模式的核心是方式,方式❹是指推动事务发展的各种生产要素投入及其组合的方式,其实质是依赖什么要素、借助什么手段、通过什么途径来实现发展。模式的要素构成如图 5-1 所示。

模式因同一时期的不同区域或国家、同一区域或国家的不同发展阶段而不同。各个主体一般要从其经济社会发展实际出发,根据自身特点构建模式,并在经济社会发展的进程中不断调整、完善或转变。

模式的转变主要包含 3 个层次的内容:第 1 个层次是理念的转变,比如从追求

❶ 洪银兴、陈宝敏,《苏南模式的新发展——兼与温州模式比较》,改革,2001 年。

❷ 段培君,《关于创新发展模式的思考》,人民日报,2006 年。

❸ 石本惠、张星炜,《社会主义社会全面发展理论研讨会综述》,天府新论,1996 年。

❹ 马凯,《科学的发展观与经济增长方式的根本转变》,宏观经济研究,2004 年第 3 期。

规模、速度向追求质量、效益的转变。第2个层次是方式的转变,体现为发展目标、任务、重点、途径、手段和机制等的转变,比如主要由依靠自然资源、资本和劳动力等要素投入向依靠科技进步和效率提高转变。第3个层次是效果的转变,比如从粗放型增长向集约型发展的转变,由单纯的经济增长向经济增长与社会发展协调、与自然环境和谐的转变。这3个方面的转变构成发展模式转变的基本内容,它们相互联系,相互作用,组成发展模式转变的整体。理念转变是实现新发展模式的基本前提,方式转变是实施新发展模式的载体和保障,效果转变是推行新模式的根本目的和重要标志。

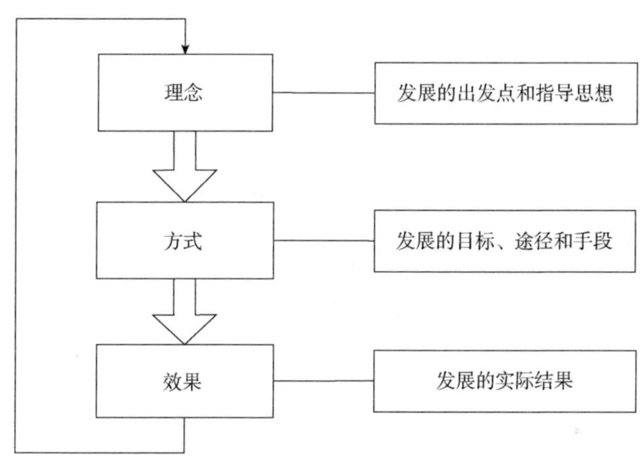

图5-1 发展模式的要素构成

本书研究的港口物流枢纽建设和运营模式是,从港口物流枢纽作为运输中心、港城物流枢纽、国际物流枢纽的三种发展形态入手,寻求不同发展形态中要素融合、衔接的途径和手段,以及不同形态下港口物流枢纽"经济、高效、安全、绿色"目标的实现方法。因此,港口物流枢纽的发展模式就是为实现三种发展形态,所应用的途径和手段;应强调模式应用的效果,并将港口物流枢纽的发展理念融入发展模式之中。

1.2 港口物流枢纽发展模式的基本认识

根据港口物流枢纽相关理论的研究,结合发展模式的理解,可知,港口物流枢纽发展模式,是为实现港口物流枢纽作为运输中心、港城物流枢纽、国际物流枢纽三种发展形态下的功能和目标,使用的途径和手段,目的是寻求港口物流枢纽发展中多种物流要素有机融合、相互衔接的途径和手段,达到"经济、高效、安全、绿色"

的发展目标。

在港口物流枢纽的内在发展机理中,分析了三种发展形态。第一种形态是作为运输中心的物流系统建设、运营和生产,第二和第三种发展形态中,侧重于港口与城市、国际物流系统的关系。相应地,港口物流枢纽发展模式也从三种发展形态切入。运输中心形态下,发展模式侧重生产服务功能的建设,重点在港口内部物流生产系统的建设和管理;港城物流枢纽形态,发展模式站在港口物流枢纽与城市物流系统的衔接角度,从港城互动、港区联动、临港工业、公共平台建设等方面,考虑港口物流系统与区域内物流节点的衔接模式和机制;国际物流枢纽形态下,发展模式站在全球物流供应链角度,研究港口物流枢纽如何实现作为国际物流枢纽的实现路径和手段。

因此,本书对港口物流枢纽建设和运营模式的研究范畴,是在梳理、总结和提炼港口物流枢纽内在发展机理的基础上,对应三种发展形态,提出每种形态中所侧重的要素优化组合的途径和手段,推动港口物流枢纽的建设和发展。

1.2.1 作为运输中心的发展模式

通过港口物流运营组织优化、多式联运体系、信息化系统建设、机械设备技术创新等途径和手段,实现港口物流枢纽在这一形态下,多种要素的优化组合、协调配合,实现作为运输中心的港口物流枢纽在运输中转、装卸搬运、简单加工、仓储配送、信息处理等功能。

1.2.2 作为港城物流枢纽的发展模式

通过保税物流体系、临港工业体系、港城互动平台、公共物流信息服务等途径和手段,实现港城物流枢纽发展形态下,商贸集聚、临港工业、保税物流、公共信息平台等功能。

1.2.3 作为国际物流枢纽的发展模式

通过港口物流供应链管理、高端物流业、主要货种物流国际配置中心和专业物流的国际配置中心等途径和手段,实现国际物流枢纽发展形态下,全球物流供应链节点功能、高端物流服务中心功能、国际主要货种配置中心、专业物流配置中心等服务功能,构成了更高层次港口物流枢纽的功能体系。

第 2 章 作为运输中心的发展模式

根据港口物流枢纽内在发展机理的界定:运输中心实现的功能是基础生产服务功能:包括运输中转、装卸搬运、基础性物流增值服务、组织管理、辅助服务等。因此,这一形态下,港口物流枢纽发展模式主要围绕基础设施、运营组织和运输组织展开。以实现运输中转、装卸服务、仓储配送、信息处理、简单加工等功能的途径和手段,从生产角度,实现港口物流枢纽“经济、高效、安全、绿色”发展目标。

作为运输中心的发展模式,装卸和运输主业是港口物流的重要环节,但我国目前多数港口所从事的港口主业很大程度上属于传统物流范畴,与现代物流有很大区别。关键在于港口企业能否从提供传统港口装卸和运输服务,转变为提供现代物流服务,使港口成为现代物流链中不可或缺的一环,而不至于被现代物流排斥在外。在这一发展模式中,“改造主业、融入主流”最为关键。所谓改造主业,就是以现代物流的理念和营运模式来改造现有的港口主业和企业组织。所谓融入主流,就是要将港口物流纳入物流链考虑,其次才是将次要的、细小的物流链汇聚成相当规模的物流链,并发挥港口作为物流枢纽的优势。

作为运输中心的发展模式,要“改变主业、融入主流”,首先要把提高货物通过港口的效率作为港口建设和营运的主要目标。并通过四个方面的努力来实现:一是重视港口物流系统组织优化,提高码头前沿和后方堆场的机械配置;二是重视港口多式联运体系建设,提升港口集疏运的能力;三是重视港口软件建设,提升信息化程度;四是重视港口物流技术革新,推动港口向“经济、高效、安全、绿色”的方向转型。

2.1 港口物流系统运营组织优化

作为运输中心的发展模式,运输中转、装卸服务、仓储配送等功能是基础,通过现代信息技术和管理技术,实现运营设备和业务管理要素的优化组合,实现港口物流业务管理和流程控制的准时化、精细化,体现信息流、数据流和业务流的高效整合,达到“经济、高效、安全、绿色”的发展目标。

港口物流枢纽运营组织优化框架设计,侧重于运输中心发展形态下功能的实现,即以港口生产服务系统为主要对象,从港口企业生产的角度入手,关注于港口操作,港口对客户需求的管理,满足准时化(JIT)、精细化的港口作业计划。同时,兼顾与外部系统(如港口公共信息平台:政务平台和商务平台)之间的协调与配合。从技术实施角度,主要在仿真优化、自动化识别、机械智能化监控等领域开展工作,采用流程上下游之间充分传递信息的实时系统,支持港口作业控制、储存管理、作业测量和决策管理等,如图 5-2 所示。

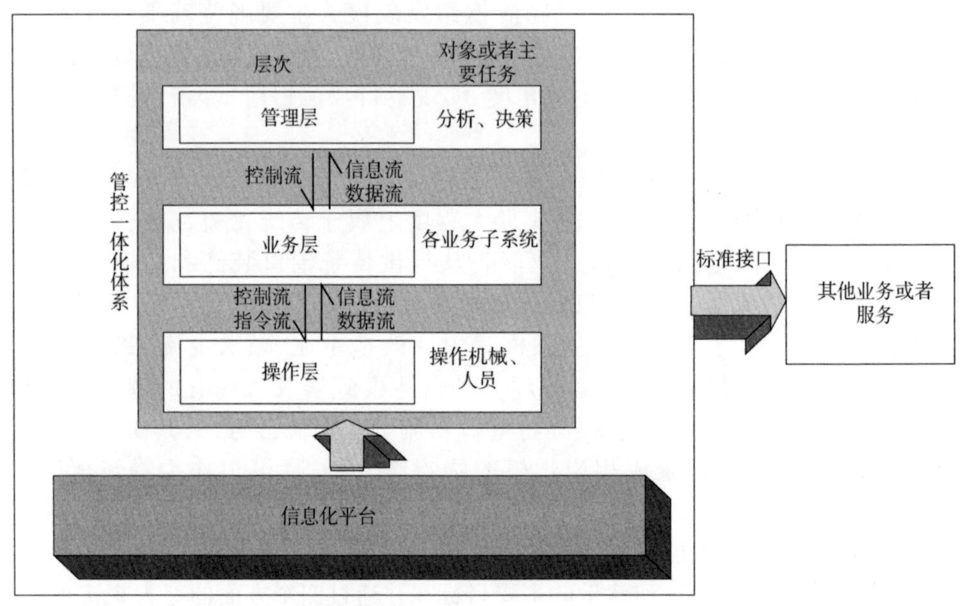

图 5-2 作为运输中心的港口物流枢纽运营组织优化的基本框图

所谓准时化,主要体现在港口日常生产作业中,包括港口作业周期、货物在港时间、作业流等工作的柔性化管理。通过推广集装箱生产信息系统、散杂货生产信息系统,以信息化技术为基础,改造港口物流生产作业流程,有效衔接各个物流作业环节,减少多余工作和系统成本。港口物流系统运营组织的准时化,渗透于港口物流的系统开发、生产组织、操作管理、客户管理等多个方面,对于码头前沿设备、生产操作系统、管理决策系统之间信息的实时传递,减少作业的更换时间、作业资源的准备等,具有突出作用。同时,能够支持港口储存管理、作业控制、同步控制、作业测量和评估工作,如图 5-3 所示。

所谓精细化，是将港口生产作业与物流供应链体系紧密结合，港口物流功能在装卸、堆存、运输等生产服务中体现，并能够承担物流枢纽的作用，实现港口内外部的信息协调、组织协调和流程协调。其中，信息协调是充分利用EDI、互联网和电子商务，形成港口物流信息平台，不仅满足货主、物流企业等对港口物流过程的查询、设计、监控等直接需求，还能满足港口管理部门对于港口物流信息的直接需求，使港口物流信息在供应链中各个主体间实现灵活传递和及时沟通；组织协调是港口企业与航运企业、货主、物流外包商等上下游企业建立协调机制，体现港口对于多个物流节点之间地位、作用和经营方式的协调；流程协调，是以港口物流系统运营组织为对象，将其分为管理流程和生产流程，管理流程以工作流表示，生产流程以货物流、资金流和运输流表示。流程协调体制，就是决策管理层、计划业务层和技术操作层的协调，在系统设计和生产组织中，考虑经济、高效、安全、绿色的发展要求，关注于管理层、业务层和操作层系统运行优化，排除沟通障碍，提高运作效率，如图5-4所示。

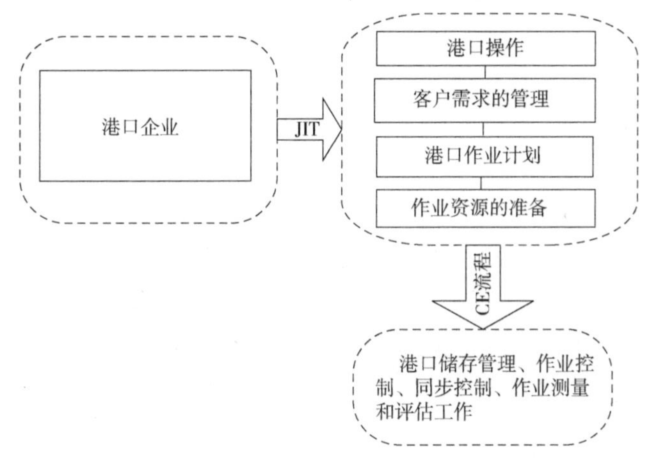

图5-3　作为运输中心的港口物流枢纽运营组织的准时化

作为运输中心的发展模式，其核心理念是“改造主业、融入主流”，体现在港口物流系统的组织优化上，关键在于港口生产流程的再造，从物流供应链角度出发，使重新设计的流程能够将港口内部和外部物流链无缝衔接，达到准时化、精细化的服务水准。通过港口物流系统的建设，实现流程的优化，效率的提升，并使港口物流企业在持续变化的市场中保持并不断提升竞争能力，使港口作为运输中心的功能更加突出。

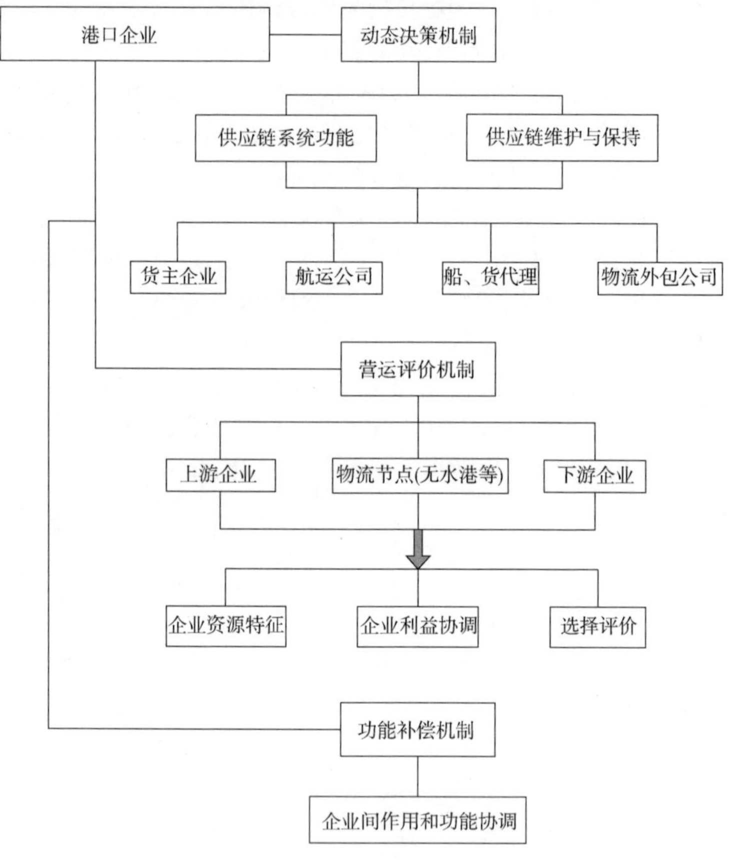

图 5-4　作为运输中心的港口物流枢纽运营组织的精细化

2.2　港口多式联运体系构建

作为运输中心的发展模式,侧重现代化港口生产服务功能的建设,而多式联运体系的构建,能够有效衔接水路运输与其他运输方式,体现港口效率和效益。它以港口为枢纽,以公路、铁路、水路、航空、管道多种运输方式形成的综合交通运输网络为基础,加快干支相连、江海互通、水陆配套、公铁衔接、分工协作的现代化港口多式联运体系建设,是作为运输中心发展模式的重要途径和手段。多式联运体系的构建,可以概括为“江海联动、海铁联动、河海联动、公水联动、区港联动”5 大联动体系的建设。

一是“江海联动”体系建设，发挥沿海港口与长江、珠江等内河干线航道的联动运输优势，依托港口物流基础设施，发挥港口水深优势，发展煤炭、矿石、原油及液体化工的水水中转。同时，加强江海两用船型开发研究、集疏运管道建设以及内河主航道码头配套建设等，提升沿海港口对内河港口的辐射能力。目前，江海联运主要有三种方式，如表5-1所示。

江海货物联运基本方式　　表5-1

船的类型	联运方式	作业方式	应用前景
使用海轮和河船	分段运输，水陆中转	货物在河口港进行海船和内河船的换装作业	一般
使用载驳子母船运输	水上过驳	在海上航行时，将载货子驳积载在母船上，到河口时将子驳卸至内河，然后由推船或拖船牵引子驳，将货物运至内河港或货主制定的卸货地点	较好
使用江海两用船	直达运输	无需中转换装	非常好

二是“海铁联运”体系建设，海铁联运是进出口货物由铁路运到沿海海港直接由船舶运出，或是货物由船舶运输到达沿海海港之后由铁路运出的只需“一次申报、一次查验、一次放行”就可完成整个运输过程的一种先进的综合运输方式。这种综合运输方式不是公、铁、水的简单叠加，而是先进的硬件基础设施和软件信息平台、完善的运营网络、成熟的市场主体和协调的体制机制的有机组合，是一项系统工程。据测算，铁路运输最佳服务半径为500km以上，充分发挥铁路运能大、准点、安全、环保、节能等优势，优先发展大宗散货、集装箱海铁联运体系，增强沿海港口对内陆腹地，尤其是中西部地区的辐射能力，是作为运输中心的港口物流枢纽功能发挥的集中表现。目前，我国十分重视海铁联运系统的建设，在《物流业调整和振兴规划》中明确提出要“加快发展海铁联运”。2011年5月交通运输部和铁道部共同签署《关于共同推进铁水联运发展合作协议》，树立了6条集装箱铁水联运示范通道加强海铁联运建设。

从实现海铁联运体系建设的途径和手段上看，大宗散货和集装箱海铁联运在长距离的运输中优势明显，大力发展海铁联运是我国大宗散货和集装箱集疏运体系建设的主要方向。要加强与铁道部行业主管部门的合作，探索新颖合作机制，建立统一协调机构，按照行业自律、平等协商原则，制定多式联运政策和规划，协调解决海铁联运各类问题，进一步完善相关法规政策，保障海铁联运系统各个环节高效、稳定运行，加快海铁联运向内陆省市延伸，扩大海陆辐射腹地范围。同时，进一步拓展铁路集装箱多式联运业务，增强铁路运输能力，积极推进港口与内陆的集装箱铁路运输通道建设，提高铁路集装箱技术装备水平等。最后，争取国务院综合部门、交通运输部、铁道部、海关总署等部门的支持，选取沿海典型港口，依托内地无水港或内陆港建设，启动从内地无水港经由沿海港口出口的国际集装箱海铁联运试点工作开展海铁联运试点工作，并争取国家对集装箱海铁联运枢纽示范工程建设给予资金支持。

三是"海河联动"体系建设，在具备内河水运条件的沿海港口，通过建设海河联运港区，完善支线航道，将内河航道网络与沿海港口有效衔接，充分发挥水水中转的优势，不仅有利于完善港口集疏运网络体系，还可以减少中间环节，降低运营成本；减少环境污染，降低对城市的干扰；缓解港口周边地区公路和铁路的交通压力等。大力推进沿海港口与内河航道的联动运输方式，充分利用省内发达的内河航道资源，发展大宗散货、集装箱等货物的内河运输，可进一步提升沿海对内陆地区的辐射能力。海河联运的主要方式如表 5-2 所示。

海河联运方式 表 5-2

船的类型	联运方式	作业方式	应用前景
海轮和河船	海河中转运输	外海码头一陆上港区一内河港池一内河航区	少
		外海码头一内河船舶(直取或过驳)一过船闸一内河航区	较少
		海船直接进内河港池——中转至内河船舶	较少
海河两用船	海河直达运输	通过船闸直接将货物送至内河航道沿线港口	普通

四是"公水联动"体系建设，公水联动是目前港口集装箱集疏运的主要方式，应以港口为核心，海/港/公一体化运作思路。即以港口作为港口联运体系最重要节点，以调节港口货物进出的地点、时间或操作频率来调节集疏运车辆/船舶的运行路线、时间或节奏，实现港区作业以及港区范围内乃至内陆集疏运的均衡性。港口可通过合理化建设外堆场、中流缓冲带等方式，对运输货源进行有效管理，并通过信息化、网络化技术，实现集卡在多码头合理化调运。同时，完善港口集疏运公路系统场站，在港口周边建设足够数量的场站，为货物分段运输提供周转场所，并为长途运输卡车装卸货物提供条件。同时，由于场站作业效率会随场站规模增大而降低，因此场站规模并非越大越好(一般以设置 4~5 条装卸线为宜)。此外，多

个场站设施还可有效减轻城市公路的运输压力，为适应未来数年货运量的增长而预留扩展的余地。

五是“区港联动”体系建设，区港联动是一种联系紧密的区域经济安排。通过加大公共基础设施投入，推动港口与物流园区、保税区、开发区、无水港等之间的联动运输，形成港口建设和陆域经济相互支撑、互动发展、前港后区的区域经济发展格局，进一步打造区港联动的核心竞争力。同时，推动沿海港口与内陆主要物流园区的联通，加快布点建设内陆无水港。

多式联运体系的建设，是作为运输中心发展模式的重要内容，在实现的途径和手段上，以“五大联动”体系建设为主要途径，实现港口现代化、航道网络化、航运规模化、服务优质化的现代港口物流枢纽集疏运体系，有效保障装卸服务、运输中转等功能。

2.3 港口物流信息化系统建设

作为运输中心的发展模式是实现港口物流枢纽第一种发展形态的途径和手段，港口装卸、运输中转、仓储配送和简单加工等物流功能的现代化，都离不开港口物流信息化系统的建设。包括港口生产过程的各个领域的信息，如运输、仓储、海关、码头、堆场等，涉及港口物流企业中信息活动的全过程，即信息产生、整理、加工、存储、分析、传输和使用。

运输中心发展模式下的港口物流信息系统，以码头为主体，监控并处理其与堆场、货运站、船舶之间的具体操作与运作关系。对进出口作业管理进行整体的协调，特别是要根据客户不同的委托情况，进行内部作业计划、调度和分工。同时，通过信息化技术，实现与管理决策系统的衔接，实现业务管理与流程操作的一体化运作。主要通过三个途径来体现：

一是做好港口物流信息化系统的统筹规划。从港口物流枢纽“经济、高效、安全、绿色”的目标入手，统筹考虑几个方面的问题，包括：港口物流信息化建设与港口物流枢纽的发展目标协调一致，港口管理体制改革先于企业信息化改造，建立完善的信息化监督制度，建设稳定的信息化领导、业务和开发队伍等。

二是以物流信息化建设优化港口业务流程。在现有信息系统基础上，对港口的业务流程进行分析与优化重组，开发新的信息系统，删除多余环节，建立规范化流程，使港口内部信息系统作为一个整体进行运作，避免出现信息孤岛现象。通过对港口信息系统的整合，合理配置资源，提升效率，提高效益，增加港口在安全、绿色方面的监控和处理功能,提升港口的竞争力。

三是运用先进的信息技术。充分利用物联网技术、数据库技术、电子商务技术、EDI技术、RFID技术、GIS技术等信息化技术,实现关键环节、关键技术的突破、创新,实现作为运输中心的港口物流枢纽发展模式下,信息处理功能的作用,体现港口物流枢纽"经济、高效、安全、绿色"的发展要求。

作为运输中心的发展模式,以装卸、运输中转、仓储配送等港口主业功能为主,"改造主业、融入主流"是港口物流信息化系统建设的主要目的,也是实现港口物流枢纽"经济、高效、安全、绿色"发展目标的基础,因此,在具体建设中,主要以码头为对象,以港口物流作业业务管理和流程控制的优化为主要内容,重点解决港口业务管理和流程控制一体化、港口安全监控信息化系统建设,绿色港口信息化体系建设等,实现经济、安全、绿色等信息化技术的突破。

2.4 港口物流机械设备技术革新

作为运输中心的发展模式,侧重于港口装卸、运输、堆存、配送等生产业务。在"改造主业,融入主流"的思路下,通过装卸、运输、堆存等机械设备技术的创新和改造,实现运输中心形态下,港口物流枢纽"经济、高效、安全、绿色"发展目标。主要技术可归纳为港口物流作业机械状态智能化监控,港口安全监管与应急保障信息管理系统,船舶岸电技术,散货码头防、抑尘技术等。

一是港口物流作业机械智能化监控技术,这项技术是智能化监控技术在港口物流作业机械上的应用,即利用智能监控服务器,集成智能行为识别算法,对港口物流作业机械状态进行识别、判断,并在适当的条件下,产生报警提示,以达到监控的目的。主要应用技术包括数字视频监控技术、监控摄像机自动跟踪技术、PLC(Programmable Logic Controller)技术、OPC(OLE for Process Control)技术、NET Remoting技术和光纤传感物联网技术。

二是安全监管与应急保障信息管理系统建设,整合包括安全管理信息查询与更新、危险货物安全状态监控与预警、危险品装卸作业事故模拟与预报、事故应急决策指挥支持等功能,开发港口物流枢纽安全监管与应急处置信息管理系统,为港口物流枢纽安全监管与应急处置工作提供平台。

三是推广船舶岸电技术,体现港口物流枢纽"绿色"发展目标,在船舶靠港期间,关闭船舶辅机而采用陆地电源对靠港船舶供电,则会大大降低船舶废气的排放量,减轻对附近环境的污染。另外,由于小规模船舶的自备发电机发电效率低,使用岸电技术,以港口电网供电代替传统的自备柴油发电机供电,可以提高综合能源利用水平。从船舶业主的角度来看,国际原油价格的不断攀升也造成了靠港船舶使用燃油发电的成本不断升高,使用岸电技术,也会降低船舶靠港的运营成本。

四是散货码头防、抑尘技术应用。利用微米级干雾抑尘装置,由压缩空气驱动的声波振荡器,通过高频声波将水高度雾化,从而形成上千上万个 1~10μm 大小的水雾颗粒,粉尘可以通过与水黏结而聚结增大,但那些最细小的粉尘只有当水滴很小(如干雾)减小水表面张力时才会聚结成团,如图 5-5 所示。如果水雾颗粒与粉尘颗粒大小接近,粉尘颗粒随气流运动时就会与水雾颗粒碰撞、接触而黏结一起。水雾颗粒越小,聚结机率则越大,随着聚结的粉尘团变大加重,从而很容易降落。水雾对粉尘的"捕捉"作用就形成了。如图 5-6 所示。压缩气流通过喷头共振室将水雾颗粒以柔软低速的雾状方式喷射到粉尘发生点,粉尘聚结而坠落,达到抑尘目的。

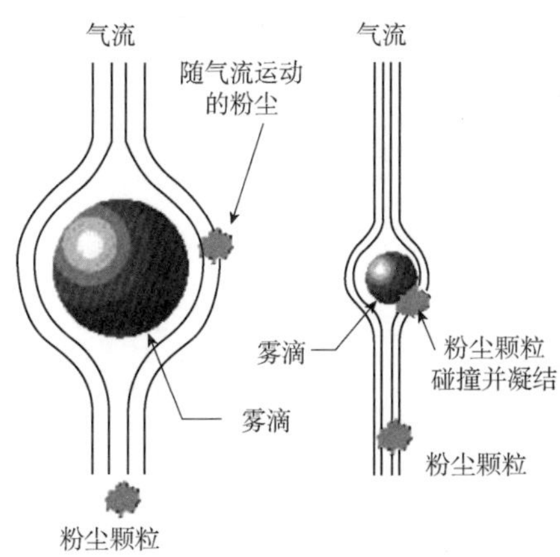

图 5-5 喷雾抑尘机理

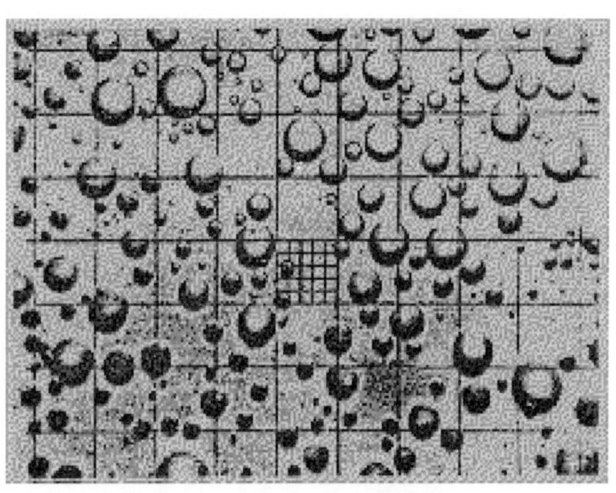

图 5-6 雾珠颗粒高速照片

作为运输中心的发展模式,强调港口物流枢纽生产功能的优化,港口机械状态监控、安全应急、岸电技术、防抑尘技术等项技术,具有代表性,但并不能全部代表作为运输中心的发展模式对于技术创新的要求,要实现运输中心发展形态下"经济、高效、安全、绿色"的发展目标,仍存在大量技术的创新和突破的可能。

2.5 小 结

综上所述,作为运输中心的发展形态,实现的途径和手段侧重于港口运营组织优化、多式联运体系建设、物流信息系统建设、机械设备创新等 4 个方面，主要围绕码头物流生产环节展开，将这一模式内在关系进一步明确，如图 5-7 所示：

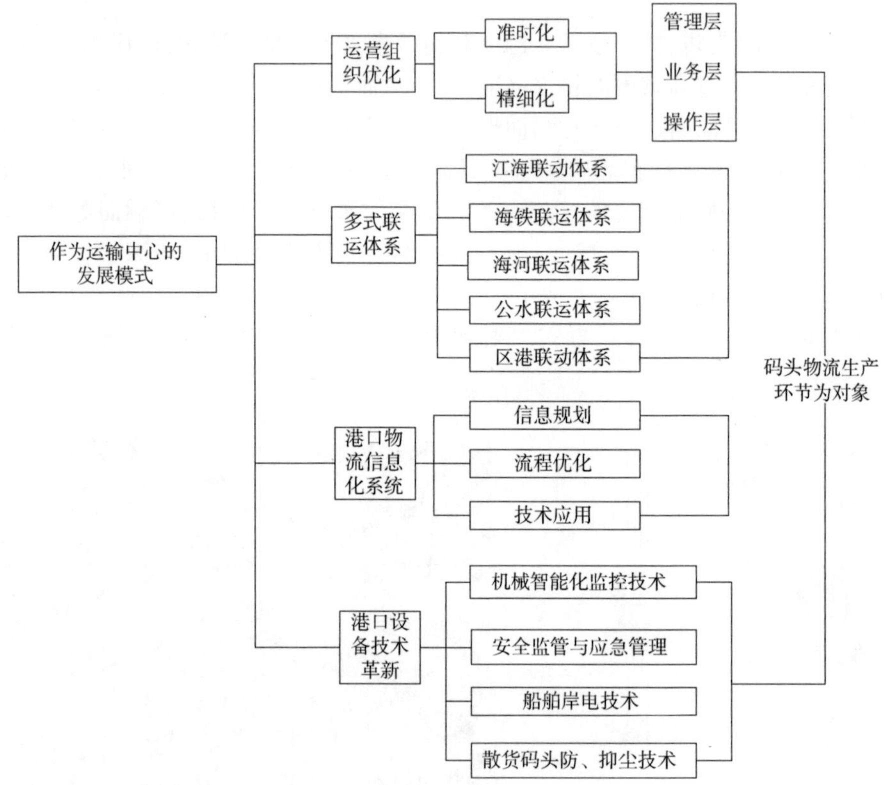

图 5-7　作为运输中心的发展模式图

第 3 章 作为港城物流枢纽的发展模式

根据港口物流枢纽内在发展机理,港城物流枢纽是形态下,侧重于临港工业、商贸集聚,物流中心、物流园区集聚,保税物流体系建设,公共物流信息平台建立等问题,实现港口物流枢纽"经济、高效、安全、绿色"发展目标。

作为港城物流枢纽,港城物流系统的融合与互动是重要环节,也代表未来港口物流的发展方向。因此,港城物流枢纽的发展模式,关侧重于港口物流能否与城市物流融为一体,并体现物流要素集聚、协调、优化的平台,这一模式中,港城物流的融合与互动是重点,保税物流体系、临港工业系统、公共信息平台等系统建设是具体的途径和手段。

3.1 港城经济互动

作为港城物流枢纽的发展模式,其发展不仅来自港口内在生产功能,更体现为港口物流与城市经济的互动发展。一方面,港口物流系统的带动和辐射作用,推动所在城市经济的发展,另一方面,城市通过扶植和发展港口物流相关产业,推进港城经济整体效益。

3.1.1 港口物流对城市经济的推动

港口物流对城市经济具有重要的先导性和带动作用,人类的经济、社会活动依赖于江河和海洋,而港口依托江河和海洋为人类提供运输、渔业、贸易等服务,并衍生和带动其他产业,从而使人类聚居在其处,进而形成城市,如图 5-8 所示。

随着现代物流业与港口的结合,港口功能由单一向多元化转变,不仅有港口直接产业,还产生了港口物流相关产业,如贸易、仓储、海运代理、保险、金融、通信、旅游、咨询等,并且由于原产料和产成品的运输便利、运费低廉以及经济基础、国际交往、物流发达等优势,吸引了大量临港产业和物流服务业集聚,从而为城市经济发展注入了强大活力,其推动作用是多方面的:

第一,港口物流枢纽是对外通道和各种联系交流的据点,能够组织多种物流要素聚集,这些物流要素也是推进城市物流系统运转的重要前提;

第二,港口物流使港口成为城市物流系统的窗口和门户,也是引进国外资本、设备、技术的重要渠道,有利于城市利用外部资源;

第三,港口物流促进临港工业、服务业的发展,有效拉动城市相关物流产业发展,增强城市辐射力、吸引力;

第四,港口物流枢纽的建设,推动了物流资源的集中,也促进了科学技术、思想文化、人员交往,带动了所在城市经济发展。

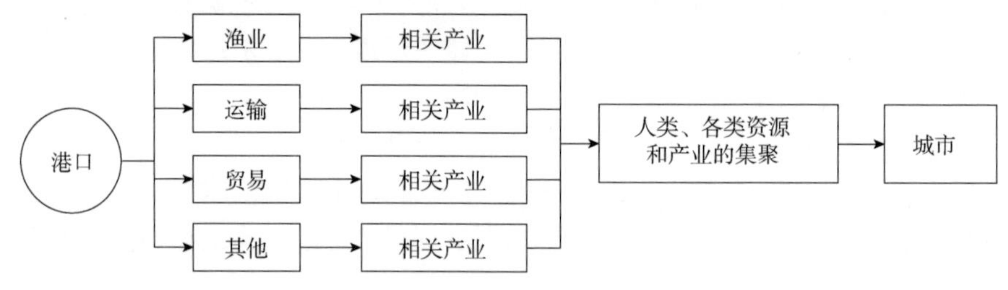

图 5-8 港口物流对城市经济的推动

3.1.2 城市经济对港口物流的促进

在港口物流促进城市经济的同时,城市的发展又为港口物流提供支持和保障。城市经济的发展,不断使港口的货物种类发生变化,也使港口的功能战略、服务范围、生产特点和地位作用相应发生变化。城市中金融、管理咨询、技术发展、应用研究、信息通信行业的发展提供给海运和港口有关的优异服务,城市也提供了综合物流活动空间和内陆运输连接通道,城市的发展对于港口之间的竞争提供了大力支持。同时,城市经济的繁荣也为港口物流提供了货源支持。

因此,在港城物流枢纽发展模式下,港口物流和城市经济体现了高度协调和一体化,充分发挥港口和城市互相依存、互相支持、互相促进的积极作用。注重港城一体化发展,一是要将港口发展融入到所在地城市经济社会发展之中,要将港口规划、物流区规划、产业区规划和生活社区规划纳入所在地城市规划中,积极争取各级政府及港区属地政府的支持;二是积极配合政府开展临港工业、招商引资等工作,充分发挥港口对要素资源的凝聚作用,以临港产业促进和带动当地经济发展。三是积极引导政府完善铁路、公路等集疏运体系,将区域内的港口(包括干港)、空港、车站等紧密连接起来,形成覆盖整个区域的海陆空一体化的物流运输体系。

3.2 保税物流体系建设

保税物流指在综合保税区、保税港区、自由贸易区等海关监管区域内,从事仓储、配送、运输、流通加工、装卸搬运、物流信息、方案设计等相关业务,企业享受海关实行的“境内关外”制度以及其他税收、外汇、通关方面的特殊政策。在港城物流枢纽的发展形态下,保税服务功能是其重要载体,通过区港联动、保税港区、综合保税区、自由贸易区等方式,实现港口保税物流体系的建设。

3.2.1 保税物流体系下的区港联动系统

区港联动系统,是对外开放过程中,形成保税物流操作机制,指在毗邻保税区的港区划出专门供发展仓储物流产业的区域(不含码头泊位),实行保税或海关特殊监管的政策,通过连接保税区和港区的保税物流园区,发挥保税区的政策优势和港区的区位优势,进一步简化手续,加快货物流通,促进加工产业、仓储产业和物流产业发展,带动港航产业联动发展。当国内货物进入园区后,即视同出口,办理报关手续,实行退税;区内货物内销按进口规定办理报关手续,以实际状态征税,区内货物自由流通,不征收增值税和消费税,园区以发展物流产业为主,实行封闭管理海关监管模式。港口和保税区无缝衔接,多种运输方式有效组合,货物快进快出。区港联动体系是衔接港区与保税区的重要手段,是实现港城物流枢纽发展形态的重要载体。

3.2.2 综合保税区

综合保税区是作为港城物流枢纽发展模式的重要手段,是港口与内陆物流系统间协同运作的重要载体。它是设立在内陆地区的具有保税港区功能的海关特殊监管区域,由海关参照有关规定对综合保税区进行管理,执行保税港区的税收和外汇政策,集保税区、出口加工区、保税物流区、港口的功能于一身,可以发展国际中转、配送、采购、转口贸易和出口加工等业务。综合保税区是中国目前开放层次最高、优惠政策最多、功能最齐全、手续最简化的特殊开放区域。

根据现行有关政策,海关对综合保税区实行封闭管理,境外货物进入保税区,实行保税管理;境内其他地区货物进入综合保税区,视同出境;同时,外经贸、外汇管理部门也对保税区实行相对优惠的政策。企业在综合保税区开展口岸作业业务，海关、商检等部门在园区内查验货物后，可在任何口岸（海港或空港）转关出口，无须再开箱查验。

综合保税区的口岸作业功能，让码头延伸到内陆，使得这里成为"无水港"，进出口企业可以在这里办理海关相关业务。这就相当于把沿海港口功能后移到了综合保税区，企业可在综保区办理一切通关和进出口手续，无需在港口和内地间频繁往返。几种方式的功能比较，如表 5-3 所示。

综合保税区、出口加工区、保税物流园区、保税区的功能比较 表 5-3

功能优势	保税区	出口加工区	保税物流园区	综合保税区
保税仓储物流	有	无	有	有
国际贸易	有	无	有	有
国际采购	有	有	有	有
国际分销与配送	有	无	有	有
研发、加工、制造	有	有	无	有
检测和售后服务维修	有	有	无	有
国际中转功能	无	无	有	有
商品展示	有	有	有	有
港口通关	无	无	有	有

3.2.3 保税港区

在港城物流枢纽的发展模式下，其功能结构向更高层次发展，物流节点是这一层次发展模式的关键要素。保税港区是保税物流体系重要的物流节点，是中国式的自由贸易区，是目前我国对外开放层次最高、政策最优惠、功能最齐全、区位优势最明显的海关特别监管区。根据海关总署颁布的《中华人民共和国海关保税港区管理暂行办法》[1]，保税港区是指设立在国际对外开放的口岸港区和与之相连的特定区域内，具有口岸、物流、加工等功能的海关特殊监管区域。保税港区具备国际中转、货物国际配送、国际采购、转口贸易和出口加工等 5 大功能。

建设保税港区，通过创新港口物流组织和管理体制，改变港口传统的单一经营和管理方式，达到优化和完善港口物流产业结构和功能的目的。

一是增加了港口物流枢纽的国际中转功能，可以吸引更多的班轮航线和中转

[1] 《中华人民共和国海关保税港区管理暂行办法》，（2007 年 9 月 3 日海关总署令第 164 号，于 2010 年 3 月 15 日海关总署令第 191 号颁布修改，自 2010 年 5 月 10 日起实施）。

货物。原先到其他港口的保税货物,也会选择到保税港区做分拆和集拼等业务,而转到其他港口的货物,将选择在国内相关港口操作,必将促使港口国际中转量大幅增长。

二是推动港口建设,吸引国际主要航线进入,促使港口深水化、大型化、专业化成为必然趋势。同时,为适应中转贸易、仓储物流等发展,需要建设与之配套的现代化仓库、集装箱中转站、商务中心、政府监管服务平台及先进的软件设施,以提高港口的综合处理能力。

三是促进港口物流信息化。保税港区需要建立连接港区、企业、海关等多个部门的公共物流信息平台,采用 EDI 数据传输,实现资源的贡献。

四是通过保税港区的建设,促进临港工业的进一步发展,规模扩大后可形成产业聚集效应,吸引来料加工业务。同时,保税港区模式还会吸引国际知名船公司和著名物流企业入驻,通过航运中转量的扩大,带动中转贸易,促进与之相应的仓储、配送、第三方物流及其他物流业务的发展。此外,保税港区模式还可进一步带动国际商品展示、展览、展销等现代化服务业的发展。

3.2.4 自由贸易区

相比于保税港区,自由贸易区政策更为开放和灵活,开放层次更高、政策更优惠、功能更齐全、区位优势更明显,是港城物流枢纽发展模式的方向。

港口物流枢纽保税物流体系中的自由贸易区,是指一个国家或单独关税区内部设立的用防栅隔离的、置于海关管辖之外的特殊经济区域,区内允许外国船舶自由进出,外国货物免税进口,取消对进口货物的配额管制;也是自由港的进一步延伸,如巴拿马科隆自由贸易区、德国汉堡自由贸易区、美国纽约 1 号对外贸易区等。

在该区域内,船舶可以在不支付海关关税和不履行海关手续的情况下,自由进出该港口区域,并在该区域内自由装船、卸船。货物可以在没有海关手续限制和不支付关税的情况下,在该区域内装卸、储存、处理、展览、加工直至复出口。只有当货物通过关税线时,才必须接收海关检查和支付海关关税。因而自由贸易区可以看作"国境之内、关境之外"的区域。

自由贸易区特征可以归纳为:实施"一线逐步彻底放开、二线安全高效管住、区内货物自由流动"的创新监管服务新模式,这是较综合保税区的主要区别。所谓"一线",是指国境线,"二线"是指国内市场分界线,也就是自由贸易区的空间分界线。"一线放开,二线管住"正是目前国内各个保税区探索升级成自由贸易区的主流思路。创新监管模式提出要将一线监管集中在对人的监管,口岸单位只做必要的检验检疫等工作;特别是海关方面将不再采用批次监管的模式,而采用集中、分类、电子化监管模式。

自由贸易区对城市物流系统要素集聚作用明显，首先，通过提高港口对船东、货主的吸引力，扩大港口吞吐量，大大提升港口的中转功能，促进了货流的集中；其次，自由贸易区的发展促进港口向综合性、多功能的方向发展，使港口成为港城物流枢纽；第三，自由贸易区最大限度适应国际贸易灵活性要求，提高贸易各方的经济效益；第四，自由贸易区可以促进第三产业的繁荣，尤其是高端物流服务业的发展，并在一定程度上带动就业。

2013 年 7 月 3 日，国务院原则通过了《中国(上海)自由贸易试验区总体方案》，这标志着上海自贸区将成为国内首个符合国际惯例的海关特殊监管区。在上海自贸区获批之后，天津自贸区方案日前也上报国务院。同时，重庆、舟山、广州、厦门等地也在争取设立自贸区。

3.3 临港工业系统

港城物流枢纽的发展模式，其商贸集聚和产业化功能的发挥，有赖于临港工业体系的建立。依托港口突出的区位优势和要素集聚特点，建立起制造业为主导的临港工业系统。一方面能够利用临港广阔的土地资源，发达的集疏运系统，有效降低原材料物流成本，缩短物流周期，另一方面发挥"以大型深水港为依托的临港工业园区"运作优势，节约优质土地，环节环境压力。

临港工业体系，一般有两种方式，一是从"港口贸易为主导的贸易和贸易服务型"港口转型而来，临港工业一般以轻型制造业为主，这种方式的代表港口是香港和纽约。二是港口开发建设期就发展临港工业，主要以临港重化工业为主，经过长期发展，其临港工业既包括轻型制造业，也包括重化工业，与第一种方式相比，其港口贸易相对欠发达。我国很多沿海港口海运中转不足，错过了贸易服务型临港工业系统的发展机遇，大多采取了重化产业为主的临港工业布局，典型产业包括石化产业、钢铁产业、能源产业、造纸产业、交通设备产业等。

从临港工业的发展趋势来看，具备国际化、多元化、互动化发展特点。一是临港工业国际化，全球一体化进程推动港口经济外向型、开放性的特点，决定了临港工业未来的发展必然逐渐与国际接轨，无论在产业集群导向还是临港工业发展配套的软环境建设，都要遵循国际化的标准和市场化的原则；二是临港工业多元化，随着临港产业升级和功能转型，港口在现代物流、高端服务等方面功能的提升，传统以重化工业为代表的临港工业发展模式逐渐向产业多元化方向转变，逐步形成煤炭、铁矿石、石油等大宗散货的交易中心，提供生产型的高端物流服务；三是港城互动化，随着临港工业规模、范围的扩大，作为港口城市经济发展的主要载体，要打破"临港"概念，从城市经济发展总体角度看待临港工业的发展，结合城市规划建设制定临港工业发展规划。"城以港兴，港城联动"的发展趋势越来越明显。

3.4 公共物流信息平台

根据港口物流枢纽理论内涵分析，港城物流枢纽发展模式下，发挥公共物流信息平台的功能是要素集聚和优化的重要途径，因此，物流信息系统在这一层次尤为重要，建立高效率的物流信息平台，保障港口的快速运作，包括通关、航运服务、中介服务、金融与咨询等。搭建港口公共物流服务平台，以提升港区整体服务水平，满足港区用户需求为目标，通过协调与港口物流相关的各个方面，提升各服务环节的功能，为港区的发展创造良好运作环境。公共物流信息平台与作为运输中心的港口物流枢纽发展模式下港口物流系统的设计不同，后者主要针对码头生产，通过生产信息系统，实现流程优化和装卸技术提升，是港口生产层次信息化技术的提升；而公共物流信息平台更多偏重于港城物流系统的融合，体现为港口物流枢纽外部环境的构建，是更广层面的物流信息系统设计，如图 5-9 所示。

港城物流枢纽发展模式下，港口公共物流服务平台功能要解决几个问题。一是给港区部门提供一个统一的信息发布平台；二是给企业提供及时的业务信息查询与办理平台；三是为港区部门和企业间的信息提供信息转换、传递、存证等服务；四是方便各类企业开展电子化的国际贸易和电子商务。因此，港城物流枢纽发展模式下，港口公共物流信息平台应包括电子政务、电子商务、电子金融、物流服务 4 大子系统，如图 5-10 所示。

其中，电子政务子系统是港口公共物流信息平台上政府部门对外服务的公共窗口，包括政务信息公开、法律法规宣传、监控信息、申报信息和审批管理信息的发布等服务功能，还是政府部门网上办事的窗口，包括网上申报、网上审批和综合查询等。

电子商务子系统为港口内机构和企业提供商务服务功能，既能及时发布市场信息，又方便港区内企业进行网上交易，降低交易成本，促进国际贸易的发展。

金融服务子系统主要给港区内用户提供金融保险相关服务，主要有资金支付、融资租赁、仓单质押、信用担保、保险等服务功能。金融服务穿插于各模块中，既与银行、企业的信息系统互联，又与税务、海关、国检、外汇等部门连接，为用户提供电子支付与结算、网上交税报税、网上转账等服务功能。

物流服务子系统是港口公共物流信息平台的重要部分，该子系统主要提供港

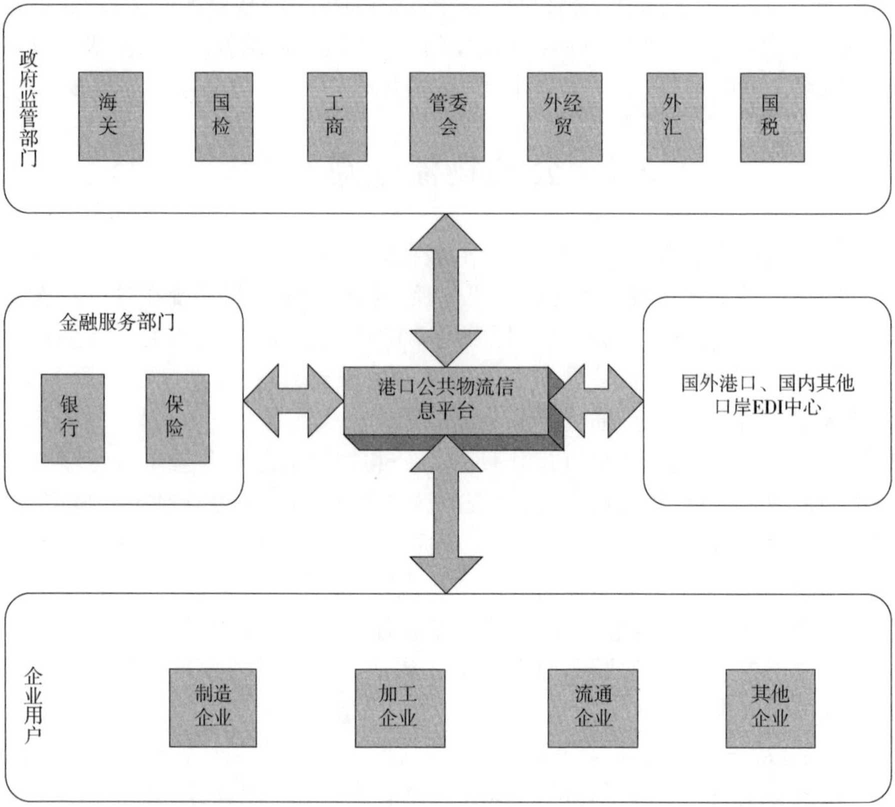

政府监管部门
海关
国检
工商
管委会
外经贸
外汇
国税
金融服务部门
银行
保险
港口公共物流信息平台
国外港口、国内其他口岸EDI中心
企业用户
制造企业
加工企业
流通企业
其他企业

图 5-9　港口公共物流信息平台的用户构架

港口公共物流信息平台
电子政务
电子商务
金融服务
物流服务

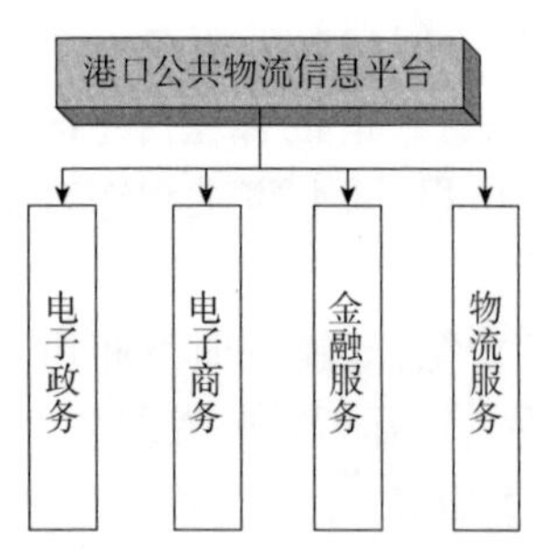

图 5-10　港口公共物流信息平台功能结构图

口相关物流业务信息的及时发布、全面查询、网上交流等服务，让企业了解货物或运输工具所处的位置与状态，能够做到准确地预测到货、发货时间，从而能够做好相应的后续工作以及应变工作。保税港区与大型国际货代企业和咨询公司合作，提供包括专业报关，报检，外贸代理，海、空运产品配送，物流解决方案策划，物流咨询等综合性的物流配套服务项目。

在物流服务子系统中，要整合供应链各环节的业务活动、信息传递与共享，港口物流体现供应链管理原则，参与港区物流的各个相关机构（从港务局的各公司、航运、一关三检、运输公司、仓储公司、货代、货主等等）之间的有效协作，形成有效的供应链，港区物流系统要实现供应链各个环节的合理衔接，以取得最佳效益。

港口公共物流信息服务平台，通过电子商务、电子政务、金融服务、物流服务4大系统的建设，促进了港口物流要素与所在城市管理部门、物流企业、金融服务系统的相互结合，推进港城物流融合和港城经济互动。

3.5 小 结

港城物流枢纽模式，以港城物流融合为研究对象，重视港城经济互动、保税物流体系、临港工业系统、公共物流信息平台的建设，通过这些具体途径和手段，实现这一发展形态下，港口物流枢纽"经济、高效、安全、绿色"的发展目标。其框架构成如图5-11所示：

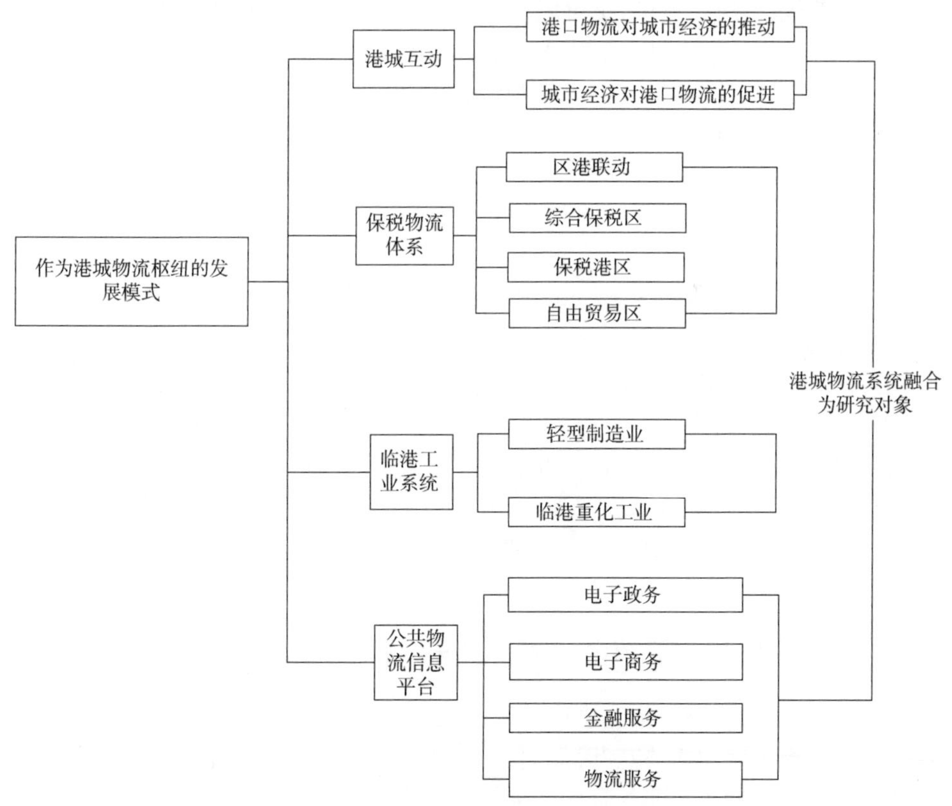

图5-11 作为港城物流枢纽的发展模式

第4章 作为国际物流枢纽的发展模式

根据港口物流枢纽概念的界定,在港口物流枢纽的第三种形态下,依托港口及其所在区域,港口物流枢纽发展成为国际物流枢纽,其范围包括港口所在港口群和城市群。这一形态下,作为国际物流枢纽,港口物流枢纽实现全球供应链的物流资源配置功能。利用优越的交通区位、完善的物流基础设施、先进的设备和技术水平等,为客户提供不同运输通道之间、不同运输方式之间便利的交换、集散服务。其服务范围不仅包括所在城市,更可以辐射到港口群、城市群和全球供应链体系。

国际物流枢纽的发展模式,代表了港口物流枢纽未来发展方向,港口物流枢纽作为全球物流供应链节点功能,高端物流服务功能和国际货运体系配置功能是这一发展模式下的重点。

4.1 全球物流供应链节点

作为国际物流枢纽的发展模式,港口物流枢纽在全球供应链体系中发挥了重要作用,凭借其自身优势成为连接国际生产、贸易等物流活动的重要节点和综合物流中心,在全球供应链中发挥越来越重要的作用。

以港口物流枢纽为重要节点的全球供应链体系,可以不经过配送中心,由港口直接衔接整条供应链,这种模式可以缩短物流供应链流程,减少系统成本。集成后的供应链更加强化了港口的枢纽地位,并要求港口物流枢纽不仅应具有传统的集散功能,还应具备仓储控制与配送管理、流通加工、生产装配等适应集成供应链的功能。

4.1.1 加强与上下游企业的协调与合作

港口物流枢纽通过与物流供应链上各成员建立伙伴关系,形成上下游企业的网络,实施资源扩展和优势互补,促使物流供应链整体利益最大化。

第一,加强与货主企业的合作。港口物流企业从供应链的被动集成转变为主动构建自身的供应链。开拓货源地,开展增值服务和深加工服务,通过链上各节点成员间的信息共享、相互沟通、风险共担,降低货运过程中的事故率,提高货物运抵的及时性、准确性和安全性，提高货主、船公司的满意度，使整条链上企业成本降低。同时，可以通过建立保税港区、临港产业，吸引港口客户企业在港区附近设厂，从而使这些企业成为港口物流供应链体系中较为稳定的客户。如鹿特丹港和壳牌、埃索、科威特石油等著名石化企业都建立了稳定联盟，实现了港口经营的腹地空间网络化。

第二，与船公司合作。港口可以出让部分股权，允许班轮公司参股，或是通过码头出租等方式吸引班轮公司更多船舶前来挂靠，以保证对干线、支线给予支持。港口也可以就堆场、仓库、保税区、出口监管仓库等股权，与船公司合作。双方联手共同提供第三方物流服务或共同开发物流信息平台等。实践证明，港口企业与供应链成员的合作伙伴关系，可以最大化利用资源，提高码头泊位、装卸设备的作业效率，降低船舶和货物在港时间，实现供应链上下游企业之间的无缝对接，提高港口供应链的效率。

第三，与其他物流节点合作。港口可以通过兼并、并购股权和投资等方式，扶植和发展一批有实力、按照国际惯例运行、网络结构合理的物流企业和场站等内陆节点。与航运、公路、铁路、航空等运输企业构筑物流链，推行集装箱标准化运输，形成公铁运输网、沿海内河联运网和海铁联盟，实现多式联运，有效降低集疏运成本。

4.1.2 加强供应链上港口的协调性

物流供应链上的前后港口不是孤立的，是相互关联的。目前，港口网络的发展有利于港口间的协调和互动。港口与港口之间选择合作性博弈，实现优势互补，避免同行业恶性竞争。可以选择与其他港口建立合作关系，或者建立战略伙伴联盟关系，拓展航线，扩大业务范围。一些港口可以通过在其他港口控股的方式吸引其他港口货物前来中转。

4.1.3 供应链成员信息共享

国际物流枢纽发展模式下，要求与供应链成员间高度共享业务计划、预测信息、库存信息、进货情况以及有关协调物流的信息。高度共享信息是港口物流枢纽作为全球物流供应链节点功能发挥的基本保证，信息共享程度的高低决定着物流供应链的效率。完善港口管理信息系统和公共物流信息服务平台，实现与客户供应链系统以及其他服务供应商系统的对接是信息共享的关键。

4.2 高端物流服务中心

国际物流枢纽的发展模式下,港口物流枢纽涉及范围更广,产业层次更高,服务功能更广,影响幅度更深,更加重视港口物流枢纽作为高端物流服务中心的建设,以贸易交易、信息传递、资本运行、金融服务、技术开发与运用等有形物流形态和无形贸易服务相结合的方式,控制和影响国际、国内航运市场。

首先,大力发展港口物流相关信息与咨询业。通过传送航运及贸易相关信息,影响国际物流资源的调配。通过提供世界范围的各种航运交易活动及其市场供需关系、航运成本与运价、造买船船价与船舶租赁价格、国家或公司船队构成、船公司及其船舶营运动态、港口信息、各国航运政策倾向、海事案例判决等信息,为全球航运物流及其相关产业和政府部门提供必备的知识源和即时信息指导。

其次,加快推进港口物流枢纽的交易服务功能。通过航运交易活动,有效优化全球航运资源配置,进而影响国际航运经济走向。

再者,培育航运文化和航运环境。作为高端物流服务中心,要大力提升航运领域的人文传统、人文特征和人文形象,培养航运文化软实力,发挥着对全球航运市场的影响力。

最后,建立服务型高端物流中心。创新港口物流相关产业金融服务,开展离岸金融业务。不仅直接为货主、航运公司服务的海陆联运、海事、保险、信息咨询以及相关产业。还可在航运金融方面,提供开发与造、买船舶相关的新型投融资业务、海运期货交易、海运商品对冲服务、国际航运基金投资服务等航运金融服务产品,体现金融保障作用。

4.3 煤、油、矿、箱的国际物流中心

国际物流枢纽模式下,港口物流枢纽对于全球航运货物的配置功能越发突出,并能够通过以港口为枢纽的物流体系建设,实现对煤、油、矿、箱等主要货种的跨国、跨区域配置。

4.3.1 集装箱国际物流中心

重点推进区港联动体系建设,特别是加快保税港区、自由贸易区的建设,实施更加便利的通关措施,实现国际集装箱国际中转、国际配送、国际采购、出口加工等功能,同时大力发展与基本功能配套的金融、船舶、法律、中介服务等配套功能。

要加快规划开发的深水集装箱泊位的建设，重点发展国际集装箱装卸、堆存、中转、拆拼箱、国际集装箱多式联运和国内外贸货物中转，以及以固体化工产品、有色金属和高新技术产品装备等为重点的进口分拨业，以电子信息、化纤产品、汽车零配件为重点的国际出口配送业，以保税组装为重点的出口加工业。

要以有特色的现代化国际物流为龙头，高端集成加工总装为配套，现代港航服务为保障，加快建设集装箱运输和转口贸易为重点的国际集装箱中转物流枢纽，形成跨国集装箱物流配置中心。

4.3.2 石油国际物流中心

一是对于具备原油装卸条件的港口，利用区域优势、产业优势，通过加快深水航道建设，完善港口配套设施，占据区域或国际原油运输市场的份额，为实现国际原油中转创造发展机会。二是通过建设石油化工物流基地、原油储备基地、保税油仓库、原油交易平台等途径，实现石油物流国际化配置中心功能。三是通过与国内外石油企业、原油主产区合作，吸引国内外石化企业，建立临港石化物流体系，实现以港口为枢纽，集装、储、运、产为一体的国际石油物流配置中心。四是建设成品油集散中心。立足现有资源，兼顾今后发展，利用地区优势，建成国际化成品油集散地。提高港口在经营中转和信息化管理方面的服务水平，建成以海运为主体，以港口为中心，以现代化信息处理及综合运输网络为手段的管理雏形。

4.3.3 矿石国际物流中心

加速铁矿石深水码头建设，提高码头生产专业化，建设矿石中转基地和国家矿石储备基地，根据国家对铁矿石采购政策的变化，推进矿石交易平台建设。同时，依托港口优势条件，根据国家对铁矿石采购政策的变化，积极与钢铁企业合作等，共建沿海钢铁物流园区，吸引国内大型矿砂贸易商参与经营，争取建设成为集储备、运输、交易和初加工为一体的国家的矿石储备基地。

4.3.4 煤炭国际物流中心

在煤炭物流国际配置中心建设上，以传统专业化煤炭港口为重点，加快专业化煤炭码头建设，打造国际化煤炭中转基地和煤炭交易市场。同时，加强集疏运条件改造，尤其是海铁联运体系的建设。此外，加快煤炭物流配套设施建设，在库场建设、配套设施、人员配备等多方面整体提升港口规模，全力实现港口扩能增效。最后，构建连接国际、国内煤炭产业的港口煤炭物流信息平台，实现与国际、国内煤炭市场信息的同步更新，并与国内外煤炭物流企业建立连接，实现港口煤炭装卸、储运和配送的网络化、专业化、国际化,为在国际范围内实现煤炭物流中心的功能创造技术条件。

4.4 冷链物流、汽车物流、大件物流等专业化物流国际中心

近年来,以冷链物流、汽车物流、大件物流为代表的港口专业化物流发展迅速,如何发挥港口优势,加快形成以港口物流枢纽为中心的专业化物流体系,是国际物流枢纽发展模式的重要内容。

4.4.1 冷链物流国际配置中心

冷链物流也叫低温物流,是一种特殊物流形式,其主要对象是易腐食品(包括原料及产品);在产品加工、贮藏、运输、分销和零售直到转入消费者手中前的各个环节始终处于产品所必需的低温环境,以保证食品质量安全、减少食品损耗、防止污染的特殊供应链系统。

近年来,随着我国与全球食品贸易数量的显著增加,对于农产品、水果、肉类、鱼类等易腐食品的运输需求显著提高,各沿海港口开始建设冷链物流系统。国际物流枢纽模式下,通过完善基础设施、打造冷链物流体系、引导技术革新等方式,逐步在国际冷链物流体系中,发挥配置功能,从而带动整个冷链物流体系的发展。

一是加强港口冷链物流体系基础设施建设。依托港口优势资源条件,加快各类保鲜、冷藏、冷冻、预冷、运输、查验等冷链物流基础设施建设。重点加强重要农产品物流节点的冷藏设施建设,在港口周边规划布局一批生鲜农产品低温配送和处理中心;大力改善农产品加工环节的温控设施,建设经济适用的农产品预冷设施;配备节能、环保的长短途冷链运输车辆,推广全程温度监控设备;完善与冷链物流相配套的查验与检测基础设施建设,推广应用快速准确的检测设备和试剂。

二是依托港口构成国际化冷链系统。建立完整独立的港口冷链物流体系,加强供应链上下游之间的整体规划与协调。根据国际市场需求,在港口布局冷链物流网络,并在临港和内陆相应建设一、二、三级区域性冷链物流中心,形成冷链物流系统的一体化区域联动。加快港口与第三方冷链物流企业的合作,建立冷冻冷藏产品加工配送中心,推进集约化发展,形成与国际接轨的冷链物流系统。

三是在港口采用先进的冷链技术。通过建立港口冷链物流管理系统,将产品与其储架的货位输入到冷冻冷藏产品的数量及储放位置,进行及时的提货和补货,

同时可及时了解到产品的保质期、库龄等信息,从而提高整个冷链物流体系的作业效率和管理水平。依托港口冷链物流系统,与第三方物流企业共同开发自动识别技术、标志技术、实时数据记录跟踪技术、电子数据交换技术为基础的全程监督和信息跟踪,保障对冷链物流系统的全程跟踪和监督,实现对冷链物流的全球配置功能。

4.4.2 大件物流国际配置中心

作为专业化物流的一种,港口在承接大件物流上具有独特优势。大件物流的对象主要有发电机定子、转子、锅炉汽包、水冷壁、除氧水箱、大板梁等,还有上下机架、主轴、座环、导水机构、闸门启闭机、主变压器、化工反应器及一些常用军工设备如战斗机部件等。

国际物流枢纽的发展模式下,通过发挥港口在自然区位、技术条件、基础设施和多式联运上方面的优势,实现国际大件物流系统的配置中心功能。具体而言,从三个途径实现:

一是依托港口形成大件运输联运体系。加快港口在公路、铁路、水路三种大件物流方式联运体系中枢纽的作用,尤其是发挥滚装运输在海上船舶大件货物运输中的地位和作用,实现国际化大件运输体系的优化;

二是用信息化技术推动港口大件物流现代化。运用信息管理与实时通信技术,将整个港口大件物流管理系统建立在全新的管理信息平台之上,提高对大件物流的控制力,建立以港口为配置中心的国际性大件物流管理信息平台;

三是加强港口与第三方物流企业的联系,提升港口在整个大件物流供应链体系中的核心功能,使整个供应链体系的盈利水平更高,并为我国工业化体系建设提供保障。

4.4.3 汽车物流国际配置中心

国际物流枢纽的发展模式下,港口物流枢纽全面参与全球物流供应链活动,并发挥了物流中心的功能。汽车物流是专业化物流的代表,是沟通原料供应商、生产厂商、批发商、零件商、物流公司及最终用户满意的一座桥梁,是集现代运输、仓储、保管、搬运、包装、产品流通及物流信息于一体的综合性管理,是实现商品从生产到消费各个流通环节的有机结合。对汽车企业来说,汽车物流主要包括生产计划的制订、采购订单的下放及跟踪、物料清单的维护、供应商的管理、运输管理、进出口、货物的接收、仓储管理、发料、在制品的管理和生产线的物料管理、整车的发运等。

国际物流枢纽的发展模式下,港口物流枢纽具备很强的产业集聚、衍生功能,并形成清晰的物流链和产业链，汽车物流是专业性较强、最为复杂的物流体系，需要有在供应链上发挥配置功能的枢纽和中心，而港口物流枢纽恰恰发挥了这一作用。通过建设汽车物流中心、现代港口物流平台等设施为在港口实施汽车物流作业提供相应的增值服务。

一是依托港口物流枢纽建设汽车物流中心。实现汽车运输、仓储、销售功能于一体，将汽车制造企业、供应商、经销商和消费者紧密相连，降低汽车物流成本，完善物流相关功能。通过港口汽车物流中心的建设，将以前各地区存在的多个货站、货场集中在一处，按照汽车物流供应链体系要求，利用现代化手段进行有效的组织和管理，把过去分散的整车及零配件通过港口物流枢纽便利、通达的营销网络和储运中心送达客户手中，实现规模效应。同时，依托港口建设汽车物流中心，减少多次搬运、装卸、储存环节，缩短了物流时间，减少了物流损失，降低了物流费用，提高企业的经济效益。由于集中运送，优化了运输线路，减少了车辆出行次数，以及噪音、尾气等污染，提高了社会效益。此外，港口汽车物流中心的建立，可以根据企业要求，满足企业对汽车配套部件的接收入库、存储、二次分装，并按照客户的生产作业计划的要求以小时计速度，准确地实现对汽车生产所需部件的配送等到服务，满足客户对汽车生产物流供应链系统“零库存”和“准时制”的要求。

二是建设适应汽车物流供应链体系的现代港口物流平台。从事汽车物流的港口企业，加强与汽车供应链各个环节的联盟，以构建完整的物流体系，可采取码头建设以汽车厂商为投资主体的方式，实现与货主联动，加强与国际化船舶公司和当地港口企业的合作，从滚装业务和汽车物流发展趋势进行结构重组和流程再造，努力打造集专业汽车滚装码头、汽车增值服务中心和汽车分拨中心为一体的现代港口物流平台。在这种联盟中，汽车厂商可以主动为汽车工业提供配套服务，也可以进行码头建设；国际化船舶公司拥有大量滚装航线成为汽车物流的主要合作伙伴；港口码头则可以为双方提供相互依存的稳定合作关系。

三是依托保税港区，开展汽车物流增值服务。依托保税港区、自由贸易区等海关特殊监管区的优惠政策，构建VPC（汽车增值服务）中心，在满足传统的码头基础服务（包括船舶靠泊、车辆冲洗和检查、装卸船、堆存管理等）的前提下多开展汽车增值服务，包括装船前的洗车、打蜡、烤漆，装船后对车辆进行出厂前检查等，通过这些增值服务的提供既可以满足客户的需求，又可以通过规模效应降低客户的成本，有效吸引和配置汽车物流。同时，可发展仓储方面增值服务，货运代理增值服务，物流信息增值服务。

四是完成港口汽车物流信息化建设，结合国际汽车产业发展特点，开发汽车物流管理信息系统，在供应链管理思想下，利用RFID技术、GPS技术，构建涵盖供应商、生产商、分销商、零售商、消费者、运输商以及仓储商等各个环节的管理信息系统,实现以港口为配置中心的国际汽车物流供应链体系。

4.5 小　结

综上所述,国际物流枢纽的发展模式,依托港口及其所在区域(可以是港口群或城市群),以全球物流供应链系统为研究对象,从全球物流供应链体系中物流节点、高端物流服务中心、煤油矿箱主要货种的国际物流配置中心、专业化物流国际配置中心四个方面(如图5-12所示),阐释港口物流枢纽作为国际物流枢纽的模式内涵,概括出港口物流枢纽实现第三种形态的途径和手段。

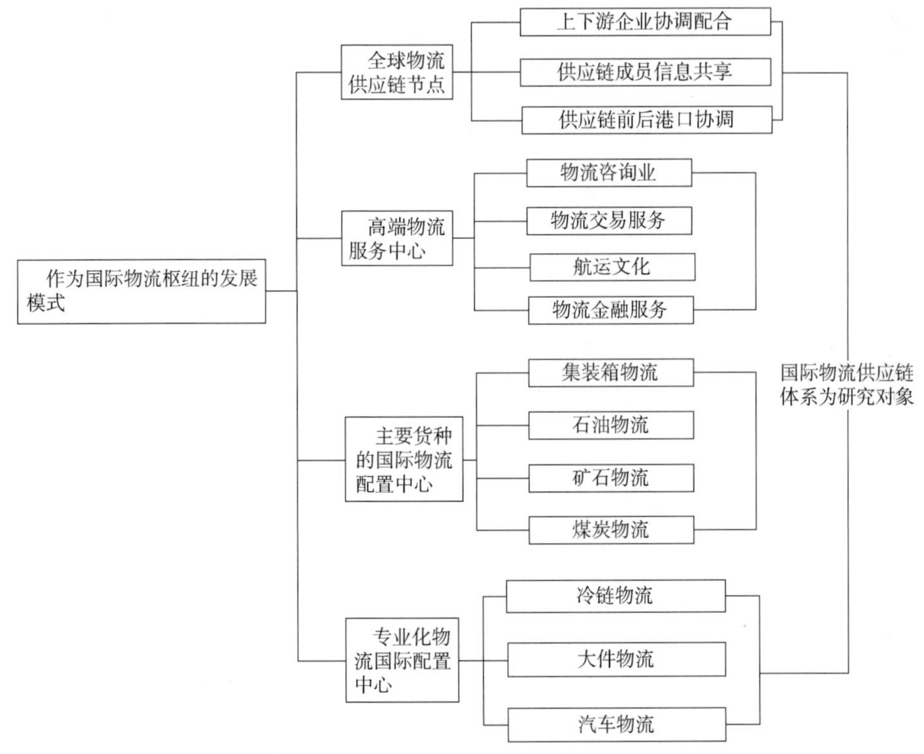

图5-12 国际物流枢纽的发展模式

第六篇　案例分析

港口物流枢纽内在发展机理与案例分析

Gangkou Wuliu Shuniu Neizai Fazhan Jili yu Anli Fenxi

本篇按照港口物流枢纽发展模式构思,采用案例分析的形式,将港口物流枢纽发展模式理论成果与防城港、重庆港发展实际结合,解决西部港口物流枢纽建设和运营面临的主要问题,切实提升西部港口物流发展水平。研究成果是对港口物流枢纽前沿理论的实践和再创新。

第1章 发展港口物流枢纽西部典型的现状评价

1.1 防城港发展港口物流枢纽的现状评价

1.1.1 防城港发展港口物流枢纽面临的形势

在世界经济的全球化发展过程中,防城港作为我国西南沿海的重要海港之一,传统要素对港口城市空间发展的影响力渐弱,现代化的航运、港口和港口群的发展导致港口的产业结构和空间布局发生了变化。就世界经济对海洋及海上运输方式的依赖程度而言,可将现代港口形成与发展的历史演变过程划分为3个阶段:内海区域发展阶段、外洋沿岸发展阶段和经济全球化阶段。从港口的功能特点和生产特点看,可将世界港口的发展分为4个阶段,目前,世界港口承担着全球资源配置枢纽的作用。总体来说,世界贸易全球化带动了航运的快速发展;港口在国际物流体系中的地位发生了变化;港口群成为重要的区域发展要素。因此,总结防城港发展港口物流枢纽面临以下的趋势:

1)世界贸易全球化带动航运的快速发展

世界港口的发展变化与世界海运贸易的发展情况息息相关。现阶段航运的发展趋势是:海运占据国际贸易的重要地位,资源运输为海运的重要部分,海运运行高效化和低成本化。20世纪90年代后,随着国际政治格局的改变,经济全球化的进程得以逐步推进,国际贸易发展迅速,在国际贸易的货物运输体系中,海洋运输占了绝大部分。若干国际研究机构的统计分析表明,在海洋运输的货物中,煤、铁、石油等资源的运输是重要部分。在1985年~2011年世界海运贸易货物统计中,资源货物始终占据运输总量的一半以上。在全球一体化的市场竞争中,各公司都在追求运输的高效化和低成本化。这给海运贸易带来了新变化,比如海运资源向大型物流公司集中、远洋运输船舶大型化和超大型化。若干国际物流公司在世界港口使用量中所占的份额逐年增加。为在激烈的市场竞争中求生存,大型航运公司更有联盟一体经营的优势,这更强化了航运资源向少数集团的集中。

2)沿海港口在国际物流体系中的地位发生变化

结合海洋运输发展和工业化发展因素,总结现代港口发展呈现以下趋势:大型化,深水化,生产管理的高效、高科技化,信息化、网络化,向物流中心转化,重视生态环境保护、可持续发展。21 世纪港口已成为全球资源配置的枢纽,生产方式打破了物流服务和中转等较为简单的方式,呈现出组织自治化、生产自动化、经营集约化、管理现代化、信息产业化、建设管理生态化等趋势,且随着国际贸易物流体系的日益完善,港口群、城市和综合流通体系一体化趋势越来越明显,港口已成为国际物流体系中的一个转运环节。

3)沿海港口群成为重要的区域发展要素

港口群,是指由若干个功能或部分功能可相互替代、相互依存、相互补充的个体港口系统组成的港口群体大系统。当两个或几个港口存在共同的腹地时,就形成了一个港口群系统。区域内港口的协作与整合是未来的必然趋势。在世界港口发展的大背景中,地区港口集群联合形成的航运枢纽正在发挥日益重要的作用。为促进各港口间的协作联合,欧洲成立了欧洲海港组织。通过欧洲海港组织对欧洲港口情况的研究报告,总结出欧洲港口群具有一些特点:港口群有其稳定的集疏运中心地区,港口间的协作联运程度高,物流链是欧洲港口竞争的关注焦点,欧洲港口正面临日益强大的港口竞争者。港口体系发展呈现出新变化是有其本质原因的,其中最重要的是受到世界物流体系发展变迁的影响。随着现代社会科技的发展,物流网络正在重构。在现代社会中,订货和运输出现了分离的趋势,货物运输呈现出从链状到网络的发展态势,物流分布体系需要适应新的变化。

1.1.2 防城港发展港口物流枢纽的基础评价

防城港是我国经济发展新的增强点,正步入工业化的中后期发展阶段。随着经济快速增长,资源、能源短缺将成为突出制约因素,港口所依托区域经济及相关产业发展面临巨大的挑战;在港口建设发展不断加快的背景下,将以加快结构调整为主线,以此作为港口物流枢纽模式实施的重要前提和关键基础。

1)港口城市发展评价

广西北部湾地处我国沿海西南端,主要由南宁、北海、钦州、防城港四市和玉林、崇左两个市物流中心(“4+2”)所辖行政区域组成。根据国家在 2008 年批准实施《广西北部湾经济区发展规划》的发展思路,广西北部湾经济区是我国西部大开发和面向东盟开放合作的重点地区,是中国—东盟开放合作的物流基地、商贸基地、加工制造基地和信息交流中心,是带动、支撑西部大开发的战略高地和国际区域经济合作区。

今后一段时期,广西北部湾地区将继续建设公路、铁路、港口等交通设施项目,建设石化、钢铁、能源等临海工业项目,年均投资将近 1000 亿元人民币。预计到 2020 年,北部湾经济区将会形成 2 万亿至 2.5 万亿元左右的投资规模,包括产业项目 9500 亿元,基础设施建设 4000 亿元,城市建设投资约 4400 亿元,城市人口增加带来的房地产投资约 3000 亿元。广西北部湾经济区直接连接中国—东盟,发展前景无限,将成为中国经济增长新一极。

如图 6-1 所示,防城港市港口区位于我国大陆海岸线西南端,依港而建,因港得名,是西南出海大通道的主门户和中国连接东盟的“桥头堡”,被誉为“中国西南门户,华夏边陲明珠”。防城港北靠云、贵、川,东邻粤、琼、港、澳,西接越南,南濒北部湾,处在中国内地资源丰富的大西南经济圈和经济活跃的东南亚经济圈的交叉结合部,是连接大西南和东南亚的枢纽,是我国内陆腹地进入中南半岛东盟国家最便捷的出海门户。也是我国大陆海岸线最西南端的深水良港,是全国 24 个沿海港口中 12 个主枢纽港之一。

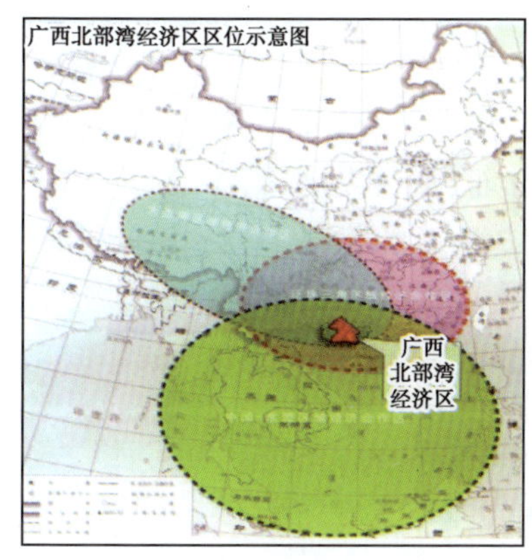

图 6-1 防城港市区位示意图(来源:《广西北部湾经济区核心区——防城港市主要规划图册》)

防城港水域、陆域宽阔,可利用岸线长。全市大陆海岸线 584km,边境线 230 多 km。港口交通便利,陆路交通有高速公路和铁路与全国干线联网,海路与 80 多个国家和地区的 220 多个港口通航。拥有防城港、东兴、江山、企沙等 4 个国家一类口岸。防城港市从西至东拥有白龙尾、渔万、洲尾、企沙 4 个半岛,渔万半岛将防城湾分为东、西二湾。目前,防城港市的主要港口——防城港位于渔万半岛的西南端,即西湾内。企沙半岛位于防城港市的东南侧。防城湾三面丘陵环抱,东为企沙半岛,西为白龙尾半岛,湾口朝南,中间被渔万岛分为两个海湾,西湾总的水域面积达 35.3km^2。

"十二五"以来,防城港市经济发展进入了高速增长期,GDP 年增长率达 20%以上,增速位于全区前列。2012 年全市人均 GDP 达到 19329 元,高于广西 12408 元/人的平均水平,在 14 个地级市中名列第二。防城港市的产业演变经历了由农业经济阶段向工业主导阶段转变的过程。1999 年以前,防城港市是典型的农业城市,第一产业一直占据主导地位。2000 年以后,第二、三产业增长速度远快于第一产业,对经济增长的拉动作用开始逐步发挥。防城港市继续调整和优化产业经济结构,提高经济增长质量和效益,三次产业比例调整为 18.05 : 48.29 : 33.66,第二产业已占据越来越重要的地位,工业主导经济发展的作用明显增强。全市产业结构初步形成了以一产为基础,二产为主导,三产为带动的"二、三、一"产业发展格局。

在工业方面,以钢铁、核电、铜镍三大工程为引领,加快推动产业结构优化升级,建成钢铁、有色金属、能源、粮油食品、装备制造、修造船、化纤和纺织等 7 大临港工业基地,发展壮大化工、建材、造纸与木材加工、农产品加工、医药制造等 5 大传统优势工业,加快推动新能源、新材料、节能环保等战略性新兴产业,积极发展海洋产业,形成一批销售收入超百亿元的产业,成为引领广西北部湾经济区工业发展新高地。农业结构进一步优化,畜牧业、渔业得到较快发展,形成以畜牧业、渔业为主的一产结构。在第三产业方面,加快发展物流、金融、信息服务等生产性服务业,促进服务业与工农业互融互动;大力发展商贸、房地产、社区服务等消费潜力大的生活性服务业,丰富消费服务产品类型,打造商贸物流基地;加快发展滨海休闲游、中越边境游、森林观光游等特色旅游业,打造国际滨海旅游胜地;加快推进"梦幻北部湾"、潭蓬古运河保护和开发等文化产业发展,建设中国海洋文化名城。

防城港市对东盟国家大宗出口商品有机电产品及其零配件、化工产品、纺织原料及纺织制品、家具及灯具、金属及其制品、塑料及其制品、木材及制品、陶瓷产品、白水泥等;大宗进口商品有植物产品、矿产品、橡胶及其制品、化工产品、木材及制品等。边境贸易出口以纺织品、建筑材料、农用机械和家用小五金为主;进口以天然橡胶、复合胶、木薯淀粉、海产品、煤炭和各种矿产品为主。从贸易方式来看,一般贸易仍是本市产品出口的主要方式,加工贸易出口增长迅猛。口岸进出口是防城港市主要对外贸易方式之一。防城口岸进出口贸易特点:一是进出口贸易以进口居多。亚洲是防城港市出口商品的主要市场,拉丁美洲是进口商品的主要市场,非洲是新兴市场。其中对北美洲市场逐渐增大,而对非洲、拉丁美洲、大洋洲的出口增长明显，其中进口三大贸易伙伴分别是越南、阿根廷、美国，进口主要产品分别是大豆、煤、矿产品等；出口三大贸易伙伴分别是越南、美国、印度尼西亚，出口主要产品分别是豆粕豆油、重晶石、钢材等。在对东盟国家出口三大贸易伙伴分别是越南、印度尼西亚、马来西亚；进口伙伴则分别是越南、印度尼西亚、柬埔寨。对东盟主要出口产品是豆粕豆油、钢材、货运挂车及半挂车等。

建市以来，随着国民经济的快速发展，防城港市交通运输快速发展，物流规模不断扩大。2012 年，全市货物运输总量达到 4158.4 万 t，占广西的 8.3%；货物周转量达到 66.85 亿吨公里，占广西的 4.4%。其中公路运输分别为 1720 万 t 和 26.33 亿 t · km；铁路 2254 万 t 和 0.33 亿 t · km；水运 218 万 t 和 12.51 亿 t · km。防城港是西南地区最大的深水大港口，是我国西南出海大港口，港口物流的最大特点是大进大出，而且具有配置国际物流与国内物流的功能，现代大型港口具有强大的综合能力和广阔的影响区域。因此，防城港市是西南地区和西部部分地区大宗物资转运和集散中心。区域物流主要辐射整个广西区域内、西南地区、甚至中西部一些地区，如西南的贵州、重庆、四川等地区，中西部的甘肃省、新疆维吾尔自治区等。

2）港口建设发展评价

防城港位于广西南部北部湾北岸，地理位置和地缘条件得天独厚。港湾水深避风，三面环山，犹如内陆湖泊。航道短，水域、陆域宽阔，可利用岸线长。防城港水域被渔漫岛分割为以防城江主流深槽为主的西湾和以暗埠江深槽为主的东湾，东、西侧分别有企沙半岛和江山半岛掩护，泊稳条件好、水体含沙量少、航道水深稳定，地质条件较好，基岩埋深适中；防城湾沿岸有优良的岸线资源，牛头岭内外侧可建设 10 万 t 级以下的泊位，暗埠江深槽可建设 10~20 万 t 级深水泊位，企沙半岛西侧及蝴蝶岭沿岸具备建设大、中型泊位的条件。

防城港北邻黔、渝、川，西靠云南，东临粤、琼、港、澳，南濒北部湾，是中国内地连接资源丰富的大西南和经济活跃的东南亚地区的枢纽地带。水陆交通便利，是西南公路出海大通道的出口，南防高速公路直达港口，这使得防城港可以直接与全国公路联网；铁路经南防线、黎钦线与全国铁路相连。特别是南昆线抵达防城港，可大大缩短运距。

目前，防城港由第 1 至第 5 港区组成，第 1 至第 4 港区位于渔漫岛南端及其以南的回填区，其中第 1、第 2 港区现已建成，第 3 港区的建设已开始，第 4 港区的 20 万 t 级矿石码头正在建设；第 5 港区位于江山半岛牛头岭，已建成 1 座万 t 级的成品油码头。目前，防城港共有生产性泊位 24 个（其中万吨级及以上泊位 14 个，最大靠泊能力为 5 万 t 级）、货物通过能力 1260 万 t，主要承担金属矿石、非金属矿石、煤炭、化肥、粮食等，均为面向全社会服务的公用码头。

防城港现航道为5万t级，底标高-11m，底宽125m，三牙段正在扩建为15万t级(水深-16m)航道。5万吨级航道乘潮水位3.02m，历时2h保证率为90%，15万t级航道乘潮水位3.58m，历时2h保证率为70%。

防城港现有0号、1号和3号锚地，均布置在港区南侧水域。0号锚地为引航、检疫锚地，水深-13m；1号锚地位于0号锚地两侧，水深-12～-14m为大型船舶待泊、避风锚地；3号锚地为深水引航、检疫锚地，离0号锚地9公里，水深-19～-21m。

防城港市中小港口作为主要港口的补充，承担着配合主要港口为区域经济建设服务的重任。现有中小港口码头主要分布在港口区、防城区、东兴市，现有泊位67个，其中生产性泊位54个，非生产性泊位13个。

如表6-1所示，防城港电厂专用码头位于企沙半岛赤沙岸线内，建有10万t级码头1个。其他中小港口包括企沙港(4个码头)、潭油港(银港码头1个)、茅港(3个码头)、白龙港、石角码头、潭吉港(4个码头)、竹山港等。

防城港现有泊位基本情况表 表6-1

序号	生产性泊位名称	前沿底高程(m)	泊位能力			主要用途
			靠泊能力	泊位数	通过能力(万t)	
1	材料码头1号	-3.0	500	1	15	件杂货
2	材料码头2号	-3.0	500	1		件杂货
3	材料码头3号	-5.0	100	1		件杂货
4	0号泊位	-9.0	10000	1	35	件杂货
5	0号码头北泊位	-5.0	1000	1	18	液体沥青
6	1号泊位	-9.0	10000	1	35	件杂货
7	2号泊位	-9.0	10000	1	40	件杂货
8	过渡段	-7.5	5000	1	60	散装水泥
9	3号泊位	-9.6	15000	1	30	件、散
10	4号泊位	-9.6	15000	1	39	件杂货
11	5号泊位	-9.6	15000	1	39	件杂货
12	6号泊位	-10.6	25000	1	70	散货

续上表

序号	生产性泊位名称	前沿底高程(m)	泊位能力			主要用途
			靠泊能力	泊位数	通过能力(万 t)	
13	7 号泊位	-10.6	25000	1	90	散货
14	8 号泊位	-11.4	30000	1	170	粮食
15	中 1 号泊位	-6.2	2000	1	90	件杂货
16	中 2 号泊位	-5.4	1000	1		
17	中 3 号泊位	-5.4	1000	1		
18	中 4 号泊位	-7.6	5000	1		
19	中 5 号泊位	-7.6	5000	1		
20	9 号泊位	-13.55	30000	1	200	集装箱
21	10 号泊位	-12.65	25000	1	128	集装箱
22	11 号泊位	-13.55	50000	1	72	粮食
23	12 号泊位	-13.55	50000	1	99	多用途泊位
24	综合中级泊位	-9.6	10000	1	30	成品油
25	13 号泊位	-15.1	10000	1	92.5	多用途
26	14 号泊位	-15.1	10000	1	91	散货(硫磷)
27	15 号泊位	-15.1	10000	1	95	多用途
28	20 万 t 矿石码头	-19.8	200000	1	1000	矿石
29	东湾液体化工码头	-14.1	50000	1	156	液体化工
	合　计			29	2631	

注:上表未包含工作船码头(非生产码头)4 个。

防城港集疏运主要依靠铁路运输,如图 6-2 所示。防城港铁路运输线由南防线在南宁南站与南昆线和湘桂线相接,进而连接全国铁路运输网,沟通各腹地及全国广大内陆地区,铁路已连接到防城港,单向运输能力达到 1919 万 t。

南防线:防城港至南宁的南防线全长 173km,沿线按设计有 16 个站,南防铁路设计标准为Ⅱ级线,正线为单线,限坡为 6‰,最小曲线半径一般地段 800m,困难地段 600m,到发线长度除沙井和防城港站为 850m,其余为 650m,预留 850m。原设计输送能力近期为 660 万 t/年，远期 1750 万 t/年。目前防城港口编组站为一级一场，8 股道，远景最终规模为一级二场横列布置 31 股道。

图 6-2　到防城港铁路路网布局现状（截止到 2010 年底）（来源：http：//www. bbwgw. com）

从南防线近年客货运量看，其已处于严重超负荷运营状态，而且货物到发流向严重不平衡，并呈现出加大的发展势头。为此，南防线的技术改造已在 2004 年 12 月 16 日正式开工，投资 2.16 亿元，已经于 2005 年 8 月完工。主要改造内容：增开大王滩、大元预留站，部分车站到发线延长至 850m，全线信联闭改造及设置车辆轴红外线监测系统；钦北线全部车站到发线延长至 850m，增开平银预留站及全线信联闭改造；黎钦线全线信联闭改造。技改后年输送能力南宁南—钦州段、钦州—防城港段分别为 1919、1535 万 t。2006 年实施钦北铁路扩能改造，2007 年实施黎钦铁路扩能改造。2006、2007 年技改计划待铁道部批复后实施。技改后年输送能力钦北铁路、黎钦铁路分别为 814 万 t、1394 万 t。远期扩能改造工程将视运量增长情况适时实施。

南昆线：南昆线是我国铁路“八纵八横”路网主骨架——西南出海通道的重要组成部分，是连通西南地区与东南沿海的最便捷通道。南防线在南宁南站与湘桂线和南昆线相接，南昆线的建设，为广西沿海港口，特别是防城港拓展了云南、黔西南、川西南广大腹地，也为这些地区出海找到了最便捷的门户。

南昆线全长862.7km，设计线路标准为Ⅰ级，正线为电气化单线，限制坡度6~13‰，最小曲线平经400m，到发线有效长度850m，预留1050m，设计运输能力近期为1000万t/年，远期可达2000万t/年，并预留3000万t/年的可能性。南昆线主要承担云南、贵州煤去往广东、广西和出口煤的外运，自1997年投入运营以来，运量增长极快，到2000年，全线能力利用率均在99%以上，处于超饱和状态。2001年完成全部线路扩能改造后，各段能力均提高了600万t左右，最大能力达到客车7对，货运1820万t。但2002年，该线货运量比2001年又提高了300万t，江西村—百色段达到1462万t，能力利用率接近85%，2003年威舍—百色段和江西村—百色段运量又分别达到1733万t和1790万t，能力再次达到饱和状态。

湘桂线：湘桂线线路等级为Ⅰ级，正线为单线（柳州—黎塘南已扩建为双线），输送能力各段不同。沿湘桂线北上到黎塘132.3km可接黎湛线。到柳州可接黔桂线和枝柳线。湘桂线目前输送能力为840万t，2002年输送货物1043万t（其中运送煤炭90万t），运能已处于严重紧张状态。

同时，通过南北钦防公路网建设，防城港基本形成了干支相连、四通八达的公路集疏运系统。防城港市先后建成了防东二级路、钦防高速公路、沙潭江至企沙一级公路等一批高等级公路。截止到2012年底，公路总里程达到了1669km，其中高速公路44km，分别占全区的1.8%和2.4%。如图6-3所示。目前，防城港至南宁市的高速公路、防城至东兴的一级公路、桂林—柳州—南宁—钦州—北海的高速公路已建成通车，这些高等级公路极大地改善了防城港的公路集疏运条件，为防城港的发展特别是集装箱运输的发展提供了极为有利的集疏运条件。

目前，围绕港口物流发展，防城港大力建设物流基础设施，主要以物流中心、园区为主，其中包括：

（1）防城港粮食物流中心。该中心是防城港建设的五大粮食物流中心之一，位于防城港市港口区东湾吹填区，规划建设用地44万m^2（660亩），总投资8亿元。一期工程包括：建设粮食仓库、物流综合仓库、交易配送中心、货物堆场、铁路专用线以及配套设施等，总投资约4.16亿元，目前已完成投资5478万元。二期工程拟建设粮食交易中心和粮食深加工等项目。

（2）冲仑东盟物流中心。该物流中心位于防城区城市建成区正北面的冲仑林

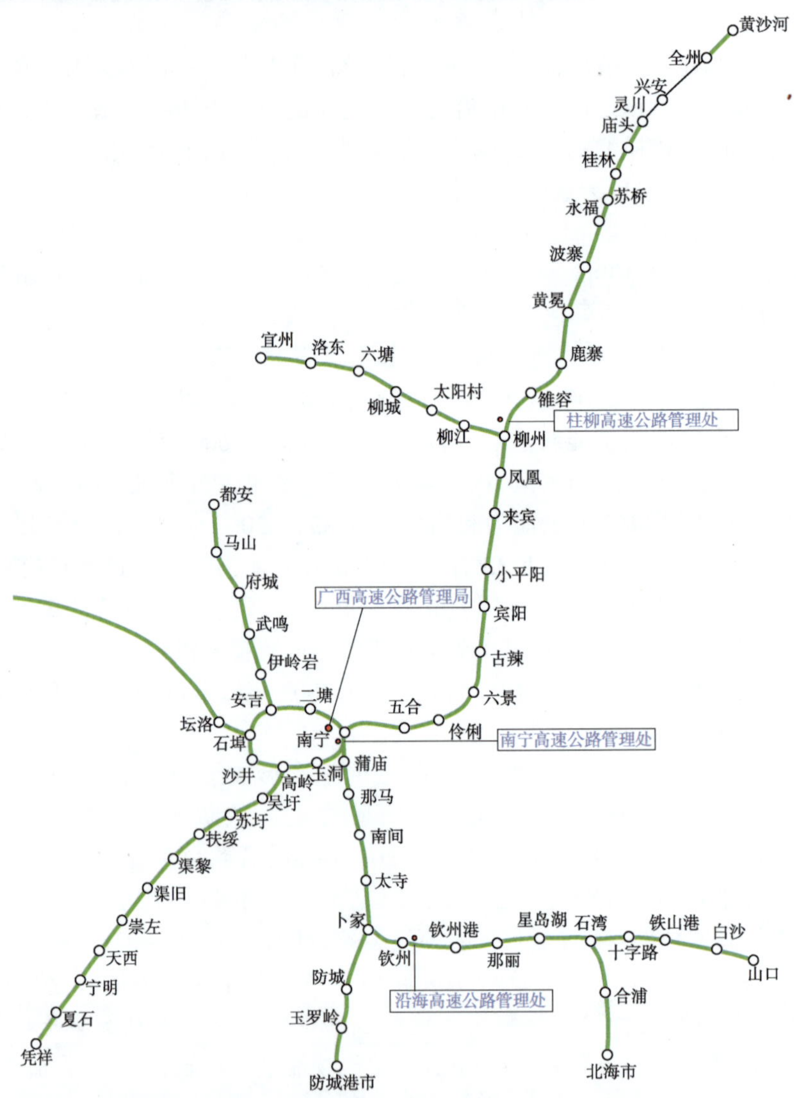

图 6-3　到防城港公路路网布局现状(截至 2012 年底)(来源:http://www.bbwgw.com)

场一带,处于南防高速公路和钦州贵台至防城公路之间,南面为蜈蚣岭(公园用地),北至三甲水库坝首附近。近期规划面积约 300 万 m^2(4500 多亩左右),其中 200 万 m^2(3000 亩)为冲仑林场的土地;远期规划约 1500 万 m^2 左右(22500 亩左右),其中预留库集雨面积约 500 万 m^2(7500 亩左右),中心分为物流区、加工区和配套商住区等三大功能区。按照北部湾经济区的规划定位,防城区冲仑东盟物流中心将以北部湾经济区在建的重大产业项目为依托，充分利用防城港优越的物流条件，大力发展现代仓储、产品配送、多式联运、中转批发、加工贸易、信息服务等现代物流业务，为该地区不断增长的物流需求提供服务，力争把防城区冲仓东盟物流中心建成北部湾经济区重要的区域性物流中心之一。

(3)公车镇物流中心。该中心正在规划建设过程当中，位于港口区北部，与渔洲城工业区相邻，预留面积 500 亩。

(4)东兴市粮食物流中心。该中心总用地面积 4 万 m^2，建设有粮油贸易综合市场、粮油加工厂、军粮供应站、粮所办公楼、宿舍楼、粮油检验综合楼等，总建筑面积 $16080m^2$，建筑物占地面积 $8320m^2$。东兴市与越南接壤，拥有国家级口岸，毗邻的越南有丰富的粮食农副产品、海产品资源，边贸市场十分广阔。每年从口岸民间形式的农副产品，进出口额数亿元。粮油贸易综合市场处在东兴市中心地带，市场前景广阔。经营场地已作规划，仓储、加工等配套设施相应具备，农副产品贸易已初成规模，交通、通讯、供水等配套设施具备。

(5)广西东兴市万通国际物流园。该物流园区位于东兴市，与越南水陆相接，是中国通往东南亚地区最便捷的水陆门户。东兴市到广西首府南宁 170km，向北有沿边公路到凭祥 260km，海路到湛江港 270n mile，到香港 497n mile。交通区位优势突出。

3)港口主体生产经营评价

目前，防城港港务集团有限公司是防城港实施港口物流枢纽建设及运营模式的主要载体。港务集团的成员公司涉及物流、商贸、加工等多个产业门类，且规模和实力都在不断状态，为港口物流枢纽的构建提供了丰富的资源基础。

2010 年 5 月 5 日，广西壮族自治区交通厅、发改委和北部湾办发布《广西北部湾港总体规划》新闻发布会，整合防城港、钦州港和北海港三个港口资源，统一归并，统称广西北部湾港。防城港务股份有限公司以防城港港务集团有限公司为主体，控股或参股公司 26 家(包括防城港务股份有限公司)，经营涉及港口装卸、物流仓储、服务建设、大宗商品、公共服务 5 大类别。从集团各成员公司的股权结构看，多数为防城港本地企业，一部分为中国船舶燃料有限责任公司、中一重工等国有大型企业在地方合资成立的公司，还有一部分是与广西区重要的能源、农产品加工企业合资成立的公司，如图 6-4 所示。

防城港港务集团有限公司是广西北部湾国际港务集团的重要组成部分。

根据《广西北部湾港总体规划》，防城港定位于以大宗散货运输为主，加快发展集装箱运输，逐步成为多功能、现代化的综合性港口。同时，防城港按照大型化、专业化、现代化的要求，加快基础设施建设，大力打造港口核心竞争力，把防城港建设成以大型化专业矿石码头为主,集装箱通过能力不断提高的港口,发挥港口优势,大力发展临港工业,积极推进港口与工业相结合,为防城港的社会经济发展、临港工业开发和对外开放服务,为广西外向型经济发展和对外开放服务,为西南各省市资源开发和外贸物资中转运输服务,为西部大开发服务。防城港将承担起我国大西南与东盟贸易往来的主通道的重任。

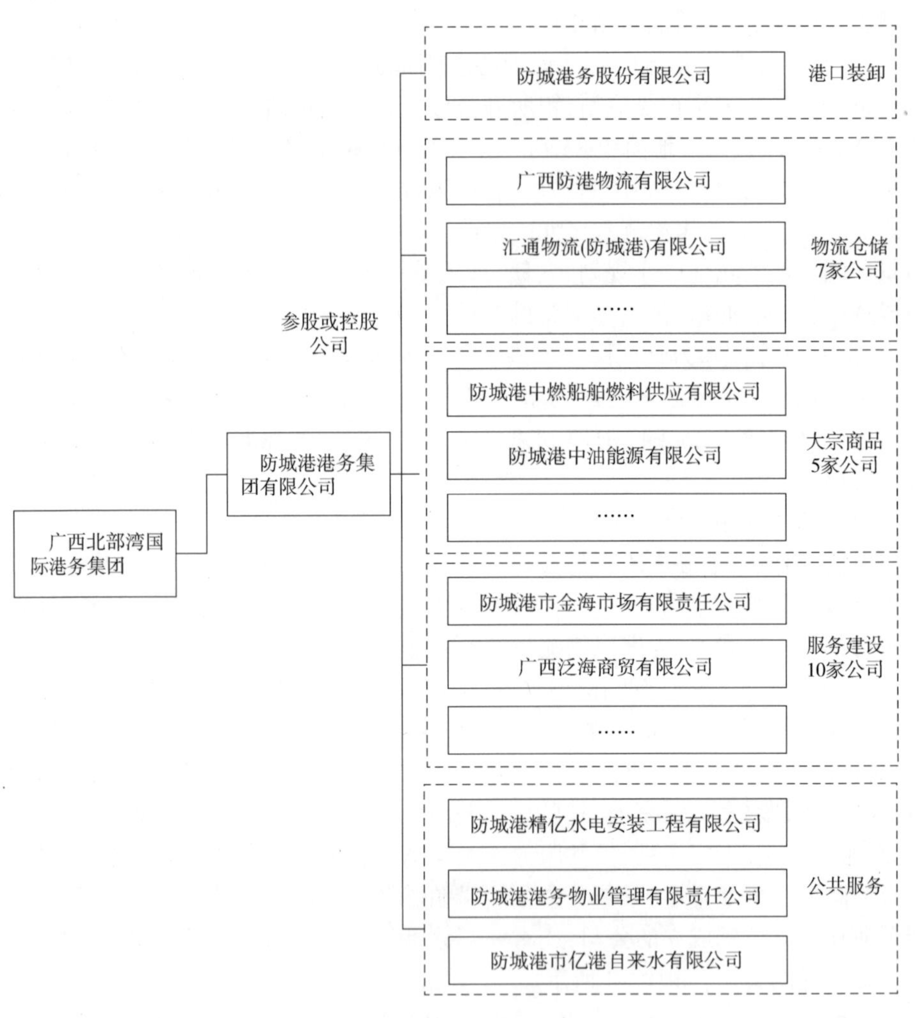

图 6-4　防城港股份有限公司组织架构图

防城港自开港以来,随着港口基础设施的规模不断扩大和装备水平逐步提高,港口的货物吞吐量不断增长。1985 年以来港口货物吞吐量年均递增 22%左右;集装箱吞吐量近5年年均增长45%以上。

在经营业务方面,其装卸货物主要包括进口铁矿、硫磺、氧化铝、粮食、化肥,出口重晶石、煤炭、磷矿、水泥、木片等。中小港突破2000万t,达到2021万t,增长1.31倍。其中主要货种吞吐量保持较快增长,煤炭仍然是防城港市港口货物吞吐量的最大货种。

在市场开拓方面,防城港目前已与80多个国家和地区的220多个港口有贸易往来,开通了日本、韩国、马来西亚、泰国、新加坡和香港中转世界各地的集装箱航线。防城港是承担广西壮族自治区内、外贸物资运输和西南地区外贸物资及大宗散货转运的最主要的港口,如表6-2所示,其港口货物吞吐量占全广西沿海港口吞吐量的比重多年来保持在60%以上的水平。

防城港历年吞吐量统计 表6-2

年份	货物吞吐量(万t)		集装箱吞吐量(万TEU)	
	总计	递增率	总计	递增率
2000	922.7	14.8%	1.6	26.1%
2005	2006.4	24.8%	10.5	30.9%
2010	7650.0	30.4%	25.0	18.9%
2011	9024.0	18.7%	26.5	5.7%
2012	10058.0	10.3%	27.1	2.3%

注:其中防城港港务集团约占整个防城港港吞吐量的70%。

根据防城港市产业发展定位。依托深水港和企沙重工业基地,重点发展以钢铁、能源、石化、修造船、重型机械、食品为主的临海大工业。以企沙半岛、渔万半岛、江山半岛为核心,统筹规划,优化布局,形成"三岛一带"区域产业发展格局。企沙半岛重点布局钢铁、能源、重型机械、船舶修造等重化工业,打造现代化的大型临海工业区;渔万半岛重点发展港口、物流、仓储、中转贸易、食品加工,打造重要的货物转运中心和临港工业加工区;江山半岛重点发展旅游业,打造重要滨海旅游度假区。同时,通过东湾、西湾跨海大桥连接,沿沙潭江至企沙和江山至东兴一级公路展开布局,建设企沙—港口—江山—江平—东兴50余km经济带,使之成为适应泛北部湾区域经济合作的重要产业走廊。产业主要分布在渔万半岛和企沙半岛。

目前,防城港与港口相关的企业101家,其中注册资金在1000万元以上有8家,分别是广西防港物流有限公司、汇通物流(防城港)有限公司、广西防城港加新物流有限公司、广西防城港新东方仓储物流有限责任公司、广西新宏光国际物流有限公司、广西万鑫物流有限公司、广西金荣国际物流公司。500万元至1000万元的有 18 家。以运输业注册的企业,注册资金 1000 万元以上有 3 家,分别是广西超大防城港运输有限责任公司、防城港西南海洋运输有限公司、万通国际物流有限公司。500 万元以上 1000 万元以下有 1 家。全市运输、物流企业拥有公路货运车辆 5000 多辆、拥有民用运输船舶 100 多艘(运力超过 30 万 t)、仓储面积 124 万 m^2。经营范围多为传统的公路运输、仓储业以及代理。货运营运线主要集中于两广和海南,部分延伸至云南、贵州、湖南、江西和福建等。

1.2 重庆港发展港口物流枢纽的现状评价

1.2.1 重庆港发展港口物流枢纽面临的形势

重庆港是我国重要的内河港口之一,内河港口在其城市成长和发展的过程中扮演着极为重要的角色,是内河港口城市成长的最重要的动力。对于内河港口发展港口物流枢纽而言,其面临的形势是多方面的,主要体现在以下方面:

1) 内河港口城市的形成和城市规模的扩大

内河港口的形成和对外贸易的发展是内河港口城市形成的先行条件。处于内陆的沿江沿河港口城市也不例外。内河港口具有创建和发展城市的优越条件,港口临河临江,交通运输方便,通过江河陆海交通网络,在世界范围内吸纳和集聚各种生产要素,拓展市场,促进了运输规模经济和集聚效益的实现,促使企业部门,产业和人口等向港口集聚,城市用地规模快速扩展,城市经济总量迅速扩大。

内河港口是内河港口城市形成和发展的主导因素,对内河城市经济的发展有重要的经济效益,主要表现为以下四个方面:一是内河港口自身作为国民经济的一部分,在发展中自身产生一定的效益,给城市带来产值、税收和资金的增加;二是内河港口为工业、贸易提供装卸、仓储等业务,港口与这些部门存在着前向联系,并由此产生经济效益;三是随着内河港口的不断发展,贸易、服务等行业相继产生,港口与其存在后向联系,同样产生相应的经济效益;四是内河港口对工业和人口具有集聚效应,加速了内河港口城市和地区的城市化和工业化进程。

2) 城市外部逐步向港口及相关地区扩展

随着城市经济的发展,城市人口的增加和城市基础设施的扩展,城市空间不断扩大,用地向外扩展。城市由内向外扩展大多是沿着交通干线延伸的。由于便捷的交通运输条件,较高的经济性,在内河河道水系沿岸交通便捷的地区最先成为市区,港口城市沿交通轴线的发展获得最佳的建设效益。港口作为港口城市重要的基础设施,起着连接水陆运输,客货集散的枢纽作用,在整个城市空间组合中起着重要的作用。内河港口的位置及条件决定了其依托的港口城市的空间结构和外部轮廓。港口城市扩展通过港口位置迁移和规模的扩展来实现。

3）内河港口与城市基础设施建设相互影响

首先，港口本身就是城市基础设施的一部分，港口自身规模的扩大和发展，使城市基础设施更加完善，使得城市内公路、铁路、机场等与港口运输功能一体化，从而使城市的物流更加顺畅。其次，港口自身及其产业的发展要求与之有相适应的配套的基础设施。内河港口作为连接内陆和河流的节点，承担着货物转运的重要作用。而城市的商品从内陆运往港口，必须要通过城市内的公路、铁路、机场等基础设施及其交通工具，才能完成货物的转运，因此，这在客观上要求城市必须发展和完善城市基础设施，诱发新的基础设施的建设，为港口的运输需要提供充足的货源。再次，城市基础设施的建立和发展必须有资金的支持，而港口及其相关产业发展创造的财富，上缴的税收等增加了城市政府的财政收入，收入的一部分则用于港口的建设及城市公路、铁路等基础设施的建立和完善。

4）港口城市社会文化环境对港口的影响逐步加大

港口对港口城市社会发展的催化作用表现在以下几个方面：首先，港口及其港口产业的发展，为港口城市的发展提供了资金来源。港口企业上缴的税收，为城市交通、环境、水电等基础设施建设提供了资金，同时，城市的市政设施和公共服务设施也逐步健全。其次，港口及其产业的发展，为城市居民创造了大量的就业机会，缓解了城市就业压力，有利于城市社会的稳定。还有，港口开发提升了港口城市的投资环境，有利于城市特色文化的发展。港口是港口城市对外开放的门户和对外联系的通道，对城市形象和环境的提升有着积极的影响。由于港口便捷的交通条件，增强了港口对港口城市的吸引力，促进了城市外向型经济的发展。

1.2.2　重庆港发展港口物流枢纽的基础评价

1）港口城市发展评价

长江上游经济带是西部大开发的重点区域，主要涉及四川、重庆、贵州三省市，是川渝黔合作的基础和共同利益所在。目前，成渝地区是长江上游经济带中经济最发达的区域。按照国家发改委关于国土开发的功能分区，成渝经济区是长江上游经济带的核心区，是重点开发区域和优先开发区域。

但从全国经济发展角度来看，长江上游经济带总体发展基础较为薄弱。以人均 GDP 为例，长江主要地区的经济发展均低于全国平均水平，且区内经济发展水平呈现严重不平衡。四省市 GDP 占全国 GDP 总量的 10%，占西部地区的 41.25%。然而，长江上游经济带是我国主要的能源富集区，能源结构主要以煤炭和水能为主;石油、天然气和铀矿也有一定储量,特别是天然气是我国重要的蕴藏和开采地区。并且,长江上游经济带四省区位于我国西南,衔接中原和华南,经长江和华东相连;北连西安、兰州等西北的中心城市,连接欧亚大陆桥(陇海兰新经济带);毗邻东南亚各友邦,是我国南下印度洋的主要陆上通道;具有承东启西、贯通南北的重要战略地位。

重庆作为长江上游经济带的核心,是中国政府实行西部大开发的重点开发地区,地处西部、南北大通道及经济带的中部,具有相对较强的经济实力,又与长江流域大通道相衔接,是西部最大的经济轴心和通道枢纽,对西部经济起着一定联系、沟通、支撑的中心作用。

从整体发展来看,重庆具有良好的区位优势、经济基础、交通条件,使其成为可承东启西,横贯南北,在"西三角"地区具有极强递伸效应的中心城市。同时,重庆市是长江上游最大水陆空立体交通枢纽,初步形成的公路、水运、铁路、航空综合运输体系,为重庆市现代物流发展奠定了坚实的基础。公路已基本形成以国道高速公路为主骨架,省道公路为干线,县道、乡道、专用公路为支线的城乡公路交通网。据统计(表6-3),重庆市2012年地区生产总值11459.00亿元,比2011年增长13.6%。按常住人口计算,全年人均地区生产总值达到39083元,比2011年增长12.4%。其中,"一小时经济圈[1]"完成地区生产总值8864.78亿元,比2011年增长13.4%,占重庆市生产总值的77.4%;"渝东北翼"完成1960.96亿元,增长14.5%,占重庆市的17.1%;"渝东南翼"完成633.26亿元,增长13.2%,占重庆市的5.5%。"圈翼"人均GDP之比由上年2.16∶1缩小到2.09∶1。城乡居民收入比由上年3.12∶1缩小到3.11∶1。

2008—2012年重庆市国内生产总值及其增长速度 表6-3

年　份	国内生产总值(GDP)(亿元)	增长速度(%)
2008年	5793.66	14.5
2009年	6530.01	14.9
2010年	7925.58	17.1
2011年	10011.37	16.4
2012年	11459	13.6

注:资料来源:2012年重庆市国民经济和社会发展统计公报。

[1] "一小时经济圈"是指渝中区、大渡口区、江北区、沙坪坝区、九龙坡区、南岸区、北碚区、渝北区、巴南区、涪陵区、长寿区、江津区、合川区、永川区、南川区、綦江区、大足区、潼南县、铜梁县、荣昌县和璧山县;渝东北翼是指万州区、梁平县、城口县、丰都县、垫江县、忠县、开县、云阳县、奉节县、巫山县和巫溪县;渝东南翼是指黔江区、武隆县、石柱县、秀山县、酉阳县和彭水县。

在财政收入和固定投资方面(表6-4),2012年地方财政一般预算收入1703.49亿元,比2011年增长14.5%;2102年固定资产投资总额9380亿元,比上2011增长22%。其中,基础设施建设投资2404.16亿元,增长24.8%;城镇投资8462.03亿元,增长19.2%;农村投资917.97亿元,增长56.4%。其中,重点项目完成投资2620亿元,占固定资产投资总额的27.9%。而政府主导类投资1748.8亿元,市场主导类投资871.2亿元,分别占重点项目投资的66.7%和33.3%。可以看到,在重庆市政府主导投资项目当中,交通运输基础设施作为重点,其投资额占15.8%,此举将有利于提升当地运输设施基础条件。

2012年重庆市项目投资情况 表6-4

项目类型	绝对额(亿元)	所占比重(%)
总计	2620.00	100.0
政府主导类	1748.80	66.7
交通运输项目	412.70	15.8
能源项目	261.00	10.0
城市基础设施项目	348.00	13.3
节能减排及生态建设项目	123.00	4.7
水利基础设施项目	80.50	3.1
社会民生项目	385.00	14.7
市场主导类	871.20	33.3
工业项目	574.00	21.9
旅游项目	96.00	3.7
农业产业化项目	32.30	1.2
商贸流通项目	44.70	1.7
房地产项目	124.20	4.7

注:资料来源:2012年重庆市国民经济和社会发展统计公报。

经济结构与防城港市有差异的是,重庆市第一产业所占比例相对较低,第二产业和第三产业的比例相对高于防城港。2012年,重庆市第一产业增加值940.01亿元,增长5.3%;第二产业增加值6172.33亿元,增长15.6%;第三产业增加值4346.66亿元,增长12.0%。三种产业结构比为8.2:53.9:37.9。

在工业方面年工业增加值5181.01亿元,比上年增长15.9%,占全市地区生产总值的45.2%。规模以上工业总产值13104.02亿元,比上年增长18.0%。其中,在规模以上工业中,多业支撑格局基本形成,汽车摩托车制造业总产值3540.28亿元,增长11.3%,占工业总产值的27.0%;电子信息产品制造业总产值2193.74亿元,增长60.4%,占工业总产值的16.7%;材料制造业总产值1966.69亿元,增长5.0%,占工业总产值的15.0%;装备制造业总产值1248.43亿元,增长14.4%,占工业总产值的9.5%;化医产品制造业总产值1055.64亿元,增长12.2%。

重庆市第三产业对经济贡献发展不断加强,尤其是金融服务业,2012年,金融业增加值915.65亿元,增长20.8%,占全市生产总值的8.0%,比重比去年提高1.0个百分点,对经济增长的贡献率达8.7%,拉动经济增长1.2个百分点。另外,电子信息、新型装备制造等发展迅速,逐步形成了电子、汽车"双轮驱动"和装备、化医、材料、能源、轻纺等"多点支撑"的工业发展格局。总的来看,二、三产业内部结构的调整和优化有力支撑了重庆市经济发展,结构调整的贡献显著、成效明显。

如表6-5所示,2012年重庆市货物进出口总额532.04亿美元,比2011年增长82.2%。其中,出口385.71亿美元,增长94.5%;进口146.33亿美元,增长56.1%。实现贸易顺差239.38亿美元,比上年增加134.80亿美元。其中,加工贸易方式实现出口总值153.64亿美元,比上年增长1.49倍,占出口总额的39.8%;机电产品出口259.28亿美元,增长96.6%,占出口总额的67.2%;高新技术产品出口148.66亿美元,增长1.52倍,占出口总额的38.5%;另外,重庆市对外贸易出口前三位的国家是美国、德国和荷兰,分别出口80.79亿美元、25.61亿美元和23.62亿美元,增长1.47倍、2.41倍和1.26倍。

2012年重庆市进出口总额及其主要分类情况 表6-5

指　　标	绝对数(亿美元)	比2011年增长(%)
进出口总额	532.04	82.2
出口额	385.71	94.5
#一般贸易	217.16	135.2
#加工贸易	153.64	149.1
#高新技术产品	148.66	152.2
进口额	146.33	56.1

注:资料来源:2012年重庆市国民经济和社会发展统计公报。

2012年,重庆市交通运输、仓储和邮政业增加值515.15亿元,比2011年增长9.1%,占全市地区生产总值的4.5%。公路通车里程累计达到12.07万km,其中高速公路 1909km。轨道交通营运里程 131km。全市行政村公路通达率 100%。如表 6-6 所示,全年主要运输方式完成货物运输 110135.89 万 t,比 2011 年增长 13.8%;完成旅客运输量 157797.9 万人,增长 11.5%。另外,2012 年重庆港完成货物吞吐量 12502.4 万 t,比上年增长 7.7%。

2012 年防城港市各种运输方式完成货物运输量及其增长速度 表 6-6

指 标	运输量(绝对量)	比 2011 年增长%
货物运输总量(万吨)	110135.89	13.8
铁路	2240.52	2.3
公路	95009	14.7
水运	12874.48	9.5
航空	11.9	5.2
旅客运输量(万人)	157797.9	11.5
铁路	3040.33	3.6
公路	152249	11.8
水运	1255.64	-5
航空	1252.94	13.7

注:资料来源:2012 年重庆市国民经济和社会发展统计公报。

2)港口建设发展评价

重庆港是长江上游唯一的国家外贸一类口岸,是长江上游最大的内河主枢纽港,现为全国内河主要港口,其水路沿线可直达长江 6 省 2 市,陆路与成渝、襄渝、渝黔、渝怀铁路和成渝、渝黔、渝沪等高速公路相连,水陆交通辐射整个西部地区和长江流域。

在与西部大城市的比较发展中,重庆港最得天独厚的突出优势就是交通便捷的黄金水道,长期作为西部主要交通枢纽,长江沿着全市有近 700km,横穿湖北直至上海出口,是我国西南地表水东泄入海的唯一通道,通过长江连接太平洋,从而成为我国既有的中西部内陆地区连接亚洲、欧洲、非洲、大洋洲、南美洲、北美洲的主要通道,加入全球供应网络。重庆已经成为了西部地区唯一拥有公、铁、水、空综合交通优势的特大城市,综合交通网平均密度及公路网、铁路网、内河航运密度均居西部第一,大运量、低成本水运优势独具,水陆空多式联运和"无缝衔接"潜力巨大。重庆港凭借区域内长江黄金水道和嘉陵江国家高等级航道干支相连的水运优势和多条铁路、公路大通道汇集的集疏运优势,腹地范围可深入西南地区云、贵、川和长江中、下游地区，成为西部地区能源、原材料及产成品交流的重要平台，西南地区大宗货物运输的集散中心，沿海地区经济向西部地区辐射的桥头堡。

重庆港作为长江上游的国家一类口岸以及重要内河枢纽，主要从事港口装卸、客货运输、水陆中转、仓储服务、物流配送、酒店旅游等多种综合性经营服务。目前重庆港由 3 个枢纽港区、5 个重点港区、9 个一般港区和 3 个港点共 20 个港区组成。

由于各港所处地理位置、依托城市、交通状况、自身规模和腹地经济发展水平不同，各港目前所发挥的作用也各不相同。其中主城、万州、涪陵和江津 4 港依托其良好的基础设置条件和区位优势，在全市港口中的地位突出，枢纽作用明显，在能源、原材料和外贸运输中的作用显著。其他港口则以服务本市及周边地区为主，但规模日趋扩大。重庆港重点发展依托“一干两支”长江、嘉陵江和乌江的主城、万州、涪陵、江津和永川、合川、奉节和武隆等港口，相应发展其他地方港口的总体格局已初步形成。

如表 6-7 和表 6-8 所示，截至 2012 年底，全港拥有生产性泊位共 1335 个，年综合通过能力 6619 万人次、7292 万 t(其中集装箱 56 万 TEU、汽车滚装 99 万辆)，全港实际完成货物吞吐量 6433.53 万吨。其中主城、万州、涪陵、江津四港共有生产性泊位 619 个，其中 1000t 级以上泊位 347 个(3000t 级以上泊位 69 个)，货物通过能力 5149 万 t。其中，自 20 世纪末三峡工程建设以来，长江沿线重庆以下集装箱、煤炭、化危品、汽车滚装和旅游客运等重点物资和旅游景区大型专业化码头设施建设全面展开；江津则在 60 年代末至 70 年代初在长江干线建设了一批煤炭、磷矿等专业化码头。目前重庆港港口专业化码头建设正在建设之中，将成为我国西部地区重要货类运输系统的重要组成部分，在包括成渝统筹城乡改革试验区的西部地区对外贸易和能源、原材料运输中作用突出。

重庆港港口专业化码头泊位基本情况表(截止到 2012 年)　　表 6-7

项　目		合计	集装箱	煤炭	矿石	化危品	滚装	普通客运
泊位数	小计(个)	423	9	120	59	53	6	176
	1000t 级以上	295	9	64	57	45	6	114
	3000t 级以上	91	9	5	10	8	5	54
码头泊位长度(m)		36732	2702	9423	5222	4114	900	14371
综合通过能力(万 t/万 TEU/万辆/万人)		1704/56/99/4377	56	1154	353	197	99	4377

重庆港现有泊位基本情况表(截止到 2012 年)　　表 6-8

企业名称	码头泊位名称	主要用途	前沿水深(m)	码头长度(m)	通过能力(万 t、万 TEU、万人次)	泊位数(个)	靠泊能力(t)
合计				19394	2566/1235	262	
重庆市轮渡公司	轮渡囤船码头	客货泊位	3.0	50	1/38	1	2000
巴南区港航管理处	麻柳嘴码头	客货泊位	3.5	100	2/7	2	1000
巴南区港航管理处	梅家梁码头	通用散货泊位	3.5	240	29	4	1000
巴南区港航管理处	木洞码头	客货泊位	3.5	100	20	1	2000
渝汰白股份有限公司	渝汰白趸	通用散货泊位	3.5	50	2	1	1000
巴南区港航管理处	沙湾码头	通用散货泊位	3.5	70	20	1	1000
巴南区港航管理处	水子坝码头	通用散货泊位	3.5	70	12	1	1000
巴南区港航管理处	李家沱公用码头	通用散货泊位	3.5	100	1	1	1000
重庆耀升煤业有限公司	田湾煤码头	煤炭泊位	3.5	70	5	1	1000
长寿第三搬装公司	流水沟 217 号码头	通用散货泊位	4.0	350	35	3	1000
长寿恒发装卸有限公司	棺材石码头	通用散货泊位	3.0	400	20	5	1000
长寿恒发装卸有限公司	鹞子岩煤码头	煤炭泊位	5.0	100	20	1	1500
长寿江南镇扇沱乡企办	洗背梁码头	通用件杂货泊位	3.5	300	3	1	1000
长寿县第二搬装公司	龙石梁绞车码头	通用件杂货泊位	3.0	100	25	1	1000
长寿野猫沱煤码头	野猫沱码头	煤炭泊位	3.0	50	10	1	1000
长寿自力搬运队	灰窑沱码头	煤炭泊位	3.5	120	6	1	1000

续上表

企业名称	码头泊位名称	主要用途	前沿水深（m）	码头长度（m）	通过能力（万t、万TEU、万人次）	泊位数（个）	靠泊能力（t）
川东石油公司	川东硫磺仓库码头	通用件杂货泊位	3.5	100	10	1	1000
四川驳船厂	白鹤嘴码头	通用件杂货泊位	4.0	100	6	1	1000
四川驳船厂	大趸船码头	其他泊位	5.0	100	1	1	1000
长寿区长明港埠装卸有限公司	观音滩码头	通用件杂货泊位	4.5	250	20	2	1000
长寿区公路养护段	川驳车渡码头	其他泊位	3.0	70	6	1	1000
中国石化四川维尼纶厂运输公司	川维化工码头	专业化泊位	5.0	200	15	1	1000
中国石化四川维尼纶厂运输公司	川维基建码头	通用散货泊位	5.0	200	20	2	1500
中国石化四川维尼纶厂运输公司	川维通用码头	通用散货泊位	5.0	100	13	1	1000
长寿区廖诗平搬运队	黄尾岭码头	煤炭泊位	4.0	100	7	1	1000
长寿恒发装卸有限公司	榨菜厂码头	通用散货泊位	5.0	200	5	1	1000
重庆钢铁集团	4号码头	其他泊位	3.5	68	20	1	1000
重庆市大渡口区交通局	白沙沱码头	其他泊位	3.0	290	12	4	1000
重庆市江北区港口管理所	鱼嘴大码头	客货泊位	5.0	100	1/2	1	2000
重庆市江北区港口管理所	鱼嘴沟码头	客货泊位	3.5	100	1/8	1	2000
重庆市江北区港口管理所	鱼嘴沙湾码头	通用散货泊位	5.0	100	2	1	1000
重庆长航川江港机厂	港机厂码头	通用件杂货泊位	3.0	100	1	1	1000
重庆港长寿分公司	白沙湾梭槽煤码头	通用散货泊位	4.0	30	25	1	1000
重庆港长寿分公司	白沙湾件杂码头	通用件杂货泊位	4.0	30	10	1	1000
重庆港长寿分公司	77(鹞子岩)码头	通用件杂货泊位	4.0	40	2	1	1000

续上表

企业名称	码头泊位名称	主要用途	前沿水深（m）	码头长度（m）	通过能力（万t、万TEU、万人次）	泊位数（个）	靠泊能力（t）
重庆港长寿分公司	长寿二码头	客泊位	3.0	40	1	1	1000
重庆港长寿分公司	76(洛碛)正码头	客泊位	4.0	45	1	1	1000
重庆港江北分公司	49(施家河)码头	通用件杂货泊位	4.0	67	1	1	1000
重庆港江北分公司	三洞桥码头	其他泊位	7.0	45	1	1	1000
重庆港江北分公司	嘉陵江河心泊位	通用散货泊位	3.0	40	20	1	1000
重庆港九九龙坡集装箱分公司	40(煤)码头	煤炭泊位	1.8	46	120	1	1500
重庆港九九龙坡集装箱分公司	39(二)码头	专业化泊位	4.0	91	60	2	1500
重庆港九九龙坡集装箱分公司	38(三)码头	专业化泊位	2.5	36	60	1	1500
重庆港九九龙坡集装箱分公司	37(四)码头	通用件杂货泊位	2.5	60	25	1	1500
重庆港九九龙坡集装箱分公司	36(五)码头	煤炭泊位	2.5	40	25	1	1500
重庆港九九龙坡集装箱分公司	35(六)码头	粮食泊位	2.5	63	30	1	1500
重庆港九九龙坡集装箱分公司	34(滚装)码头	其他泊位	2.5	55	10/10	1	1500
重庆港九九龙坡集装箱分公司	港电码头	通用散货泊位	2.5	45	5	1	1000
重庆港九九龙坡集装箱分公司	集装箱码头	集装箱泊位	2.8	34	40	1	1500
重庆港九九龙坡集装箱分公司	杂件码头	通用件杂货泊位	2.8	38	30	1	1500
重庆港九九龙坡集装箱分公司	特大件码头	专业化泊位	3.0	287	15	1	1500
重庆港九旅游客运总站	红岩码头	粮食泊位	4.0	54	15	1	1000
重庆港九旅游客运总站	2码头	客泊位	3.0	69	26	2	3000
重庆港九旅游客运总站	3码头	客泊位	3.0	144	1/490	2	3000

续上表

企 业 名 称	码头泊位名称	主要用途	前沿水深（m）	码头长度（m）	通过能力（万 t、万 TEU、万人次）	泊位数（个）	靠泊能力（t）
重庆港九旅游客运总站	4 码头	客泊位	3.0	69	1	1	3000
重庆港九旅游客运总站	5 码头	客泊位	3.0	60	1	1	3000
重庆港九旅游客运总站	6 码头	通用散货泊位	3.0	65	1/200	1	3000
重庆港九旅游客运总站	7 码头	客泊位	3.0	72	1/210	1	3000
重庆港九旅游客运总站	8 码头	客泊位	3.0	65	1/100	1	3000
重庆港九旅游客运总站	10 码头	客泊位	3.0	68	1	1	3000
重庆港九旅游客运总站	11 码头	客泊位	3.5	72	1	1	3000
重庆港九旅游客运总站	12 码头	客泊位	3.5	69	1	1	3000
重庆港九旅游客运总站	13 码头	客泊位	3.5	65	1	1	3000
重庆港九旅游客运总站	15 码头	客泊位	3.5	30	1	1	3000
重庆港九旅游客运总站	48(玄坛庙)码头	客泊位	3.5	65	1	1	1000
寸滩集装箱公司	集装箱 1#码头	集装箱泊位	4.0	221	224/28	2	3000
寸滩集装箱公司	商品汽车滚装码头	商品汽车滚装泊位	4.0	400	12/15	1	3000
重庆港华产公司	港电码头	通用件杂货泊位	2.5	45	5	1	1000
重钢新港装卸运输公司	新港集装箱码头	集装箱泊位	3.0	150	1/3	2	1000
重钢新港装卸运输公司	新港浮吊码头	通用件杂货泊位	3.0	40	25/5	1	1500
直属处菜园坝港航站	兜子背木材码头	通用件杂货泊位	4.0	60	5	1	1000
直属处菜园坝港航站	兜子背钢材码头	通用件杂货泊位	4.0	75	10	1	1000
直属处储奇门港航站	储奇门码头	通用散货泊位	3.0	220	38	3	1000

续上表

企 业 名 称	码头泊位名称	主要用途	前沿水深（m）	码头长度（m）	通过能力（万 t、万 TEU、万人次）	泊位数（个）	靠泊能力（t）
直属处九渡口港航站	粗柄碛码头	通用散货泊位	3.0	360	68	3	1000
重庆市小南海水泥厂	小南海水泥厂码头	通用散货泊位	3.0	70	1	1	1000
重庆东风船舶工业公司	船厂码头	商品汽车滚装泊位	3.0	50	20/4	1	1000
重庆郭家沱港埠公司	滚装码头	滚装泊位	3.0	200	525/35	2	3000
直属处茄子溪港航站	九一五码头	通用件杂货泊位	3.0	80	10	1	1000
重庆轮船总公司	金川油码头	成品油泊位	2.5	60	8	1	1000
中油朝阳河油库	朝阳河油码头	成品油泊位	3.0	50	15	1	2000
大达石化仓储公司	大班油码头	成品油泊位	2.5	60	10	1	1500
康华运输公司	偏岩子码头	通用件杂货泊位	3.0	100	12	2	1000
中国石化四川维尼纶厂中转站	化工码头	通用散货泊位	6.8	150	13	1	1000
中国石化四川维尼纶厂中转站	浮码头	通用散货泊位	6.8	150	20	1	1000
重庆市第一建筑材料厂	建材码头	通用散货泊位	4.0	1000	30/30	2	1000
四川储备物资管理局 157 处	157 处码头	成品油泊位	5.0	50	1	1	2000
渝北区港航管理所	洛碛客货码头	客货泊位	5.0	120	31/10	1	1000
西南合成股份有限公司	合药码头	液体化工泊位	4.0	120	6	2	1000
重庆川庆化工厂	川庆生产码头	液体化工泊位	4.0	120	8	2	1000
长江船务公司	长航客渡码头	客泊位	4.0	60	10	1	1000

目前,重庆已形成河道、航空、铁路、公路相结合地综合运输体系,成为长江上游和西南地区最大的水陆空交通枢纽。重庆港现有成渝、川黔、襄渝、渝怀、达渝、达万等铁路干线和川滇、川黔、川湘、川鄂、成渝、汉渝等 11 条公路干线,成渝、渝宜、渝黔、渝邻、渝武、渝遂等数条高速公路在重庆交汇,形成了四通八达的陆上交通网络。2006 年,重庆完成“8 小时重庆”通达工程,基本完成“半小时主城”畅通工程。渝怀铁路、达万铁路、遂渝铁路、轨道交通二号线、江北国际机场扩建、万州五桥机场、寸滩集装箱码头一期等一批重大交通工程建成投入使用。渝涪、渝合、渝黔、长万和环城高速公路建成通车。重庆是全国重要的公路主枢纽节点城市,有国家高速公路 7 条,一般国道 5 条。目前,重庆已初步形成“一环七射”高速公路骨架网。总里程共 1165 公里。如图 6-5 所示,到 2012 年,已经到实现“4 小时重庆”、“8 小时周边”。预计到 2020 年建成“三环十射三联线”3600km。连通成渝经济带、长三角、珠三角、东南亚等地区。

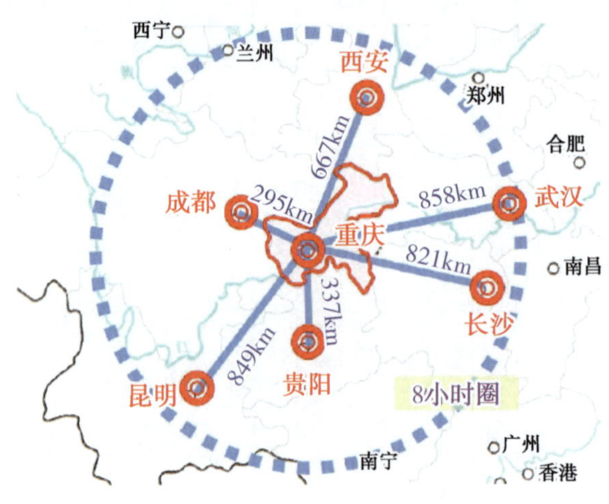

图 6-5 重庆 8 小时周边城市里程示意图(截至 2012 年底)

重庆是西南地区重要的铁路枢纽,铁路总运营里程达 1257km,运营能力达到 7500 万 t。如图 6-6 所示,现有一枢纽(重庆枢纽)、6 干线(成渝、渝黔、襄渝、达万、遂渝、渝怀线)和二支线(3 万、万南线)。按照规划,重庆将作为全国第 5 大铁路枢纽,规划建设 13 干线(成渝、渝黔、襄渝、渝怀、遂渝、渝利、兰渝、渝万郑、成渝城际、渝昆、安张、黔张常、黔毕昭铁路)、3 支线(三南涪、达万利、黔恩铁路),预计营运总里程将达到 2144km。

与防城港不同,重庆拥有临近长江的水运资源优势,航运发展条件优越。长江、乌江等国家高等级航道组成叶脉状航道体系,贯穿全市70%以上区县,具有承东启西、南北汇集的区位优势,是西部地区综合交通运输体系的重要组成部分,在西部大开发及长江上游经济中心建设中有着重要的战略地位。重庆是全国水运主枢纽港口之一,是长江上游最大的主枢纽港口城市,是我国西南地区江海联运、水陆换装的重要交通枢纽和外贸口岸。

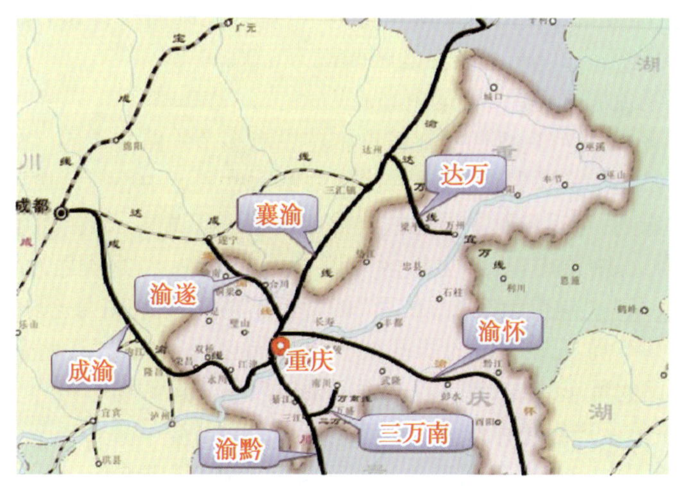

图6-6 重庆市主要铁路线路(来源:《重庆市铁路网中长期规划示意图》)

在内河航道方面,重庆地区现有长江、嘉陵江、乌江、涪江、綦江、大宁河等136条航道,总里程达4337余km,覆盖全市70%以上的区、县(市)。长江洪水期通行4000t级船舶,枯水期通行2000t级船舶,嘉陵江和乌江通行500t级船舶。2010年,重庆已基本建成“一干两支”航道骨架体系,实现万吨级船队通江达海。航道等级提高,四级及以上航道里程达到1400km,其中一级航道527km,三级航道297km,重庆航道改善里程约2200km。以长江、嘉陵江、乌江“一干两支”航道为骨架。以小江、大宁河、梅溪河、綦江、渠江、涪江等地区重要航道为支撑,其他航道为补充,形成层次分明、干支贯通、通江达海的叶脉型航道体系。

目前,重点物流设施建设发展围绕三大枢纽性物流园区展开,即重庆寸滩物流园区、重庆铁路物流园区和重庆空港物流园区,其中寸滩物流园区和铁路物流园区是围绕港口物流建设的重要组成。

(1)重庆寸滩物流园区

重庆寸滩物流园区位于重庆市江北区寸滩,与寸滩港区接壤、与重庆出加工区和“二环八射”的高速公路网相连,具有明显的区位优势,是主城寸滩港区综合配套的重点项目。规划面积 1100 亩,为综合性物流园区,由保税仓储区、生产资料物流区、流通加工区、滚装汽车泊移区构成。功能设置主要有集装箱货物集散、拼箱、中转、配送、流通加工、立体仓储、口岸功能、国内国际货代、城际快运、物流 CBD(商务配套)、物流信息服务、商品展示批发及电子商务。主要服务对象为重庆及周边地区的机械加工、汽车及零部件等生产企业和外贸企业。2008 年 11 月 12 日,国务院正式批准设立重庆两路寸滩保税港区,规划控制面积共 8.37km^2,分为水港和空港两个功能区。其中,水港功能区面积为 6.00km^2。

(2)铁路物流园区(多式联运中心)

目前,重庆围绕港口、机场等枢纽设施建设有多个铁路物流园区或多式联运中心服务设施,如九龙联运中心、寸滩—渝怀铁路水铁联运中心等。按照"客内货外、客货分流"的原则,将逐步对主城区铁路枢纽规划进行调整,即中梁山以东、主城区内侧以客运为主,中梁山以西、主城区外侧以货运为主。"重庆西"人和场编组站功能,及"重庆东"、"重庆南"、"重庆西"的货运站功能,都将外移至中梁山以西、主城区外侧,统一布局到新规划的西部现代物流园区内。此外,还将新建一条东西向,经重庆北站的货车外绕专线,直达中梁山以西的货运站场。

3)港口主体生产经营评价

2001 年 6 月 21 日,原重庆港务局进行改制,组建重庆港务(集团)有限责任公司,重庆港告别了 50 年政企合一的传统体制,改制成为具有现代企业制度雏形的大型国有企业。改制后的重庆港务集团,已初步实现了传统产业的结构性调整,企业的核心竞争力明显增强,港口吞吐量、装卸自然吨、集装箱吞吐量、企业总收入等多项生产经营指标取得历史性突破,经济效益逐年提高,企业持续发展能力不断增强。

2006 年,为加快发展重庆现代物流业,将重庆打造成为长江上游航运中心。原重庆港务集团、重庆物资集团、万州港口集团、涪陵港务公司的国有资产进行战略重组,组建了重庆港务物流集团。重庆市政府把主要港口与商贸物流资源进行整合,打造全新的"港口+商贸"的综合物流形态,这在全国尚属首创。重庆港务物流集团作为一家大型的国有综合物流企业,承担着重庆市重要港口项目投资、建设、经营、对外招商和管理等职能职责,是重庆打造长江上游航运中心最重要的支撑企业,在重庆 100 强企业中排名第 23 位,在长江内河港口中排名第 4 位。在业务上,重庆港务物流集团主要以港口、航运、综合物流及其延伸服务为主,拥有下属分、子公司 36 个,其中分公司 6 个、独资公司 11 个、国有控股公司 9 个(控股上市公司 1 个)、参股公司 7 个、国有事业单位 3 个,分布在重庆市 16 个区县和长江近 700km 岸线范围之内。

此外,以重庆港务集团为主要发起人,联合成都铁路局、重庆铁路分局、重庆长江轮船公司、张家港港务局共同发起的重庆港九股份有限公司,是长江内河港口第一家上市的公司。

重庆港务物流集团自整合以来,进入高速发展期。目前,重庆九龙坡港区成为长江上游功能齐全,设施先进,机械程度最高的水陆联运枢纽港区;蓝家沱港区成为西南化肥集、疏、运中心;猫儿沱港区成为云、贵两省物资出口长江的重要门户;朝天门成为客运、旅游的集散中心。港口年外贸进出口量占重庆地区外贸进出口的80%以上,集装箱从1993年的56TEU,发展到2012年的86.9万多TEU,年吞吐量占重庆地区运量90%以上,重庆港成为长江上游主枢纽港。

按照"规划一批、建设一批、投产一批、储备一批"的持续发展原则,加快推进"一城一港"的构建。先后启动了寸滩工程、长寿化工码头、猫儿沱堆场的扩建、果园码头、万州江南集装箱码头、海关国检综合联检大楼等一批重点工程建设。预计到2015年,资产总额达到250~260亿元;经营规模实现330~350亿元;货物吞吐量上亿t;集装箱吞吐量300万TEU。

第 2 章　发展港口物流枢纽西部典型的定位分析

港口物流枢纽发展是港口物流逐步升级发展后的新形式,对我国物流业发展和产业结构调整具有重要的推动作用。基于 SWOT 定性分析方法,按照港口物流枢纽的空间、要素和功能三个角度,结合典型港口物流枢纽发展自身的优势、劣势、机会、挑战,分别确定防城港、重庆港发展港口物流枢纽的定位。

2.1　防城港发展港口物流枢纽的定位分析

2.1.1　防城港发展港口物流枢纽的优势和劣势

1) 防城港发展港口物流枢纽的优势

防城港在港口物流枢纽上的发展优势主要集中在地理区位、经济发展、临港工业等方面:

(1)区位优势为其提供便利的出海条件

防城港地处华南经济圈、西南经济圈与东盟经济圈的结合部,与越南相连,有 5 个国家级口岸,是我国唯一与东盟有陆地和海上通道的城市,也是内陆腹地进入中南半岛东盟国家最便捷的海陆门户。

如表 6-9 所示,防城港至南宁高速公路仅 143km,直通港口,连通国家定位的"西南出海大通道",且直达广西和云、贵、川、渝主要地区和城市。防城港至东兴一级路把国家公路网与越南乃至泛亚公路网联成一体,是我国进入印支半岛一条便捷的陆路通道。

防城港市到西南各地公路运距表(单位:km)　　表 6-9

起＼至	南宁	玉林	柳州	桂林	都匀	贵阳	昆明
防城港市	143	260	368	505	650	800	1100

注:资料来源:《中国高速公路及城乡公路网地图集》(2012 年)。

如表 6-10 所示,铁路经南防线与南昆、内昆、湘桂、黔桂、黎湛、黎钦、枝柳线等相连,直通港口。西南地区进出口货物经南昆线从防城港进出,比从其他华南港口中转缩短内陆运距多达数百 km。

西南各地到防城港市铁路运距表(单位:km) 表 6-10

起 \ 至	昆明东(南昆线)	贵阳东(黔桂线)	重庆南(黔桂线)
防城港市	984	945	1405

注:资料来源:《中国铁路线路运营里程》(2012 年)。

(2)不断增强的经济实力将提供巨大需求空间

近几年来,在自治区党委、政府的正确领导下,经过全市上下的共同努力,经济发展不断加快。防城港地区生产总值、财政收入、城镇居民人均可支配收入、房地产开发投资等指标增速和外贸进出口总额连续两年居全区第一位,工业增加值、农民人均纯收入等指标增速位居全区前列。国民经济的快速发展对物流有很大需求。

(3)临港工业集聚速度的加快将产生大量物流需求

随着防城港市港口和临港工业的加速发展,以及大批重大项目的相继落户。企沙半岛钢铁项目以及一大批临港工业的建设,将大大充实防城港市工业的整体实力,加速城市工业的快速发展,为城市的经济腾飞注入强大的动力。如图 6-7 所示,目前,防城港工业发展迅速,企沙、东湾、茅岭、防城河西等工业区已初步形成粮油加工、钢铁、林产化工、制糖等 4 大支柱工业。随着这些临海工业企业的投产和建设发展,防城港“以港引工、以工促港、港工互动”进入了良性循环期。根据防城港市产业发展将依托深水港和企沙重工业基地,如表 6-11 所示,重点发展以钢铁、能源、石化、修造船、重型机械、食品为主的临海大工业。同时,以企沙半岛、渔万半岛、江山半岛为核心,统筹规划,优化布局,形成“三岛三湾一带”区域产业发展格局。企沙半岛和东湾重点布局钢铁、能源、重型机械、船舶修造等重化工业,打造现代化的大型临海工业区;渔澫半岛和西湾重点发展港口、物流、仓储、中转贸易、食品加工,打造重要的货物转运中心和临港工业加工区。目前已经形成了企沙工业区、公车工业园区、河西工业集中区、茅岭工业园区、上思县工业园区和江平工业集中区。

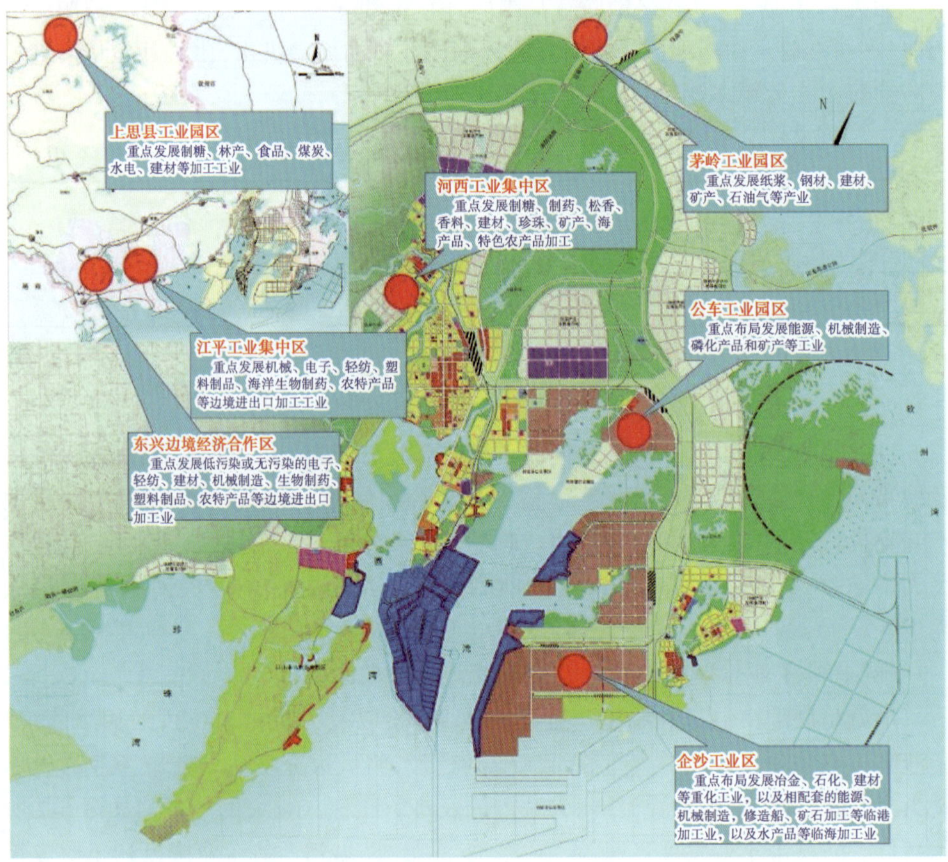

图 6-7　防城港市工业园区空间分布示意图(《防城港市现代物流业发展规划(2009—2015 年)》)

防城港市工业园区发展现状　　表 6-11

工业园区	发展内容
企沙工业区	依靠深水码头,重点布局发展冶金、石化、建材等重化工业,与重化工相配套的能源、机械制造、修造船、矿石加工等临港加工业,以及水产品等临海加工业。其中钢铁方面,近期建设规模为年产 1000 万 t 钢铁项目,远期发展到年产 3000 万 t 规模
公车工业园区	结合布局钢铁厂和能源等大型工业相配套的上下游产业以及物流仓储等行业,重点发展能源、机械制造、磷化产品和矿产等工业
河西工业集中区	重点发展制糖、制药、松香、香料、建材、珍珠、矿产、海产品、特色农产品加工

续上表

工业园区	发展内容
茅岭工业园区	重点发展纸浆、钢材、建材、矿产、石油气等产业
上思县工业园区	重点发展制糖、林产、食品、煤炭、水电、建材等加工工业
东兴边境经济合作区	重点发展低污染或无污染的电子、轻纺、建材、机械制造、生物制药、塑料制品、农特产品等边境进出口加工工业
江平工业集中区	作为防城港市边境出口加工工业的重要区域,重点发展机械、电子、轻纺、塑料制品、海洋生物制药、农特产品等边境进出口加工工业

(4)本地物流市场主体逐步做大做强

中国防城外轮代理有限公司、中远等各类物流企业快速成长,物流服务市场逐步形成。通过改组改造传统国有运输、仓储企业,发展民营物流企业,引进国外物流企业,以及实现生产流通企业物流社会化等途径,发展了一批专业化物流企业。一些大型工业企业开始重视现代物流技术的应用,以订单为中心,改造现有业务流程,在生产组织、原材料采购、产品销售、配送和运输等方面实现一体化运作,努力降低库存,减少资金占用。商业企业加快改组改造,大力发展连锁经营、统一配送和电子商务。物流的服务功能不断增强,物流技术装备加快更新换代。

2)防城港发展港口物流枢纽的劣势

目前,防城港港在临港工业、物流设施等方面存在一定问题:

(1)临港工业附加值低且基础相对薄弱

从目前防城港临港工业的内部结构来看,农副食品加工业、黑色金属冶炼及压延加工业和化学原料及化学制品制造业等资源型工业比重较高,中高技术产业比较缺乏,工业基础薄弱,缺乏有竞争力的产业集群,产业以原材料工业为主,产业链条短,缺乏上下游等环节的相互衔接与延伸,产品附加值低。现状的工业企业以中小企业为主,规模偏小,缺乏对区域经济产生强大拉动效应的大集团、大企业,缺乏一批拥有自主知识产权的知名品牌和国际竞争力较强的优势企业。

(2)物流基础设施薄弱且相对分散

防城港物流基础设施薄弱主要表现为总量不足,不同交通方式之间、交通与仓储设施之间的配套性、兼容性较差。保税物流设施建设滞后。特别是渔万半岛作为半岛南防铁路以东为防城港港区及临港产业集聚区,依托港口,具有良好的区位和运输条件,是城市产业布置的核心区域。目前进驻有大海粮油等规模企业7家,主要为食品加工、石化工业和矿石加工，并聚集了一批小型加工企业。但随着港口规模的扩大和产业的进一步集聚，导致港口后方物流用地十分紧张。并且许多用地都掌握在一些业主手中，没有得到充分利用；同时，物流基础设施有待整合和发展。防城港市物流基础设施处于分散运营状态，功能性服务的配套性、兼容性差，物流组织难于集聚，尤其是港口整体发展和配套港口服务、城市产业布局与发展具有综合物流服务功能的物流园区、物流中心建设发展缓慢或缺乏整合，部分已经建成的物流基础设施也缺乏有效利用，尚不能支撑区域物流服务功能。

(3)港口专业化程度低且结构性矛盾突出

从目前看，防城港港口专业化散货泊位严重不足，码头自动化程度不高，与港口运输国际化、专业化和规模化的发展要求不适应。至今尚未设有适应形势发展需要的国际性物流保税园区等设施，与国家西部大开发战略、促进中国与东盟发展贸易，尤其是促进我国西南地区货物就近出海走向世界的要求还不适应。

(4)综合运输体系中铁路集疏运存在较大瓶颈

目前，80%左右的货物陆路集疏运通过铁路运输完成，对铁路运输的过度依赖也成为制约港口发展的重要因素，而目前铁路输送成为制约港口发展的瓶颈。目前，南宁至钦州的铁路设计能力为单向 1919 万 t，是防城港、钦州港和北海港共用的主要集疏运通道。钦州至防城港铁路设计能力为单向 1535 万 t，由于到发不均及沿途地区消耗，能用于港口集疏运的实际能力不足 55%。根据规划，2012 年港口的货物吞吐量将突破 3950 万 t，铁路集疏运量将超过 3000 万 t，单向运输量将突破 1500 万 t，不仅南防线能力不足，南昆、黔桂、湘桂等铁路的能力也将全面紧张，铁路输送能力成为港口发展的制约因素。

(5)物流管理条块分割问题严重

体制和机制过多导致管理体制条块分割，资源整合难度大。物流的组织和布局不尽合理，条块分割、地区封锁等极大地影响了物流资源的有效整合和一体化运作，阻碍着物流产业的社会化进程，导致物流产业的集约化经营优势难以发挥，规模效益难以实现。物流发展缺乏统一协调的产业政策体系支持，很多政策措施尚未落到实处。

(6)物流及相关人才较为缺乏

目前，防城港地区既缺少高层次的物流管理人才，也缺少企业层面的管理人才，而大量的操作人才更是严重短缺。物流技术总体水平还较低，发展现代物流业所需要的高素质人才还相当匮乏。防城港市现有物流企业大多是从传统物流企业经过新的管理理念输入而发展起来的，物流从业人员主要是原有的从事运输、仓储等的员工，物流业务素质不高。同时，物流专业教育和培训机制尚未形成，企业从事物流工作的人员大多未经过正规培训，缺乏现代物流人才支撑。人才问题已经成为制约防城港市物流发展的"瓶颈"。

2.1.2　防城港发展港口物流枢纽的机遇和挑战

1）防城港发展港口物流枢纽的机遇

在发展机遇方面，防城港在行业发展趋势、区域合作加强、产业发展政策等方面面临发展机遇如下：

从全球港航业发展趋势来看，经济全球化和科技创新促进现代物流业加快发展。经济全球化和区域经济一体化的迅猛发展，促进了经济资源的全球性流动，为标准化物流服务创造了巨大市场需求。互联网和电子商务技术广泛应用，供应链管理技术迅速普及，物流基础设施和物流装备进一步完善，为现代物流业的发展带来良机。并且，随着我国经济进入新的发展阶段和战略机遇期，为进一步转变经济增长方式、提高经济运行的质量和效益，越来越多的工商企业开始通过分离物流服务等形式来增强核心竞争力。作为服务性产业，现代物流业既为其他产业发展提供支撑，又成为拉动国民经济增长的重要力量。依托城市较为雄厚的经济基础、日趋活跃的消费需求，尤其是钢铁、冶金、建材建筑等产业的快速发展，重要的能源、原材料基地地位的逐步巩固，为现代物流业壮大成为本市的主导产业创造了条件。

国家重视发展现代物流产业。从国家发展战略思路来看，现代物流业地位得以确立。2006 年 3 月，全国人大四次会议通过的《国民经济和社会发展第十一个五年规划纲要》中提出了要"大力发展现代物流业"，明确了"十一五"时期我国现代物流业发展的战略目标和重点任务，即"推广现代物流管理技术，促进企业内部物流社会化，实现企业物资采购、生产组织、产品销售和再生资源回收的系列化运作。培育专业化物流企业，积极发展第三方物流。建立物流标准化体系，加强物流新技术开发利用，推进物流信息化。加强物流基础设施整合，建设大型物流枢纽，发展区域性物流中心。"我国现代物流业地位在国家规划层面得以确立，为各地加快物流业的发展营造了良好的宏观政策环境。

区域合作是促进防城港实施港口物流枢纽模式的重要基础，其中包括中国—东盟、泛珠三角、泛北部湾等区域合作，如中国—东盟区域合作的不断加强。中国—东盟自由贸易区在 2010 年建成后将给防城港市的发展带来难得的发展机遇，尤其是对其港口、临港产业的发展带来新的发展契机。首先，防城港市可充分利用枢纽港口的有利地位,发挥区位优势和资源优势,结合国民经济发展战略,大力培育港口经济,发展壮大临港产业。其次,防城港作为西南出海大通道的枢纽港,背靠云贵川,面向东南亚,将会在外向型经济的促进下,带动西南经济腹地与东盟国家的经济合作,从而促进我国西南欠发达地区的经济发展。第三,中国—东盟自由贸易区的出现为我国与东南亚的经贸合作,当然也包括了广西、云南这些省区与东南亚的经济合作,尤其是贸易方面的合作,提供了一个制度框架和机制保障,从而更有利于发展与东盟国家的经济合作。

按照《中国—东盟自由贸易区框架协议》,中国—东盟自由贸易区将是一个拥有 18 亿消费者,国内生产总值近 2 万亿美元,贸易总额达 1.2 万亿美元的经济区域,是世界上人口最多的自由贸易区,也是由发展中国家组成的最大的自由贸易区,从经济规模上看,将是仅次于欧盟和北美自由贸易区的全球第三大自由贸易区。广西将抓住这一机遇把广西建成中国—东盟贸易区的“桥头堡”。

泛珠三角区域经济合作加强。改革开放初期,缘于地域优势与政策优势,珠三角经济得到迅猛发展。长期以来,珠三角产业主要以轻工业为主,多为低投入、低技术含量、低附加值的劳动密集型产业,日渐面临产业结构优化升级的挑战。科技竞争力相对较弱直接导致珠三角经济发展动力后劲不足。为此,提出大珠三角的概念,将香港、澳门与传统的珠三角组成“大珠三角”,香港发达的金融业等现代服务业会为珠三角的高新技术产业提供资金等支撑,香港为珠三角的高新技术产业联结国际提供了重要平台。2004 年 6 月,福建、江西、湖南、广东、广西、海南、四川、贵州、云南九个省区与香港、澳门特别行政区共同签署了《泛珠三角区域合作框架协议》。为此,珠三角经济发展腹地得到进一步拓展。随着泛珠三角区域协作的深入,以及区域经济合作的加强。广西与泛珠三角区域其他省及各城市之间的商贸往来不断增加,特别是防城港作为泛珠三角区域内经济发展实力不很强的城市将加快发展步伐,同时加强与区域内其他城市的合作和贸易往来,将产生大量的跨区域物流。

泛北部湾地区经济社会发展。中国—东盟自由贸易区作为新生的南南型区域经济一体化组织,在历经三次中国—东盟合作论坛后,广西提出的泛北部湾合作战略构想,在得到中国国家领导人充分肯定和积极支持的同时,也得到了东盟有关国家领导人的积极回应和广泛认同。随着 2007 年泛北部湾合作论坛胜利召开,这一战略构想从共识走向实践,已取得了阶段性重要成果。胡锦涛总书记在党的十七大报告中明确,国家将进一步“实施自由贸易区战略,加强双边多边经贸合作”和“遵循市场经济规律,突破行政区划界限,形成若干带动力强、联系紧密的经济圈和经济带”,对于建设中国—东盟自由贸易区和泛北部湾合作战略构想,具有重大意义。

北部湾经济区的开发开放。北部湾经济区功能定位是:立足北部湾、服务“三南”、沟通东中西、面向东南亚,充分发挥连接多区域的重要通道、交流桥梁和合作平台作用,以开放合作促开发建设,努力建成中国—东盟开放合作的物流基地、商贸基地、加工制造基地和信息交流中心,成为带动、支撑西部大开发的战略高地和开放度高、辐射力强、经济繁荣、社会和谐、生态良好的重要国际区域经济合作区。提升国际大通道能力,构建开放合作的支撑体系。加快建设现代化沿海港口群,打造泛北部湾海上通道和港口物流中心,构筑出海出边出省的高等级公路网、大能力铁路网,形成高效便捷安全畅通的现代综合交通网络。随着北部湾经济区的开放开发,将给北部湾各城市带来重要的发展机遇,防城港市将抓住这一机遇。一方面加快本市社会经济发展的同时,加快各项基础设施建设;另一方面,防城港市作为区域内发展速度相对落后的城市,更加注重与其他发达城市的联系和商贸活动,带动人流物流的发展。因此,随着北部湾经济区的开发开放,防城港市将产生大量的跨区域物流。

2)防城港发展港口物流枢纽面临的挑战

防城港尽管具有其独特的发展优势,也有一定的发展机遇,但面临以下的发展挑战:

首先,全球港航市场依然不景气。国际金融危机导致全球贸易量迅速下滑,目前的港口、航运业一直在承受吞吐量下降、运量萎缩、运价跌至低谷的压力。金融危机促使经济结构要进行调整,港航业的市场需求变得更加模糊不清,新的市场导向不明确。港口航运企业难以对新的需求结构与产业结构做出符合市场情况的投资规划与建设规划,港口、航运形势不容乐观,港航企业发展更加困难。

其次,配套政策仍然不够完善。近年来,各级政府都出台了一系列政策措施来扶持服务业发展,但当前对物流业的管理仍以分行业管理为主,物流产业发展的配套扶持少,没有一个专门全面统管物流产业发展及政策落实的综合管理机构。在对物流业的产业整体发展布局及扶持配套政策方面,也是指导性的较多,操作性的较少,在各项国家扶持政策的落实上仍不够深入。对物流发展所需要的税收、土地使用、运输服务等方面的扶持政策体系尚未建立。

再次,物流服务水平仍然不高。目前,由于防城港都作为西部地区城市,物流产业相对于中东部城市发展滞后,绝大多数物流企业规模较小、设备简陋、技术落后、服务功能单一,主要提供运输和仓储等基本的服务,在流通加工、信息应用、库存管理、成本控制等增值服务方面,尤其在物流方案设计和全程物流服务等方面难以提供良好服务。部分企业固守传统的思维定式，追求大而全、小而全，在物流管理和运作上习惯于自成体系，自我服务，导致企业物流成本居高不下，现代物流市场发展缓慢。其中，多数物流企业实力有限，难以提供高效率的现代物流服务，存在低附加值、被动适应、供给零散、成本高、市场乱等问题；行业技术、装备和运作水平落后，车辆结构单一；主要业务为运输、托运和少量的搬运装卸，至于深层次的配送、信息等服务则很少涉及。物流企业规模偏小、专业化程度较低、信息化水平较落后，物流业的组织化和规模化程度低。虽然各种运输方式比较齐全，但总量不足，相互之间的配套性、兼容性较差，系统功能不强，综合性货运枢纽发展缓慢，多式联运网络尚未形成。多数物流企业对信息的收集、整理、开发、使用等尚处于手工操作阶段，自动识别、条形码技术、全球卫星定位系统等先进信息技术的应用刚刚起步。专业化物流服务的比重还比较低，物流服务企业规模偏小，多数仍停留在货物代理、仓储、库存管理、搬运和干线运输等方面，效率低，速度慢，损耗大，采购及销售成本居高不下。并且，许多企业不重视供应链管理，物流活动主要依靠企业内部的自我服务来完成，自营物流方式基本为仓库加车队，物流效率处于低水平、高消耗状态，限制和延缓了对高效率的专业化、社会化物流的需求。物流的专业化、规模化、社会化程度低，第三方物流发展滞后。由于信息不对称、不通畅，物流的有效供给和有效需求对接困难。

2.1.3 防城港发展港口物流枢纽的 SWOT 分析

基于对防城港优势、劣势及机遇和挑战的分析，按照港口物流枢纽的空间、要素和功能三个方面，构建 SWOT 分析框架，如表 6-12 所示。不难看出，在国家推进现代物流产业发展、区域经济发展规划逐步落实的背景下，防城港拥有优越的港口条件和区位优势，初步具备建设成为国际物流枢纽的条件，其港口发展依托于全球经济一体化，形成清晰的物流供应链和产业链，并致力于形成在供应链上具备支配能力。因此，防城港可定位于国际物流枢纽的发展方向，选择增长型（SO）战略，应快速发展和积极推进，发挥防城港在区域经济中的地理优势和产业优势，成为北部湾地区，乃至整个泛北部湾地区的港口物流枢纽；并结合国家现代物流产业发展，北部湾经济区发展政策，推进防城港地区临港工业发展，强化其“大进大出”的枢纽功能。同时，由于防城港起步慢，起点低，劣势也非常明显，需从外部依靠转变为内生增长的发展模式，优化本地产业结构，增强抵御外部风险的能力，加强与周边港口的合作，在国际港口物流系统中构建共赢的局面。

基于对防城港港口物流枢纽发展的 SWOT 分析　　表 6-12

	优 势 S	劣 势 W
从港口物流枢纽的空间、要素、功能三个方面进行分析	在空间上,区位条件优越,作为西南地区重要出海口之一; 在要素上,经济规模扩大,产业结构优化; 在功能上,临港工业集聚效应明显,物流产业发展规模不断扩大	在要素上,港口物流相关行业的配套政策不够完善,行业管理体制条块分割问题; 在功能上,港口配套的物流设施薄弱分散,物流服务水平仍然落后,物流专业人才及其缺乏
机 遇 O	SO 分 析	WO 分 析
国家大力推进现代物流产业发展,并制定产业发展规划; 经济全球化进一步激发地区物流需求增长; 区域合作加强创造大量物流需求和人才交流; 北部湾经济区发展规划等多重政策叠加,优化发展政策环境	在空间上,发挥防城港在区域经济中的地理优势和产业优势,成为北部湾地区,乃至整个泛北部湾地区的港口物流枢纽; 在要素上,加大港口、物流园区等基础设施建设,构建信息平台等; 在功能上,结合国家现代物流产业发展,北部湾经济区发展政策,推进防城港地区临港工业发展,强化其“大进大出”的枢纽功能	在要素上,结合国家产业政策和北部湾经济区政策,制定适合防城港本地发展的政策措施,优化产业环境,加大设施投资力度等;区域合作不断加强的趋势,提升当地物流服务水平及人才素质;适时推进物流行业体制改革,为推动相应政策创造条件
金融危机后我国港航产业发展面临严峻的市场环境; 周边港口快速发展加剧地区港口之间的竞争程度; 腹地市场经济发展的不确定性	优化临港产业结构,提升本地区优势产业发展规模,从依赖外部转变为依靠自身的货源招揽模式; 利用区位优势与周边港口合作,减少不必要的正面竞争; 与广西北部湾其他港口在功能上错位发展,避免内耗式竞争	外部环境复杂性易对防城港本地港口相关产业造成冲击; 周边港口激烈竞争,对防城港发展本地物流产业,培育物流人才造成一定的压力; 腹地经济发展的不确定性会对港口发展需求造成影响

2.2 重庆港发展港口物流枢纽的定位分析

2.2.1 重庆港发展港口物流枢纽的优势和劣势

1) 重庆港发展港口物流枢纽的优势

与防城港港类似,重庆港发展港口物流枢纽的优势也主要集中在地理区位、腹地广阔等优势：

(1)地理区位优势明显

重庆港口位于国家公路运输枢纽、长江上游航运中心、国家铁路枢纽和西南地区航空枢纽处，其对外辐射通过沿江、渝湘、成渝、渝滇、渝黔、兰渝和渝邻等7大对外综合运输，紧紧将华中、长三角、珠三角、成渝城市群、四川东南部及云南、东南亚国家、渝黔经济区、广西北部湾、西北、关中经济带、环渤海、东北等地区与重庆联系在一起，实现物流“宜水则水、宜陆则陆”，在西部地区综合交通运输体系中发挥着重要枢纽作用。

(2)腹地丰富且辐射范围广阔

依托长江黄金水道和港口资源优势，以产业链为纽带，开发区为载体，形成化工、冶金、电力、造纸和汽车摩托车以及现代物流等为主的临港基础产业带，集中了全市约95%以上的冶金、机械制造和化工企业、95%以上的电力企业、100%以上的水泥企业、100%的造纸企业，产业集聚程度日益加快。其次，重庆港以重庆市及所辖的9区12县为主要经济腹地，辐射四川省以及云南、贵州省的部分地区。

(3)三峡蓄水后航道条件改善

三峡正常蓄水后水位抬高，库区河段水深增加约40%，航宽增加约2倍，水流速度减小50%左右，3000t级单轮或万t级船队可直达重庆，船舶的运行周期将缩短一半左右，使长江的年运输能力提高5倍，相当于4~6条铁路的运力。库区河段航道的改善，使水运具有的运能大、运距长、能耗小、成本低、占地少、污染轻等的优势得到进一步体现，使长江水运具有不可替代的优越性，也为沿江的水运企业带来了巨大的发展机遇。

(4)港口资源整合后竞争力提升

重庆港务物流集团按照“三集中”原则和“五个一批”的要求，不断优化内部资源结构，突出主业，提升核心竞争力。先后组建了“四大板块、五大公司”，即港口板块、航运板块、物流板块、综合板块，投资建设公司、航运公司、经贸公司、物流公司。并同时对港口和岸线资源的统一规划、管理与控制，利于港口的投资建设，有效、合理的利用港口及岸线资源，规避恶性、无序竞争等措施，为港口发展创造良好的法制环境，提供了持续发展动力和保证。

2)重庆港发展港口物流枢纽的劣势

重庆港发展在港口基础设施、航道、集疏运等方面还有所不足：

(1)港口基础设施结构性矛盾突出

随着西部大开发深入和综合交通逐步完成，港口建设速度加快，但港口吞吐量的增长速度远远超过港口建设速度。重庆市港口总通过能力不足的矛盾日渐突出,且公用码头和大型化能力不足的矛盾更为严重,不能适应经济社会发展和经济结构、产业布局发展的需要,与国内国际航运发展的趋势不协调。其中主要表现在:港口泊位平均通过能力偏低、适应大型船舶靠泊码头泊位严重不足、大型化、规模化码头泊位严重不足、专业化深水泊位严重不足。

(2)干支联动效益尚未充分发挥

三峡蓄水后,重庆库区干支流航道条件得到较大改善,但由于历史欠账较多,目前,重庆市高等级航道仅占总里程的18.3%,嘉陵江、乌江及库区具有重大开发价值的主要支流航道的通航条件仍然很差,支流航道作用尚未充分发挥,大量的矿产"以运定产",干支联动效益尚未体现,全市货运量的80%以上集中在长江干线,支流对干流支持和供给严重不足,已经制约了港口进一步发展、影响港口竞争力的重要因素,成为影响三峡航运效益发挥和库区老百姓脱贫致富的重要因素,长江干线"延上游"和库区支流开发建设亟待加强。

(3)区域内综合交通系统衔接不畅

由于综合交通规划滞后,致使部分对周边辐射能力强的骨架高速公路和铁路干线网建设还仅仅停留在规划阶段,使得重庆港辐射范围和半径受到极大制约,优良的港口资源未得到充分利用。同时,由于对长江黄金水道建设认识不足,对综合运输体系各种运输方式相互衔接和规划时,往往忽视港口需求;特别是铁路和水路之间,由于缺乏整体的统筹规划,各自为阵,导致了各种运输方式之间相互衔接和支持不足,已越来越影响了重庆长江上游航运中心辐射和集聚功能。

(4)港口物流功能拓展不足

近年来,重庆港口基础设施面貌得到一定改善,但港口功能拓展极其缓慢。与长江中下游港口相比,目前港口功能仍相对单一,港口服务仍以传统的装卸、储存、转运为主,尚未充分发挥临港工业开发、综合运输枢纽、现代物流平台的功能,为货物流通提供的货检、分装、包装、贴标签等物流增值服务尚未启动。尽管临港工业在重庆沿江经济中占有十分重要地位,但尚未形成成片开发、规模化发展的临港工业区;部分港口已在港口后方规划设置保税区、物流园区,但仍处于规划建设的起步摸索阶段,致使港口对临港产业开发的带动作用较弱,与地区经济发展的关联度不高,而且港口信息化水平低,难以适应现代港口和长江上游航运中心建设的需要。

2.2.2 重庆港发展港口物流枢纽的机遇和挑战

1)重庆港发展港口物流枢纽的机遇

大西部开发政策以及国务院出台《关于推进重庆市统筹城乡改革和发展的若干意见》,将“推动长江航运中心建设”作为其中的重要内容之一进行了阐述,该文件提出“加快重庆两路寸滩保税港区建设”、“积极探索沿长江建立大通关模式”,并在金融、土地等政策创新方面提出要求,对建设长江上游航运中心具有十分重大的意义,加快重庆交通发展已上升为国家战略。预示着重庆港的辐射能力将进一步增强,区位优势更加凸显,腹地更为广阔。

并且,中央一系列政策为重庆港发展提供了新的机遇。2006 年交通部和长江沿江七省二市专题研究制订了《“十一五”期长江黄金水道建设总体推进方案》,方案明确,重庆港为长江干线主要港口,将加大建设力度,到 2010 年三峡库区万 t 级船舶可直达重庆主城区,川江船型标准化程度达到 75%,到 2020 年长江水运将实现现代化,这些都给重庆港口发展提供了新机遇。国务院颁布的《物流业调整和振兴规划》将重庆明确为西南物流区域中心城市之一和全国性物流节点城市,《规划》对重庆的明确定位,对于促进重庆市物流业的发展将起到极大的推动作用,按此规划,重庆市主城将出现一个长江上游最大的集装箱物流枢纽。

从 2010 年起,国家将投入 430 亿元用于长江干线航道的整治和装备建设,不断推进长江干线船型标准化,加快港口功能的完善,大力发展长江物流。重庆市也十分重视港口建设,欲将重庆港打造成为长江上游航运中心。“十二五”期间,重庆已规划出在长江干线建设主城寸滩、果园、东港、黄谦、涪陵龙头山、万州新田、永州朱沱、忠县新生和江津仁沱等 9 大枢纽港口。这一系列的相关政策都为重庆港发展港口物流枢纽创造了良好的环境。

上海港大力推进长江战略也为重庆港提供了很多机遇。上海港与重庆港首尾相连,遥相呼应,优势互补。近年来,上海港越来越重视长江战略。上港集团与长江沿线的一些重要港口先后达成逾 10 个合资合作项目,也与重庆港务集团签订战略合作框架,参股寸滩集装箱码头的建设和经营。重庆港与上海港的合作,能帮助重庆港实现多年来的江海联运构想,尤其是开通重庆至上海的快速班轮之后,将更有利于吸引重庆本地以及四川、贵州、云南等地的货主选择水路、选择重庆港将货物运往东部地区。上海港三大战略之一的“长江战略”和重庆港的“东推西进”战略相互渗透,互为促进。

2)重庆港发展港口物流枢纽面临的挑战

重庆港除了面临和防城港一样在港航市场环境方面的影响,同时也面临发展来自周边港口的竞争。重庆港最主要的竞争对手是四川省。近年,泸州港加快建设,集装箱码头二期工程建设和三期前期工作已经完成了工程量的50%以上,二期工程建成后,泸州港集装箱吞吐能力每年将达50万TEU。同时三期工程前期工作、进港专用铁路等也在加快建设,自泸高速和纳黔高速的开工建设将会使泸州港的基础设施和集疏运条件得到根本性改观,将成为"四川造"出海最便宜的物流大通道。而规划中的乐山港弥补了成都在水运物流方面的不利地位,成为成都经济圈最重要的出海港口。重庆港的外部货源主要来自四川省,泸州港和乐山港有四川省政府的大力支持和投资,势必会分流一定的货源,对重庆港发展港口物流枢纽构成一定的挑战。

2.2.3　重庆港发展港口物流枢纽的SWOT分析

如表6-13所示,基于SWOT分析,重庆港不仅拥有基本作业港区、保税港区、物流园区等设施条件,同时兼有城市物流发展的环境,通过构建以港口为依托、以相关城市为节点、以综合交通基础设施系统为支撑的港城一体化现代物流业发展体系,以便充分发挥重庆港口优势资源的作用和潜力。因此,重庆港确定港城物流枢纽的发展方向,根据港口物流枢纽发展的基本特征,也同样选择增长型(SO)战略,其港城物流体系的基本功能主要体现在几个子系统的各自功能和体统功能层面。一是物流管理功能,主要为港口物流体系的发展提供政府管理支持、行业协调和政策支持。二是物流服务功能,在既有的基础上,提供包括运输、转运、储存、装拆箱、仓储管理等良好港口服务。三是物流运作功能,通过建立通关系统、港口作业系统、物流作业系统和物流信息平台,为围绕港口的物流服务提供运作支撑。四是基础设施功能,通过建设港口物流设施、集疏运系统、物流园区、物流中心和配送中心等,为依托重庆港口的物流系统提供具有网络化、辐射能力的基础设施条件。

基于对重庆港口物流枢纽发展的SWOT分析　　表6-13

	优　势　S	劣　势　W
从港口物流枢纽的空间、要素、功能三个方面进行分析	在空间上,区位条件优越; 在要素上,随着经济规模扩大,临港工业集聚效应明显,物流产业发展规模不断扩大,基础设施服务水平提高等; 在功能上,国家政策的支持,后发优势明显,完善服务功能等	在要素上,港口集疏运条件有待完善,航运服务业发展滞后,物流人才结构性问题; 在功能上,港口服务功能相对单一,信息化功能有待提高

续上表

机　会　O	SO　分　析	WO　分　析
在要素上,西部大开发战略的深入实施,工业化、城镇化战略的实施中东部地区产业加速转移;长江黄金水道带动临港产业发展	在空间上,国际化基础上实施港城联动、港工联动、加快上游航运中心地位的确立; 在要素上,改善港口基础设施,加大物流节点建设,提升航运服务业水平,优化人才结构,构建信息化平台等; 在功能上,完善江海联运,冷链物流、保税物流等特殊服务功能,优化港口物流枢纽系统服务功能	航运服务业发展、航运人才培养、品牌的培育等
挑　战　T	**ST　分　析**	**WT　分　析**
金融危机后我国港航产业发展面临严峻的市场环境; 周边港口快速发展加剧地区港口之间的竞争程度; 腹地市场经济发展的不确定性; 绿色低碳等对港航发展的新要求	市场化、多元化、加快绿色低碳技术的发展	国际化、无水港(或重要物流节点)网络服务建立、信息化以及加大政策扶持力度

第3章　发展港口物流枢纽西部典型的定量评价

基于西部港口物流枢纽评价指标体系,定量分析防城港和重庆港的发展水平,为其向港口物流枢纽进一步发展和整改提出理论依据,在对评价结果讨论后,按照港口物流枢纽发展调控指标的关键“差距”,为给出防城港及重庆港的发展重点任务及措施提供依据。

3.1　防城港发展国际物流枢纽的定量评价

依据专题二对防城港发展港口物流枢纽,从国际物流枢纽模式角度,通过港口物流枢纽评价指标体系对防城港发展进行综合评价,其存在问题表现在以下方面:

基础设施较差。随着填海造陆、港口建设等推进,港池淤积、航道阻塞已严重影响到进出口船舶的航行安全和生产经营的正常开展,危害着港口的安全。且受地区经济发展水平所限,大规模开发投入较大,港口发展面临建港周期、资金来源等问题,在港口规模、通过能力、现代化水平等方面与东部沿海地区相比,仍有较大差距。

交通瓶颈制约明显。目前防城港进出口货物的疏运和集港主要通过铁路和公路来完成,大宗散货都以铁路集疏运为主,其中铁路运输承载能力存在瓶颈,如南防铁路营运以来没有进行扩能改造,已连续多年超能力运行;南宁经钦州至防城港的铁路是地方投资建设,尽管低于全国合资铁路的平均运价水平,但总体运价率较全国略高,不少货主只好选择运输成本较低的其他港口分流。因此防城港现有30%货运量要通过公路疏运,由于缺少大型公路货物运输企业作依托,经常出现船舶和货物严重压港现象。

物流组织运营能力较低。由于基础设施水平和集疏运条件欠缺,当地物流市场发展水平相对较慢,缺少相应的物流集疏运节点建设,如物流中心、仓库、无水港等;物流企业经营管理能力差、规模实力较小,难以应对现代物流发展的需要,从而影响整个防城港物流组织运营能力的提高。

物流及相关产业集群不强。防城港尽管拥有大西南经济腹地,中转口岸地位不断巩固,但这些腹地也常被湛江港、北海港、钦州港等港口激烈争夺。近年来,尽管已引进建设了一批关联度大、索引力强的粮油(大海粮油)、饲料(岳泰饲料公司)、化工(南磷化工)、钢铁(福成钢铁制品公司)等临港工业项目,“前港后厂、前港后区”格局初步形成,但港口配置资源的潜力发掘得很不够,产业链条短,加工程度低,多为资源密集型和劳动密集型产业,需进一步发挥物流及相关产业集聚效应,培养现代物流产业中的高端服务业发展。

综上所述,防城港发展西部港口物流枢纽,向国际物流枢纽的发展模式进行转型,需要改善基础设施条件,加大对无水港、物流园区等物流节点的建设力度,提高物流组织运营能力,如建设物流信息系统平台,发展特色冷链物流等。

3.2 重庆港发展港城物流枢纽的定量评价

通过专题二的西部港口物流枢纽评价指标体系的综合评价,重庆港发展存在的突出问题表现在港口功能仍相对单一,港口服务仍以传统的装卸、储存、转运为主,尚未充分发挥临港工业开发、综合运输枢纽、现代物流平台的功能;港城物流互动不够,尚未形成成片开发和规模化发展的临港工业区;部分港口已在港口后方规划设置保税区、物流园区,但仍处于规划建设的起步摸索阶段,致使港口对临港产业开发的带动作用较弱,与地区经济发展,尤其是城区物流发展的关联度不高。因此,重庆港必须加快港口经营模式的转变,增强港口的综合服务能力,来适应城市经济发展对现代物流提出的新要求。基于专题三中对西部港口物流枢纽不同发展模式的分析,结合重庆港发展情况,应向港城物流模式方向发展。充分利用港口资源优势,尤其是铁水联运优势,大力推进全程物流和综合物流;不仅在延伸物流价值链上有所突破,更要以港口为支点,以铁水联运为依托,实现全程物流经营模式。以“前港后园”功能布局,探索创新出了一条港口为贸易企业提供低成本物流通道,商贸为港口带来货物聚集效应的物流发展新模式,使港口物流和商贸物流的互补优势得以充分发挥。

第4章　港口物流枢纽模式西部典型的重点任务

根据港口物流枢纽发展的基础理论,结合全国港航发展的形势,在对西部典型的内河港及沿海港的定性和定量分析基础上,确定其发展模式的侧重点,提出发展的重点任务。

4.1　防城港发展国际物流枢纽的重点任务

对照国际物流枢纽的发展模式,防城港在实施西部港口物流枢纽发展模式上要注重作为区域性物流节点的建设,通过合理明确发展定位,改善基础设施条件来提升港口物流的效率和效益;其次要注重与港口物流相关的高端服务等产业的发展,加快保税物流、加工配送、信息平台等建设;再次要加大对煤、油、矿、箱的国际物流中心的建设,提升对货物集散的能力;最后要发展冷链物流等特色及高附加值业务,使其发展步入国际化、专业化和规模化。

4.1.1　加大物流节点的建设力度

1) 加快物流园区的建设

根据防城港港口物流枢纽的发展侧重,其物流园区发展如下:

(1)港口综合物流园区

随着防城港港口吞吐量的不断增长,大型铁矿石码头和煤炭码头的投产,以及铁路集疏运能力的提高,散货集散规模将进一步扩大。并且,随着港口物流服务需求层次逐步提升和国际经济环境的不确定因素的增多,物资流量的大幅波动和流向的不均衡性随之增加,物资在港口储存时间及储存规模计划的偶然性也增强,导致货主对多批次柔性运输、"门到门"一站式服务、流通加工、质量检测、物流金融等服务的需求不断增加。另外,防城港市缺乏粮食地方储备,防城港市常住人品及流动人口随着临港工业的兴起数量将大幅增加。居民的生活水平逐步提高,对粮食消费品种增加,粮食物流服务质量要求也将提升。目前广西区的粮食储备已经较完备,但是防城港市粮食地方储备机制尚未建立。建设粮食交易物流中心,不但可以增加防城港粮食储备的安全性，提高粮食物流设备的装备水平和信息化程度，还可以加快防城港市粮食及其产品的流通速度。因此，为引导并满足目标客户的不同需求，港口综合物流园区应该具备大宗散货及粮食等的储存、中转、集散、流通加工（包括粮食加工）、粮食批发、配送、信息服务、金融服务等主要功能。该园区主要货类为煤炭、金属矿石、非金属矿石、粮食、干散农产品和内贸集装箱等。

根据港口综合物流园区需求特征，近期以散货物流为主、兼顾集装箱服务，发展成为以服务西南地区和越南为主的北部湾经济区最大散货物流园区。远期发展成为辐射中国与东盟的泛北部湾区域重要的综合物流服务中心。

目前东湾的散货仓储业务已初具规模，进驻的物流企业主要有北部湾港务集团、外运仓储、中钢仓储、新宏光仓储、新地仓储、新东方仓储、民安置业等。特别是近年来依靠优良的港口条件，防城港已经吸引了一大批国际国内大型粮油加工企业进驻，如大海粮油（防城港）公司、嘉里粮油（防城港）（防城港）有限公司、惠禹饲料蛋白（防城港）有限公司等多家著名企业，而且中储粮防城港粮食中转库也位于园区内。粮油企业的集聚为园区物流业务的发展提供了基础保障。但是这些物流企业的物流业务主要以仓储为主，服务层次不高，服务内容比较单一。据了解，未来几年，广西要利用南宁、防城港等城市初具规模的粮油精深加工产业，有效整合企业资源，积极扶持大型粮食加工龙头企业，加大对外开放和招商引资力度，大力发展临海粮油加工业，建设临海粮油精深加工园区，形成较强集聚效应的粮食园区。

目前防城港市正在加快推进实施“还岛于港”战略，将腾出空间发展港口、仓储和物流业。并且，部分企业土地资源需要经过整合后重新开发利用。根据预测，港口综合物流园区 2011 年、2015 年和 2020 年物流量将分别达到 6700 万 t、13900 万 t 和 27000 万 t。参考国内外园区规划经验，并综合考虑多种因素，预计该园区 2011 年需要规模大约为 300 万 m^2，2015 年为 700 万 m^2，2020 年达 1400 万 m^2。由于园区规模较大，且对港口吞吐量依赖程度较高，结合港口发展速度，分 3 期开发建设。

港口综合物流园区位于港口区，港口与铁路以东，暗埠江以西，南临防城港码头作业区，东濒大海，西临铁路与港口区旧城相连。规划该园区总面积 14km^2，目前该园区已有陆域面积 6.55km^2（约 9825 亩），不足部分以填海或旧城搬迁方式补充。

根据该物流园区功能和货类，园区内主要分为金属矿石物流服务区、非金属矿石物流服务区、粮油物流服务区、集装箱物流服务区、餐饮住宿区、综合办公楼（包括业务中心、交易中心、结算中心、信息中心等）六个功能区。

同时为国际物流的发展创造良好的条件,建设防城港保税物流中心(B 型),为西南地区进出口货物提供保税仓储、物流配送、简单加工和增值服务、进出口贸易和转口贸易、商品展示、物流信息处理、检验检测、口岸、入物流中心出口退税等多种服务。防城港保税物流中心(B 型)控制规划面积 300 万 m^2。

(2)公车物流园区

根据防城港市产业布局思路和园区区位特点,该园区应该具备存储、交易、流通加工、配送、信息、金融、商务等主要功能。园区主要货类包括磷化工原料、半成品、成品、配套材料等。近期主要结合企沙钢铁项目的规模、园区的发展前景、国家战略指导思想等因素,公车物流园区应与临港工业互动,以支撑产业布局为目标,并以北部湾经济区"三基地一中心"的发展建设为契机,实现生态物流产业集聚成长的规模经济效益,促进防城港市及北部湾经济区商贸流通业的发展和产业结构的升级,将发展成为北部湾经济区重要临港工业物流服务基地。远期将主要以西南地区为服务对象,辐射华南地区。根据规划,广西磷化工行业协会牵头在公车建设防城港新天地磷化工工业园,目前该园入驻企业 9 家,项目占地 860 亩,开发精深磷化工项目 8 个,总投资 10 多亿元人民币,年物流量约为 500 万 t。

根据企沙半岛产业布局设想,预计公车物流园区 2011 年需求规模为 250 万 m^2,2015 年需求规模为 550 万 m^2,2020 年需求规模为 1000 万 m^2。

公车物流园区位于防城港市港口区公车镇。根据园区功能定位,该园区主要分为交易功能区(产品展示、现货交易等)、仓储配送区、流通加工区、商务活动区(会展、会议、信息服务、结算中心、电子商务等)。

(3)冲仑综合物流园区

防城港市工业正处于快速发展期,固定资产投资增速较快,大型临港工业基础设施建设、交通基础设施建设将为建筑材料物流及工程机械物流带来快速发展机会,对建筑材料、建筑设备、五金机电等物流服务提出了更高和更特殊的要求。防城港市河西工业区作为防城出口加工重要基地,重点发展制糖、制药、松香、香料、珍珠、水产品、特色农产品加工。重点进行广西农垦集团制糖公司防城分公司等企业的技改扩建。同时,为了优化河西工业区产业布局,与园区产业布局与北部湾经济区产业布局规划相协调衔接,需要以物流规划来引导园区产业布局。因此,建设河西轻工配送中心,不仅可以支撑工业园区的产业发展,而且可以优化工业园区产业布局。

防城港市零售业物流服务水平目前尚不发达,但是随着居民生活质量的提高和社会零售业逐步发展,零售业配送物流的需求将大幅增长。为提高居民生活质量,减少城市内部交通拥堵,充分利用物流资源,降低成本,应在城市边缘建设共同配送中心,为城市商业中心提供共同配送。

冲仑综合物流园区主要货类为建筑材料、建筑设备、五金机电、备品备件和边境贸易产品以及居民生活资料等,结合园区需求特点,应具备交易、仓储、展示、配送、流通加工,信息、售后服务、商务等功能。同时,该物流中心既为河西轻工业提供仓储、配送、信息等服务功能,主要货类:制糖、制药、松香、香料等轻工业原料及成品等;也可以具备城市共同配送中心功能,主要包括仓储、配送、流通加工、包装等,主要货类:快速消费品、服装、小家电等。

近期园区应依托强大的市场资源,提高自身综合服务能力,为钢铁项目等临港工业的建设及居民生活发展提供持续的坚实保障,发展成为港口物流、产业物流和边境物流对接基地、大型生产生活资料商贸物流中心、与南宁物流枢纽对接的重要节点。远期发展成为广西北部湾经济区重要的区域性现代化综合物流园区之一。

冲仑综合物流园区处在防城港市交通枢纽的要冲位置,交通便利,南防铁路、钦防高速公路、防城至钦州贵台二级公路(扩建)及规划中的防城至企沙一级公路、防城至上思一级公路以及防城至东兴高速公路、铁路均在该园区附近经过,正在动工建设的环城路贯穿其中。

从土地利用的角度看,该区域可利用的土地较多,大部分为国营林场用地,中心为风景秀美的三甲水库,基本没有群众居住,土地开发不占用耕地,是理想的发展建设用地,适宜连片综合开发。

该园区开发工作启动较早,已有 30 多家中外企业来洽谈合作开发事宜,并与部分企业签订了合作开发协议书、意向书。目前,正在开展征地拆迁工作和基础设施建设。

如表 6-14 所示,从投资估算来看,工程建设项目中材料成本占工程项目造价的 60%~70%。社会固定资产投资中绝大部分是用于工程建设项目投资,因此社会固定资产投资规模直接决定了工程建设项目规模,从而决定建筑材料及装备物流需求量,防城港市固定资产投资的增长决定了建材物流需求随之增长,防城港市建材物流需求量巨大。

防城港市建材及装备物流费用预测(单位:亿元)　　表 6-14

年　份	钢铁项目投资	全社会固定资产投资	重复统计折减系数	建筑材料成本
2015	450	663	0.1	651
2020	686	2333	0.1	1766

根据上述预测,并根据经验估算粮食交易物流、河西轻工业物流、城市共同配

送物流需求，预计冲仑综合物流园区规模 2011 年为 350 万 m^2，2015 年为 700 万 m^2，2020 年为 1200 万 m^2。

冲仑综合物流园区位于防城区城市建成区正北面的冲仑林场一带，处于南防高速公路和钦州贵台至防城公路之间，南面为蜈蚣岭（公园用地），北至防城至东兴高速公路附近。根据该园区功能定位和货类，园区内主要分交易（专业市场）物流服务区、仓储、配送、流通加工、信息服务、商务活动和旅游休闲等功能区。

2）完善物流中心布局

结合物流园区布局，相应设立物流中心以配套港口物流枢纽服务功能，物流中心布局规划如下：

（1）煤炭储运物流中心

煤炭资源对国民经济运行作用重大。煤炭资源储备是宏观经济调控的重要手段。目前防城港市矿产资源相对不足，煤炭储备总量较多，但是与未来临港工业的发展相比仍然非常有限，煤炭对外依存度非常高。随着临港工业的发展，防城港市煤炭资源对外依存度将进一步提高，国民经济长期持续稳定发展亟须增加矿产资源储备。建设煤炭储运物流中心不仅是保障国家经济安全的需要，也是满足防城港市生产消费性储备或商业储备的需要，可以调节市场，平抑价格。

煤炭储运物流中心主要功能：煤炭储备、交易、运输、配送、报关、报检、质检、结算等。储运品种以煤炭储运储备为主，以铁矿石储运储备为辅，兼顾石油、铬、铜、钴、锰等矿产资源的储备。

煤炭储运物流中心近期主要为地方和企业储备服务，努力发展成为北部湾经济区重要煤炭储运中心。远期努力发展成国家煤炭战略资源储备体系中的重要节点，成为国家煤炭资源储备基地之一。

防城港市处于中国面向东盟国家的前沿，港口设施及边境交通均比较发达，且周边国家煤炭资源丰富，具有利用东盟国家煤炭资源的基础条件，有利于实现中国东盟经济互补、资源共享。港口区企沙镇位于企沙半岛企沙工业区，中华电厂码头北侧，靠近中华电厂和码头，接近对煤炭需求较大的消费地电厂、钢铁基地等，并与新建防城南—企沙以及茅岭—公车（企沙）铁路货运专用线紧邻。

如表 6-15 所示，根据预测，2011 年、2015 年，煤炭出运量将分别达到 1200 万 t、2000 万 t。因此估算，煤炭储运物流中心 2011 年面积为 33.75 万 m^2，2015 年为 66.7 万 m^2。从可用土地规模、现有基础设施条件、投资方融资能力、环境保护等多方面因素考虑，煤炭储运物流中心选择防城港市港口区企沙镇赤沙村委西组，中华电厂码头北侧。

煤炭储运物流中心规模预测结果 表 6-15

年　份	2011 年	2015 年
煤炭储运量(万 t)	1200	2000
储运密度(万 t/km^2)	1800	
面积(万 m^2)	33.75	66.70

(2)企沙工业物流中心

企沙工业区是自治区重点建设的三个沿海工业区之一，目前《企沙工业区总体规划》、《企沙工业区启动区控制性详细规划》已通完成，工业园区基础设施不断完善。按照规划，企沙工业区主要布局有钢铁、电力、化工、船舶修造、集装箱制造、机电制造等产业，这些产业的布局需要物流服务的支撑。因此，建设企沙工业物流中心十分必要，不但可以为企沙工业区生产加工企业提供以仓储管理为主的生产物流服务，而且可以为周边上下游企业提供服务，以供应链一体化的思想，优化整个供应链的流程，以降低企业生产库存，加快资金周转，提高生产物流效率，降低生产物流成本。

企沙工业物流中心功能主要包括：多式联运、转运、保税、仓储、货代、报关、物流金融、机械维修及供应链管理等服务。主要货类为钢铁半成品及部分成品、化工项目原料及半成品、生产资料、生产机械、备品备件等。企沙工业物流中心发展成为企沙工业区生产物流公共服务中心。沙潭江至企沙铁路正在建设；企沙工业园区主干道已经建成通车，部分次干道正在建设；工业园区规划范围内大部分土地已经完成征地拆迁和土地平整；大型钢铁基地已经动工；钢铁项目上、下游产业布局正在规划中。根据《企沙工业区总体规划》(送审稿)以及钢铁基地项目最新进展，初步定为该中心占地 120 万 m^2。企沙工业物流中心位于企沙工业园区内，内部划分为仓储区域、保税仓库、中转联运区等。利用保税仓库的保税仓储、保税、暂缓纳税、物流配送、贸易(尤其是转口贸易)、浅加工和商展功能，为企业工业区的生产提供国际化的配套物流服务。

(3)冷链加工物流中心

冷链物流前景广阔。目前美国、加拿大、德国、意大利、澳大利亚、日本、韩国等国家已经形成了完整的农产品冷链物流体系。但目前防城港市冷链物流发展滞后，缺少专门提供冷链物流服务的企业。因此，建设防城港市冷链物流中心，不但可以满足防城港市未来对冷链物流的需要，而且可以提高防城港市冷链物流管理水平，促进、带动防城港市海产品加工、蔬菜、水果等冷链物流发展。冷链加工物流中心功能主要包括：加工、储存、冷藏集装箱服务、配送等。主要货类为水产品、瓜果、蔬菜等。

冷链加工物流中心近期目发展成为防城港市冷链加工物流中心。远期成为西南地区最大冷链加工物流中心。防城港市水产品、水果蔬菜资源丰富,但大部分未经深加工,无法长距离外运,主要由当地消费,近几年水产品及蔬菜等产量稳步增长。为农副产品加工外销创造了基本条件,也对初级生鲜食品冷链物流提出需求。

如表6-16所示,预测2015年和2020年产量分别为100万t、140万t和200万t,预计占地面积分别为61万m^2、112万m^2和200万m^2。根据冷链物流的特性及防城港市现有基础设施条件,冷链物流宜选在靠近海边、靠近水产品捕捞地、水质良好、交通便捷的地方。因此,初步选址在企沙镇山心一带。主要功能区包括:进货暂存区、原料冷藏及冷冻库、急冻库、解冻库、材料冷藏及冷冻库、一次加工作业区、二次加工作业区、缓冲区域、内包装作业区、外包装作业区、成品冷藏及冷冻库、分拣区、出货暂存区以及装载容器清洗区及暂存区等。

防城港市农产品产量表 表6-16

类　别	2015年		2020年	
	增速(%)	产量(万t)	增速(%)	产量(万t)
水产品	8	77.1	10	115.7
肉类总产量	11	9.8	12	15.7
蔬菜(含菌类)	7	37.4	9	54.2
水果(含果用瓜)	8	8.6	10	12.8
总计		132.9		198.5
规划取值	140	200		

(4)上思综合物流中心

上思县资源丰富,煤田总储量达1亿多t,石灰石储量数10亿t以上,石油储量11亿t,天然油气储量达10亿m^3,金矿、磷矿、汞矿、石膏矿等也具有开采价值。并且,上思县工业集中区定位为主要发展矿产业、制糖产业、林板林化产业、建材产业、制药产业等五大类产业。但上思县目前尚无大型、专业的物流服务企业,也没有专业物流服务设施,大部分企业物流均自营或使用外地物流企业。因此,建设上思物流中心,不但可以满足防城港市乃至北部湾经济区、广西区的发展需要消耗大量的资源性物资,发挥上思县的资源优势,而且,可以整体降低工业集中区企业运作成本,改善企业投资环境。主要功能包括:仓储、运输、配送、包装、信息等。主要货类:矿建材料、糖类、林产品、药材、食品等。近期目标为上思城西工业集中区工业发展服务。远期目标为上思县农业、工业、商贸业提供综合物流服务。

上思县现有制糖生产企业 2 家,其中上上糖业公司日处理原料蔗能力为 15000t,广西农垦集团昌菱制糖公司日处理原料蔗能力为 10000t。上思县城西工业集中区内已有制糖企业、建材生产企业、林化加工企业等入驻。根据该物流中心功能定位和发展目标,结合《上思县城西工业集中区规划》,确定该物流中心规划面积约 80 万 m^2。根据园区功能和目前上思县既有设施,以及土地利用情况,该园区分两处分别布置在上思城西工业集中区的北区及中区。

(5)东兴市口岸国际物流中心

中国东盟的贸易额连续 5 年保持 20%以上的增长率,随着中国东盟自由贸易的推进,贸易额将进一步增长。东兴口岸作为中国东盟贸易重要口岸,其仓储及通关服务设施已经不能满足中国东盟贸易的迅速发展。原有的仓储通关设施将制约区域贸易的发展,影响中国东盟自由贸易区建设进度。并且,原有的边境贸易设施规模较小、层次较低,不能适应边境贸易的发展要求。国家于 2008 年 11 月发布了鼓励边境贸易的财政、税收政策,促进边境贸易的发展。建设东兴市口岸国际物流中心,不但满足边境口岸日益增长的贸易发展需求,加快东盟自由贸易区建设速度,而且有利于促进边境贸易健康、稳定、快速发展。东兴市口岸国际物流中心功能主要包括:公路货物集散、保税通关、仓储、流通加工、贸易流通、商品展示、商品交易、商务配套、结算、信息服务和会议等。

东兴市口岸国际物流中心近期主要为东兴边贸物流服务,成为区域公路运输集散中心、市域配送中心和贸易流通中心。远期辐射北部湾经济区与越南的重要物流中心,成为中国东盟重要自由贸易服务示范中心之一。

东兴口岸的地理位置优越,既沿海又沿边,是我国第三大陆上口岸。随着环北部湾经济圈的建设,中越环北部湾地区高等级公路、环北部湾铁路的条件越来越成熟,这将为广西沿海地区经济社会发展带来更多的机会。防城港市东兴拟建中的北仑河二桥附近,根据发展趋势和需求特征,预计该区域占地至少 50 万 m^2。

(6)边贸物流中心

随着中国—东盟自由贸易区进程的加快推进,广西与东盟陆路“黄金通道”的经济效应、物流效应逐渐显现,日益繁荣的边境贸易正使“兴边富民”、“商贸富市”变为现实。国家不断调整的边贸优惠政策惠及了边民,边民可在边贸中心内自由贸易,货物带出边贸中心按边民互市政策执行。

边贸物流中心的启动,有力地促进了当地经济的快速发展,带动了旅游、服务等第三产业的发展。2007 年,互市贸易为 30.18 亿元人民币,同比增长 52.1%。其中:出口 15.15 亿元人民币,同比增长 47.7%;进口 15.02 亿元人民币,同比增长

56.8%。边境贸易占全市外贸进出口近50%,边境贸易出口占全市外贸出口近30%。

但目前防城港市边贸互市的潜力尚未发挥;口岸管理相对较落后;边境贸易产业结构不合理;口岸经济带动性不强等问题;原有的边民互市点规模较小,比较分散,不易管理。因此,建设边贸互市区,以信息化技术创新海关监管模式,将原有分散的边民互市点统一监管,实现规范化管理和经营,促进边境贸易快速发展,同时为中国—东盟自由贸易区的建设摸索试验。

边贸物流中心应具有边贸进出口通道、边民互市贸易、旅游购物、商品展示、仓储、收购、加工和商业居住等功能。将防城港边贸中心建设成为通关快捷、经济繁荣、商贸发达、环境优美、具有强大吸引力与凝聚力的现代化高效能的边民互市贸易区的商贸新区。

国家出台了鼓励边境贸易发展的政策。财政部、海关总署、国家税务总局于2008年10月30日发布了关于促进边境贸易发展有关财税政策的通知,通知要求在现行边境地区专项转移支付的基础上增加资金规模,加大对边境贸易发展的支持力度,为企业的发展创造良好的外部环境。通知规定,边民通过互市贸易进口的生活用品,每人每日价值在人民币8000元以下的,免征进口关税和进口环节税。

边境贸易长期以来是边境口岸对外贸易的主要形式,也是边境口岸财政收入的主要来源。中越边境是中国连接东盟各国的重要通道,目前中越边境口岸经济已初具规模,主要形成了东兴、杨屋、垌中、滩散、里火5个边民互市点。根据边境贸易发展趋势特征,边贸中心设在北仑河边东岸,与北仑河西岸的越南芒街市隔河相望。边民物流中心主要包括边贸码头、查验联检大楼、进出口通道、边民互市交易中心、旅游购物中心和仓储物流配送中心及相关配套设施。

3)加强与工业园区发展紧密结合,构建与工业发展相适应物流体系

根据防城港市产业发展定位:大力发展以食品、冶金、石化、能源为主的临海工业,建成环北部湾乃至全国重要的食品工业基地、冶金工业基地、石化工业基地和能源工业基地;大力发展以商贸业、物流业、旅游业为主的服务业,建成环北部湾和大西南区域性的商贸中心、物流中心和旅游中心。结合产业发展思路,即实施"产业强市、工业先行"的发展思路。防城港市现代物流的发展与工业发展紧密相关,离不开各个工业园区的支撑。因此,要加强与各工业园区发展紧密结合,创造主导产业积聚条件,加快构建支撑工业发展的物流体系。

防城港市现代物流的发展要充分考虑与本市主导产业发展的紧密结合,从物流基础设施、物流服务企业发展等方面为粮食加工、钢铁、化工和建材等工业布局创造聚集条件的角度对进行系统规划,形成物流与相关产业互动发展格局,创造全新的现代工业与产业发展模式。以企沙、公车、河西和茅岭、上思县城西和东兴边境经济合作区、东兴江平工业集中(园)区等工业集中(园)区的建设发展为基础,创造主导产业集聚条件。特别是现代物流业的发展是港口经济和沿海经济发展的重要风向标。防城港只有与大工业相互依托,才能带动区域经济的繁荣,进而激活腹地发达的物流业。因此,防城港市现代物流的发展,离不开临港工业的大发展。其中:渔万半岛聚集了一批小型加工企业。重点发展港口运输、中转贸易、仓储保税等现代港口物流业,以及临海加工业等。公车工业园区突出发展与重化工相配套的能源、机械制造、磷化产品和矿产等工业。渔洲城工业区主要集中了化工、电子、生物医药、高新技术产业。企沙工业区集中发展冶金、石化、建材等重化工业,与重化工相配套的能源、机械制造、修造船、矿石加工等临港加工业,以及水产品等临海加工业。河西工业集中区为防城出口加工重要基地,重点发展制糖、制药、松香、香料、建材、珍珠、矿产、海产品、特色农产品加工。茅岭工业园区重点发展纸浆、钢材、建材、矿产、石油气等产业。上思县工业园区重点发展制糖、林产、食品、煤炭、水电、建材等。东兴边境经济合作区重点发展边境贸易。江平工业集中区是北部湾经济区发展边境出口加工的重要区域,重点发展机械、电子、轻纺、塑料制品、海洋生物制药、农特产品等进出口加工业。

4)大力发展无水港

防城港作为国家综合运输体系的重要枢纽,西南出海大通道的重要组成部分,中国—东盟自由贸易区经贸交流的重要平台,面向亚洲及太平洋地区的中近洋国际枢纽港。防城港市港口物流体系发展战略重点主要涉及基础设施规划建设、服务能力加强、管理水平提高、与其他港区协调发展等。

结合物流服务网络建设,将揽货网络向内陆延伸,积极寻找和开发新的货源市场增长点,探索物流服务的新领域和新方式,加大港口货源开发和物流服务网络的建设力度。特别是在南宁建设虚拟港口,即在南宁玉洞建成一个港口物流中心(保税物流中心)。这样,南宁市的产品只需送到玉洞,就相当于进入了防城港港口,防城港将在南宁玉洞建成一个港口物流中心,以后需要到港口的货物就可以直接送到该物流中心。防城港港口物流中心可以辐射到全区,而南宁市给予的回报除提供物流中心建设的种种方便外,就是提供源源不断的货源。这将增加南宁市区位优势的砝码,使南宁市成为一个集散地。

4.1.2 加快高端服务产业发展

1)积极开展保税物流服务

随着中国—东盟自由贸易区创建进程的加快,广西各项建设和北部湾经济区的开发取得了重大进展，防城港已成为中国西南出海大港口和中国与东盟的国际性大通道，20万t级特大型码头已建成投入使用，一批深水码头建设步伐加快，承接西南、中南货物中转东盟、走向世界的大港口、大通道、大物流初成规模，目前已与80多个国家或地区有航运贸易往来。然而，至今尚未设有适应形势发展需要的国际性物流保税园区等设施，与国家西部大开发战略、促进中国与东盟发展贸易，尤其是促进我国西南地区货物就近出海走向世界的要求还不适应，与东部沿海省份相比也显得滞后。因此，结合广西北部湾经济区发展规划、中国—东盟自由贸易区发展和防城港市社会经济发展需要，建设潭油综合保税物流园区，以更好地服务中国—东盟自由贸易区建设和满足于防城港大物流发展的需要，促进西南地区尤其是广西北部湾经济区的开发建设。

潭油综合保税物流园区功能包括：保税仓储和展示、出口加工、国际中转、国际金融以及其他功能。

一是港口功能的细分及对港口功能的重新定位。目前，渔万半岛是防城港规划发展临海工业和物流业的主要基地，是北部湾区域重要的货物转运中心和临港工业加工区，也是防城港港务团所在地，每年吞吐量的增加都以这里为重点，一直以来重点发展港口运输、中转贸易、物流和精细化工，随着钦州保税港区的建设，这里的功能将得到进一步细化和加强。而企沙半岛，原来规划的是建设大型的临海工业区和能源基地，这一定位将有所改变，不但是重工业基地，还是承接高端产业的集散地；因为保税港区就在企沙工业园附近，有电力、化工产业的基础，所以非常有利发展高科技产业。

二是防城港滨海高等级公路的建设，特别是东兴到铁山港和企沙工业园区与钦州工业园区高等级公路，这两条公路的完善，将加速防城港高科技产业的形成。

三是加速防城港保税物流园区建设的速度，虽然有港口和临海工业的优势，如果没有一个完善的保税物流园区，将很难适应北部湾经济区发展需要。防城港目前正在规划这一物流园区的建设，钦州保税港区的建设，无疑会促使防城港保税物流园区的建设速度。

潭油综合保税物流园区位于企沙潭油片区。目前潭油港已配备千t级码头，港址地处暗埠江口与海滩过渡区，与防城港主航道相连，有银港码头1个，生产性泊位2个，总延长180m，最大靠泊能力500t，仓库面积1000m^2，堆场面积30000m^2。现已经铺通二级公路、通水、通电、通光缆、监管及生活配套设施基本具备并完善。根据需要，潭油综合保税物流园区的面积确定为3km^2。

2）提升加工配送能力

结合物流园区、物流中心布局，提升加工配送能力，加快加工配送中心设施建

设,主要包括:

(1)江平进出口加工配送中心

江平工业集中区主要发展机电器械、电子、橡胶、香料和海洋生物化工等进出口加工业,将建设成为面对东盟、以进出口加工业为主的新兴工业区,并逐步发展成为中国—东盟自由贸易区商品加工基地。工业集中区建设目标的实现离不开物流服务的支撑。因此,建设江平进出口配送中心,既可以为江平工业集中区企业提供原材料、产成品的仓储、运输、配送、结算等服务,还可以促进防城港市外贸加工发展,提高出口创汇。江平进出口加工配送中心主要功能:物资配送、仓储、报关、结算等。主要货类:进口原材料、进口零部件、出口加工原料、出口加工产成品等。

近期主要为江平工业区自身服务,满足进出口加工物流的特殊需求,为园内入驻企业提供集中化、规模化的优质、高效、低成本物流服务,形成原料—加工—出口供应链物流服务,成为江平工业集中区公共配送中心。远期将成为辐射北部湾经济区和越南北部的进出口加工物流示范基地。

江平工业集中区占地总面积约 10km^2(含外围配套的港口码头及作业区),集工业区、港口作业区、煤炭原料交易区、货物堆场区、商贸区、公共服务区、居住区等七大功能为一体。江平工业集中区是自治区重点扶持的园区之一,规划面积 803.5 万 m^2,工业用地规模 497.94 万平方米。目前完成土地平整 127 万 m^2(1906.36 亩),完成道路路基建设 1800 米,排水、排污及水、电等基础设施基本完善。园区以进出口加工业为主,以其他产业为辅,形成开放型、科技型、生态型的综合产业集群。

江平工业集中区目前动工项目规模仍然较小,未来发展以形成外贸出口商品生产基地和出口加工基地为目标,加强与区内及全国各地企业联系,举办"内联企业",以高质量、多品种、精包装的产品打开国际市场,并以便捷高效的物流服务改善良园区投资环境,吸引区内国内的资金、技术、设备、原材料、初级产品等,进行深加工、精加工,使出口产品增值。

根据江平工业集中区布局产业类型及规模,规划江平进出口加工配送中心规模大约 50 万 m^2,位于防城港市东兴江平工业集中区内,南临北部湾,西南与越南接壤,与越南水陆相连,是中国通向东南亚地位唯一最便捷的水陆门户,与越南特区芒街市仅一河之隔。

(2)渔洲城工业配送中心

渔洲城工业区的进一步发展需要更为有利的物流服务环境。渔洲城工业区的磷化工已经初具规模,为使磷化企业更专注于核心业务,把优势产业做强做大,同时也为了优化工业区投资环境,吸引更多同类产业聚集,扩大园区物流服务规模、提升园区物流服务的专业化水平。因此,建设渔洲城化工配送中心,有利于形成规模效益,把化工配送中心做强做大。

为了实现物流运作的规模化效益,提高化工物流服务专业化水平,渔洲城工业区配送中心主要设计为硫磷化工及其上、下游产业提供化工原料、辅料及产成品的专业仓储、配送、运输、流通加工等服务。

近期目标为渔洲城工业园区公共物流配送中心,通过为防城港市磷化工企业提供配套物流,吸引磷化工企业进一步集聚,促进磷化工产业的集聚发展,远期发展成为中国西南最大磷化物流服务基地。

防城港是内陆腹地进入东南亚最便捷的海陆门户,紧靠云、贵、川等磷矿主产地,紧邻磷化工产品出口市场—东南亚及世界各地,多年来以来一直是西南地区出口磷化工产品的主要港口。2006 年从防城港出口的磷酸产品达 16 万 t,占全国磷酸产品出口总量的 50%。

渔洲城工业区主要布局建设磷化化工、塑料包装、生物制品、饲料、木片加工、日常用品和有机玻璃家具制造等工业。天睦化工、华海化工(原南磷化工)、顺誉化工、昕隆化工、暨广顺化工、展利化工等 9 余家磷酸类企业年产量超过 32 万 t,来自美国、印度、马来西亚以及云南、贵州、广西区内的一些磷化工企业还正在洽谈中,磷化工产业集群的雏形初步显现。已经成为中国西南最大的黄磷加工出口基地,带动了地方经济的发展,也为专业化物流的发展创造了条件。

根据工业区产业发展规划,规划建设渔州城工业配送中心规模为 50 万 m^2,位于防城港市港口区渔洲城工业园区内。

(3)茅岭工贸配送中心

茅岭工业区是防城区工业发展的重点区域之一,重点布局纸浆、钢材、建材、矿产、石油气等产业为主的工业项目。但工业区中的纸浆、钢材、建材、矿产、石油气等产业定位与自治区规划和其他工业区定位有冲突,产业定位及布局需要调整。因此,建设茅岭工贸配送中心,可以进一步优化产业布局,以便茅岭工贸区的生产物流向冲仑综合物流园区分流,发挥工贸区工业品贸易功能,茅岭配送中心应着力服务于茅岭工贸小区的工业品贸易。主要功能包括:仓储、配送、展示、交易、商务、信息等。主要货类:轻工业成品及原料。近期目标:防城港市轻工业产品生产物流配送中心。远期目标:防城港市轻工产品展销与轻工业品商贸物流服务中心。茅岭工贸小区位于防城区茅岭集镇,规划范围东北至茅岭江、东南至沙坳村、西南至大坝村沙墩组及南防铁路,西北至冲仑江,规划面积 12 平方公里。工业区交通便利,供水、供电、通信等基础设施完善。茅岭工贸配送中心位于防城港市防城区茅岭工贸小区内,根据该中心功能定位和发展特征,预计需占地大约 50 万平方米。

3)促进临港工业产业发展

防城港市工业产业已经具备一定基础,但是产业发展仍以粗放式增长为主,因此应合理地运用现代管理与技术,充分利用公共物流服务资源,发挥物流资源的规模效应,走集约化发展的道路,以提高生产效益和效率。需要重点加强港口综合物流园区、公车物流园区、冲仑综合物流园区对外交通组织规划,满足其大批量、多批次物流服务需求,配套建设外部交通道路,并配套建设大型园区内部道路及轨道专用线。建立以冲仑综合物流园区为主导的钢铁产业、钢铁配套产业、其他临港产业建设材料、建设装备的代购、定制、加工、租赁、配送、安装、维修、使用培训为一体的建设物流综合服务体系。建立以企业临港工业专用码头为主,公车物流园为辅,煤炭储运中心为后备的三级原料、燃料、辅料供应物流服务基础设施体系,为粮油、钢铁、电力、化工产业的发展提供安全可靠的供应物流服务。加大配送中心、物流服务中心建设,积极推进第三方物流业的发展。为实现工业园区的"物尽其流",降低园区企业的生产、流通成本,提升园区的竞争力,地方政府或园区管委会,应根据园区企业发展的需要,通过招商引资的方式或通过改革现有流通企业的途径,搞好配送中心或物流服务中心的配套建设。引导企业更新观念,改变小而全、大而全,物流系统完全自我封闭的现象,鼓励企业按现代经营理念,将全部物流功能或某部分功能对外委托或请第三方物流企业,减少企业自办物流造成的人力、财力、物力的浪费,使企业的核心竞争力得到充分的发挥。销售环节是产品价值得到实现的必要途径和关键环节,销售物流服务的能力直接影响销售范围的大小、销售对象的多少和产品的价格;建立以公车物流园区为主体的钢铁成品、半成品、机电产品、集装箱等产品的展示、现货交易、电子商务、售后服务一站式物流服务体系;建立以茅岭工贸配送中心为主体的轻工业品交易配送体系。完善并利用北部湾港务集团、中远(防城港)公司、中外运(防城港)公司等龙头企业的物流设施网络,发展带动化工物流、大件运输、特货运输、冷链物流的发展,并鼓励企业"走出去"以开拓市场。

在促进商贸业物流发展方面,需要注重:

(1)构建区域性商贸中心

按照适应城市发展和国际国内市场的需要,依托枢纽港和出海出边大通道,大力发展以商贸业、中转服务业、出口加工贸易、边境贸易为重点的商贸服务业,逐步发展成为环北部湾和中国—东盟区域性的商贸中心。

大力发展商业,适应城市、工业和边境贸易的需要,加快培育壮大商品市场,扩大商品贸易的规模。重点建设城市中心区和各区、县(市)城区中心的超级商场和大宗生活用品的专业批发市场,加快发展农贸市场、生产资料批发市场,适度发展各类中小商业市场。在中心城边缘建设城市商贸物流共同配送中心,并在1个市级商业中心即沙潭江核心区、6个片区级商圈即防城商圈、渔万商圈、公车商圈、西湾商圈、大学城商圈和若干个社区商业中心设立配送信息采集点，使共同配送的业务覆盖到主要商业中心、连锁店铺和大中型店铺。

利用港口进出口大宗原材料的便利条件，加快发展中转贸易。重点组建大中型中转贸易流通企业，建立中转贸易的批发市场，大力发展大宗原材料的中转贸易，不断扩大港口中转贸易的规模效益。

发挥防城港市西南通道主门户和中国—东盟前沿阵地的区位优势，大力发展以东盟为主要市场的机电产品、纺织品、塑料制品、玻璃制品、农特产品和水泥为主的加工出口贸易。

(2)边境贸易物流服务体系

依托边地贸口岸、边境口岸、海运、陆运和互市贸易点，大力发展边境贸易。重点发展互市贸易和小额贸易，积极发展服务贸易和技术贸易，加快发展大宗商品的批发贸易。

进一步完善边境口岸基础设施建设，加大对边境口岸新建物流设施的信贷支持；由中央和地方共同出资设立边境贸易出口鼓励基金，以对边境小额贸易企业提供必要的资金支持。实施旨在提高边境贸易业务人员素质的计划，并使用该基金建立中国越南统一的边境贸易公共信息服务系统。边贸出口商品的多元化，改变边贸出口商品档次低的现状，实现低、中、高档多层次并存的边贸出口商品构成。以高质量、多品种、精包装打开东盟市场；以电子产业为龙头，加大对东盟电子产品出口；增加东盟国家资源性物资进口，实现国际间的资源互补；培育边民互市贸易点。由于边境贸易受周边国家经济影响处于低谷，应用好国家关于边境小额贸易的各项优惠政策，鼓励个体工商户参与互市贸易。

(3)涉农产业物流发展规划

我国农业产业化进程发展缓慢的一个重要原因是忽视了农村物流在农业产业化进程中的作用。防城港市农业发展资源优势明显，但是将资源优势转化为产业优势，必须依靠农村物流服务体系的发展。加强农村道路建设，在村村通油路的基础上，进一步提高农村公路路网密度和公路等级。鼓励发展环保型、经济型、低速货运车辆，服务农村货物集散。及时了解农村货运需求信息，进一步扩大“绿色通道”覆盖面，帮助农民解决时令农产品“运输难”的问题。建设农资配送网络，加强农资配送网点管理，积极推进放心农资连锁配送，根治农用物资市场混乱、清除农用物资质量隐患，从源头上保障农产品质量安全。加强农业信息网络服务体系建设，提高农产品质量安全管理信息化水平。创新农资配送服务新模式，将农资配送网点和信息服务网点“两网合一”，通过农资连锁配送网和农业信息网互为载体、相互促进、协调运行,实现放心农资供应和信息进村入户。立足当地资源优势,依托防城港市水产品、林产品、药材、甘蔗等资源优势,面向国内国际市场,配套建设农副产品加工和物流基地,支持农副产品深加工,提高产品科技含量,形成规模经营。发挥“龙头”企业作用,以“龙头”企业来内联千家万户,外联两个市场,从而引导、带动、辐射农业产业化的发展,并且建设一批主导产品、“龙头企业”、服务组织、商品基地。整合农村物流服务资源。把供销社系统、邮政系统、企业系统等,整合成农村采购和农村销售一体化的流通体系,注重资源存量提升、调整,避免重复建设、多头储运,减少运输车辆“跑空率”和“待货率”,最终降低农产品交易成本和物流成本。实施产加销一体化的物流服务,把农产品生产与流通连接起来,最大限度提高农产品商品率,提高农产品科技含量,使农民获得生产环节的效益和加工、流通环节的利润,增加农民收入。

4)大力建设物流信息平台

按照不同物流信息平台建设模式的特点,结合防城港的特点,选择合适的物流信息平台方案及体系,发挥在以供应链中的作用。

目前,物流信息平台的建设有三种模式:政府主导型、企业主导型、政府与企业协同型,其中政府与企业协同型更具有可操作性。政府与企业协同建设模式有两种:“自上而下”协同型、“自下而上”协同型。根据防城港市物流发展水平、经济发展水平、信息化水平等因素,防城港市物流信息平台应采取政府企业“自上而下”的协同模式来建设。

在信息平台建设初期,成立信息平台投资主体。初期由政府以股份制的形式首先注入部分初始启动资金,牵头负责规划、协调、引导和吸引企业(如北部湾港务集团、中远、中外运以及其他临港工业企业等)同样以股份制的形式注入资金,成立防城港市物流公用信息平台的投资经营主体。政府发挥规划作用,行使宏观调控职能,负责指导公共物流信息平台共享信息服务价格的制定和市场引导政策的出台,同时积极争取国家有关部委办局的相关经费支持。

在信息平台建设后期,建立行业准入制度。信息平台建设后期,入股企业逐渐成为公共物流信息平台的运作主体,根据相关政策和行业协会制度,引入行业准入机制和会员制等管理运营方式。明确信息平台使用权益。物流信息平台在大量应用系统投入使用后,平台运营主体应按照“谁受益,谁付费”的原则,出台使用平台的相关服务费用标准,按照市场化运作,实现平台的良性发展。

随着建设运营主体依靠高效、优质的物流信息服务实现自我积累和自我发展。这时政府(商务局、信息产业局、发改委等)主要履行监督职能,实现平台的良性发展。防止平台经营主体在利益的驱使下丧失公用信息平台的公平性。

近期应围绕大通关的要求，优先建设在短期内能够完成的、需求迫切的、基础性功能，如港口信息查询、车辆信息查询、电子订舱功能等。主要建设信息基础设施（TPII）、光纤干线和宽带数字通信网，改造小局域网，利用港务集团的ATM主干网建立内部互联网（Intranet）；研究解决数据库、中间件、网关接口、交通数字地球等关键技术，统一制定数据标准，优化数据流程，实现物流企业信息系统集成和子系统数据共享，建立物流企业信息数据资源库；制定相关的培训计划、管理制度和规范标准等。

远期对于较复杂的、需求程度低的功能，如物流载体远程监控、在线交易、国际金融、在线交税等功能可以采取分步实施、逐步扩展完善的方式进行。通过相关的业务重组，优化数据流程，在数据库和专家系统的基础上开发决策支持系统；在EDI系统的基础上建立电子商务系统。

在规划方面，为贯彻"统一规划、面向应用、重点突出、联合开发、统一标准、资源共享"的思路，兼顾企业化管理和社会化服务两大功能，建立畅通的内外信息交流渠道和高品质信息服务窗口，防城港市物流信息平台建设应遵循开放性原则。由于防城港市物流信息平台必须与数量众多、性质不同的各类用户连接，因此必须保证用户可以方便地连接到公用物流信息平台；公用物流信息平台作为各个企业在网上进行交易的平台，安全性不仅仅是平台本身的需要，也是服务电子商务的必要要求；防城港市物流信息平台作为一个复杂系统，难免出现各类异常。平台需要具备较强的可靠性，有效地减少故障发生，或者当出现异常时，系统可以自动进行及时处理，降低系统故障造成的损失；防城港市物流信息平台应该能让各类用户方便地使用查询、交易等功能，同时还可以提高工作效率，减少出错的可能性；防城港市物流信息平台的设计必须自始至终贯穿经济性的理念，这既是信息平台运行的目标，也是信息平台自身建设过程中应遵循的原则；防城港市物流信息平台建设、使用周期长，因此信息平台的设计应具有一定的前瞻性，从而保证系统具有较强的扩展能力，以适应信息技术的快速发展；防城港市物流信息平台是复杂大系统的建设，构建和实施过程中需要政府各个部门的（如海关、工商、运输、企业等）的支持和合作，其产生的规模经济和外部经济对整个社会明显具有公益性。

如图6-8所示，在物流信息平台总体结构方面，公共物流信息平台的建设应注重系统与子信息平台的接口标准化和物流设施标准化。依托港口、航空、公路、铁路物流枢纽的网络体系，并与海关、税务、商贸、金融、制造、商检等领域的信息管理系统相衔接，与产品生产、运输、销售等环节信息流相配套。

整合全社会微观物流资源，提供不同内容信息服务，使物流信息平台成为物流体系中需求方、供给方、服务方、管理方、社会公众相互联系的桥梁纽带；为物流供给方和需求方提供信息支撑，为相关行业部门进行物流管理与市场规范化管理提供必要的信息，为发展与规划提供信息化的决策支持手段；通过建立防城港市物流信息平台使市内相关行业管理部门、行业服务部门与物流运作企业、物流需求群体能进行有效沟通，实现快捷、便利、实时的物流信息交流。同时，防城港市物流信息平台首先要符合上级信息平台建设规划，与上级信息平台相衔接，又要与平级信息平台相联系，不能各自为政。

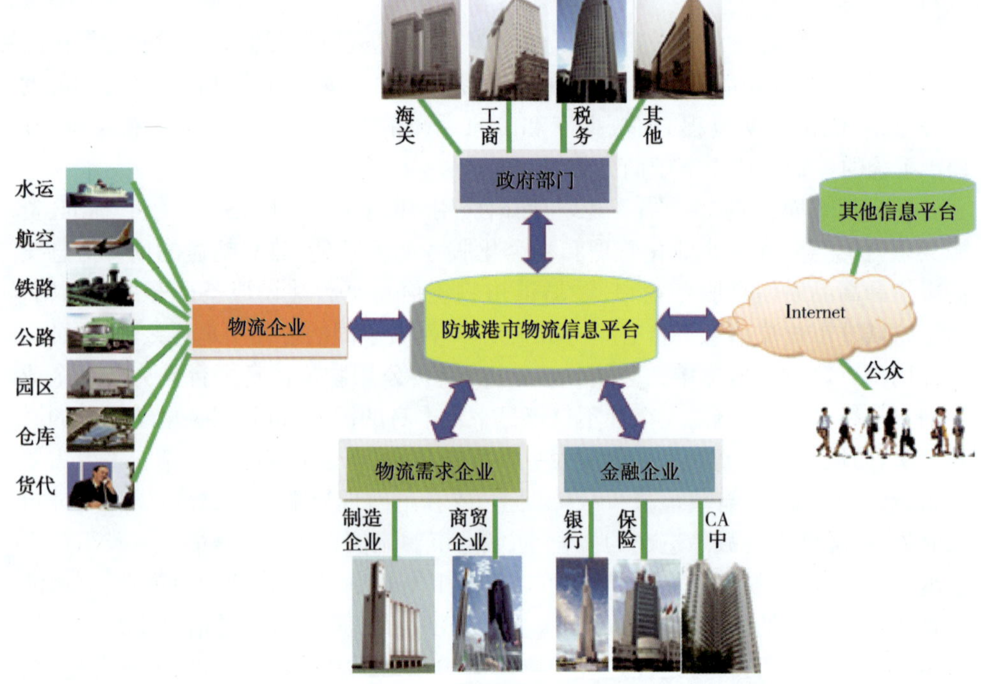

图 6-8 防城港市物流信息平台总体结构图

在功能设计方面，面向公众的公共信息服务功能设计包括：基本信息，如平台简介、功能导航、行业动态；行业信息如相关政策、法规；交通信息如公路、铁路、航空信息等；城市基本信息如地理信息、路网信息、交通管理信息；物流企业信息如物流企业资讯等。以上的功能通过信息自动发布模块、信息查询模块、会员注册模块、客户综合服务模块、呼叫中心模块来实现。

如图 6-9 所示，通过电子交易平台建立一个综合、开放的 B2B、B2C 物流电子商务环境，为物流服务的供方和需方提供一个虚拟交易市场，双方可发布供需信息，对自己有兴趣的信息可与发布者进一步洽谈，交易系统可以为双方进行交易撮合。交易平台采用电子证书等手段保证交易的安全,具体包括网上采购招标模块、网上支付模块、网上报税模块、网上报关模块、网上保险模块。

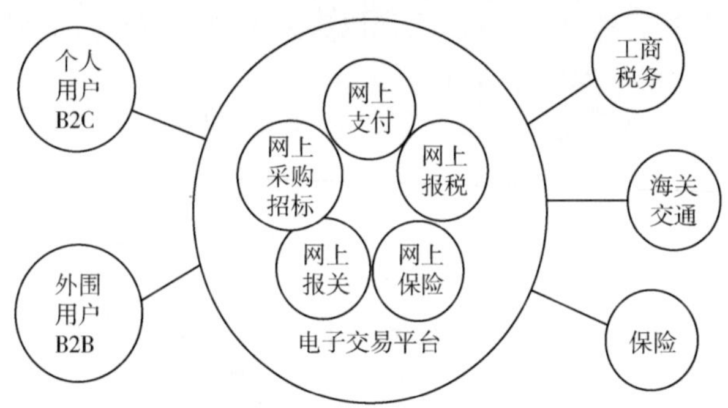

图 6-9 电子商务平台功能模块图

如图 6-10 所示,物流业务集中管理平台功能设计包括:物流业务管理平台契合第三方物流公司的业务现状及发展需要,集仓储管理、运输管理、物流业务综合管理等功能于一体。平台以标准化的业务流程规范为基础,结合先进的物流技术手段,充分利用高效的计算机网络实现仓储和配送的无缝衔接,综合发挥各组成子系统的功能。物流业务管理平台将会提升每一个物流节点的管理能力,提高物流作业的效率,从流通全过程来降低物流成本,实现总体优化,形成物流网络整体优势。具体结构包括仓储管理系统、配送管理系统、货物状态管理系统、报表统计管理系统、货运代理管理系统、客户管理系统、合同管理系统、决策支持系统。

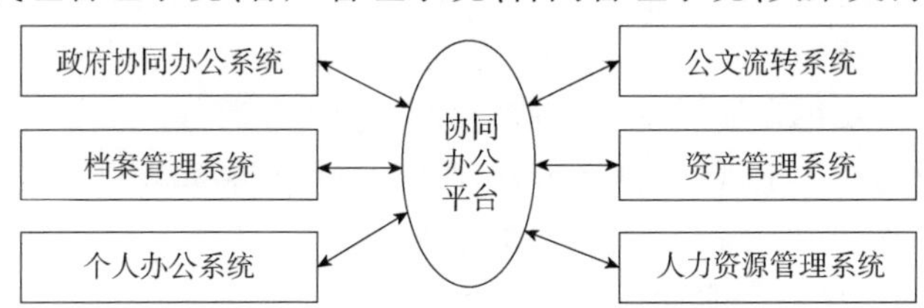

图 6-10 职能部门协同办公平台功能模块

4.1.3 巩固国际物流中心发展

1) 合理港区作业功能划分

防城港的建设起步较晚,现有港口基础设施的规模较小,设施、设备的现代化水平相对较低,港口布局不够合理,码头泊位的功能相互交叉、干扰,在腹地运输需求不断增长的条件下,港口生产、经营处于被动的地位。为了适应腹地经济和对外贸易发展的需要,使防城港逐步步入现代化港口的行列,今后10~15年期间应结合港口基础设施建设和港口规模不断扩大,进行港口布局和港区及码头功能调整,通过码头资源整合和合理分工,逐步实现码头大型化、专业化,形成规模化、专业化港区,实现集约化经营和现代化管理。

防城港的规划布局应逐步形成共用码头为"一港五区",专用码头集中在企沙工业港区,地方码头基本维持原有中小港口的格局。防城港务集团公司属下的各港区共用码头是港口布局和功能调整的重点。

第一港区:自老港区北侧的材料码头至8号泊位及其南侧中级泊位,由于码头建设的时间较早,泊位吨级偏小、专业化水平低。当前,除了0号泊位作为石化产品码头、过渡段为散装水泥码头、8号泊位是国家粮食流通项目的专用散粮泊位以外,其余泊位均为接卸各种散货和杂货的通用泊位。因为港口生产的压力较大,港口码头通过能力不足,该港区装卸的货种多,多种散货与件杂货混杂作业、相间堆存,黑白货种交叉污染。导致码头作业相互干扰、污染严重、效率低。随着在建的第二港区和规划的第三、第四港区大型、专业化泊位相继建设并逐步形成规模,应将目前由大型船舶运输的、易污染环境的金属矿石、煤炭、非金属矿等大宗散货装卸由本港区移出,仅保留散装水泥和粮食的装卸、储存,将本港区整合成为以小批量件杂货为主、兼顾散装水泥、粮食运输的杂货港区。

第二港区:自第一港区中级泊位南端开始,包括现有的9号~12号泊位和在建的13号~16号泊位。现9号为3万t级散货泊位,10号为2.5万吨级的集装箱泊位,11号~16号均为多用途泊位,码头结构为5~7万t级。为减少煤炭、金属矿石对粮食、集装箱泊位的污染,9号泊位将改造为集装箱专用泊位,10号泊位维持集装箱泊位不变,从长远发展需要和形成规模化港区考虑,将11号~14号作为集装箱泊位,可形成具有一定规模的集装箱作业区,近期集装箱吞吐量还未发展到相当规模时,可暂时作为通用杂货和通用散货泊位过渡;15号~16号泊位作为有色金属、化肥、硫磺和磷矿石等专业化泊位。

第四港区:第三港区自第二港区的16号泊位南端起,包括在建的17号泊位和规划的18号~22号泊位;第四港区为规划港区,位于牛角沙南端、暗埠江深槽西侧,自南向北10个泊位为干散货泊位,10号泊位以北包括在建的液体化工码头为液体散货码头区。拟建的18号~20号泊位为集装箱泊位,21号~22号为干散货泊位,与在建的20万t散货泊位组成防城港的大型专业化散货作业区。第四港区为规划的散货作业区,今后将根据大宗散货运输量增长的情况,作为专业化散货作业区的补充陆续建设。

第五港区:位于牛头岭北侧到马鞍岭,可布局8个1~3万t级泊位,重点发展污染少杂货码头和为临港工业项目配套的码头。近期将对现有的 1 个万 t 级成品油泊位将进行功能改造,其功能由东湾 5 万 t 级化工码头进行承担。

企沙港区:位于企沙临海工业区内。企沙港区不仅作为企沙临海工业区内各家工业企业服务的专用港区,也是未来重点发展的公用港区之一。根据目前港区总体规划,港区划分为矿石码头作业区、油品码头作业区、煤炭码头作业区、杂件码头作业区、修造船舶区和支持系统区。

2) 加大多式联运体系建设

以建设出海出边国际大通道为目标,建设从广西沿海港口通往东盟、华南、中南及西南经济区的集疏运通道。集疏运通道以铁路、公路为主,形成以南昆、黔桂、南防和南北、钦防高速公路为主线,连接沿海港口与云南、贵州等西南腹地的综合运输通道;以南宁—玉林、南宁—广州铁路和南宁—湛江、南宁—梧州公路为主线,形成通往广东及港澳地区的运输通道;以焦柳、湘桂、黎湛等铁路和桂海高速公路等为主线,形成通往湖南及华中地区的运输通道;以南宁—凭祥铁路和南宁—友谊关、防城港—东兴等公路与越南相连,形成通往东盟的国际陆路通道。加强港区铁路、公路规划,使港区交通网络与周边铁路、公路干线及城市交通顺畅衔接,形成高效、便捷、安全、畅通的港口集疏运系统。

3) 完善重点集疏运通道

防城港市国际物流在物流发展中占有重要比重,因此,防城港市对外物流通道既包括国际运输通道(海上运输通道和陆路运输通道),也包括防城港市与其他省市的运输通道。

(1) 出海通道

出海通道主要指防城港与东盟各国主要港口之间的航运。需要增加防城港至东南亚港口的直航航线密度,对部分前期经济效益不好、腹地急需的航线给予一定期限的财政补贴开通直航航线。

(2) 疏港通道

如图 6-11 所示,在疏港铁路方面,规划对南防、钦防铁路扩能改造,新建防城南—企沙、防城—东兴铁路以及茅岭—公车(企沙)铁路货运专用线。远景在南防铁路扩能改造的基础上,在铁路东侧修建防城港—南宁城际铁路。

如图 6-12 所示,在疏港公路方面,将收费站北移至规划的洋山互通立交以南,同时新建防城—企沙高速公路,并从该高速出入口引入两条疏港专用道直达渔万港区和企沙港区,形成“双岛双高速”的疏港格局。另外,规划新建防城—东兴高速公路以及防城—上思高速公路,预留防城—龙门—钦州港的高速公路通道。

图 6-11　疏港铁路示意图(来源:《广西北部湾经济区核心区——防城港市主要规划图册》)

图 6-12　疏港公路示意图(来源:《广西北部湾经济区核心区——防城港市主要规划图册》)

如图 6-13 所示,在出边通道方面,充分发挥防城港市沿边、沿江、沿海的优势,打造快速出境通道,提升出边出境通道的集疏运能力。规划建设中越北仑河二桥及配套一级公路、北仑国际物流中心、防城峒中至越南横漠大桥、茅岭至江山公路、防城至峒中二级公路、防城港至东兴高速公路。在加强硬件设施建设的同时,借助现代科学技术，加快实施出边通关手续简化。

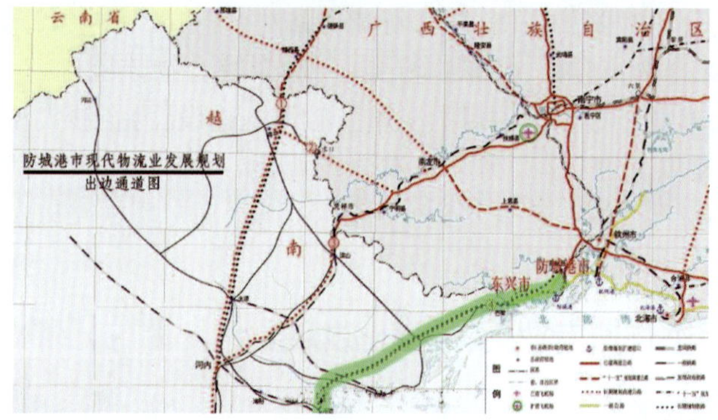

图 6-13 防城港市出边通道示意图(来源:《广西北部湾经济区核心区——防城港市主要规划图册》)

如图 6-14 所示，在城际通道方面，加快防城港市与周边城市之间的通道建设，尽快形成防城港城区与南宁、钦州、崇左、东兴、上思之间高速公路及快速铁路网，加快北部湾经济区城市物流一体化进程。

图 6-14 防城港市与周边城市运输通道示意图(来源:《广西北部湾经济区核心区——防城港市主要规划图册》)

结合城镇化建设的要求，完善各区县市城区与公路网的连接，城区的主要出入口要达到二级公路以上。

规划将钦州贵台至防城二级公路与高速公路冲仑路口连接；规划防城区与港口区的连接公路；做好上思县城与崇左(经上思)至钦州高速公路的连接规划；做好防城区、东兴市与防城港至东兴高速公路出口的连接、同时做好港口区光坡镇、企沙镇与沙企一级公路的连接规划，推进城市化建设步伐。

规划通过"四横六纵"的主干路网衔接中心城各组团，形成中心城"田"字型主干路网。各组团干路网构成:防城组团干路网、渔万组团干路网、沙潭江干路网、企沙组团干路网、公车组团干路网、西湾新城干路网。

加快港口综合物流园区、公车物流园区、冲仑综合物流园区、企沙工业物流中心、上思综合物流中心等重大项目的交通基础设施建设,为企沙大型钢铁基地和核电厂能源基地提供交通保障,为全市农业产业化、工业集约化、商贸便利化服务。包括修造船基地专用铁路、钢铁基地专用铁路、离岸岛专用铁路以及渔万港区内的部分专用铁路。

4.1.4 促进物流专业化、规模化发展

1)建立区域物流体系

中国—东盟自由贸易区和北部湾经济区现代物流产业发展中心和区域性国际、国内物流产业积聚与服务组织中心,西南大通道的转运和集散中心,北部湾经济区物流枢纽城市构成区域物流体系。

(1)利用区位优势,构建区域性物流中心和建立区域性物流体系

防城港市位于中国—东盟自贸区、泛北部湾经济合作区、大湄公河次区域、中越“两廊一圈”、泛珠三角经济区、西南六省(区、市)协作等多个区域合作交汇点,是中国沿海与东盟国家进行陆上交往的枢纽,是促进中国与东盟全面合作的重要桥梁和基地。因此,要充分利用防城港市独特的区位优势,加快建设区域性物流中心,不断完善区域性物流体系。

加快建设区域性物流中心。围绕构建大西南和中国—东盟区域性的物流枢纽城市目标,以大港口、大通道和边海口岸为依托,以大宗货物集散与疏运为重点,以物流园区和物流节点为载体,以港口、公路、铁路多种联运为手段,以主导物流企业为带动,大力发展以大西南、中国—东盟市场和为防城港市工业服务为重点的物流业,逐步发展成为大西南和中国—东盟区域性的物流枢纽城市。

不断完善区域性物流体系。加强沿海沿边区域物流园区建设,逐步建设集海运、海铁联运、转运、仓储、配运、物流加工贸易、保税仓储、信息服务等为一体的综合物流园区;加快通道设施建设,完善物流综合运输网络,建立通畅的物流通关体系和现代物流服务体系。进一步整合防城港市物流资源,推进物流企业联合重组,培育发展物流主导企业,不断壮大物流产业。积极推广现代物流技术,改进提升物流组织运行方式,促进传统物流业向现代物流业转变。

(2)以港口为依托,建立以港口物流为重点(中心)的国际物流体系

防城港是我国沿海 24 个主要港口之一,国家综合运输体系的重要枢纽,西南出海大通道的重要组成部分,具有连接我国西南地区并作为其出海大通道的作用。

中国—东盟自由贸易区经贸交流的重要平台,面向亚洲及太平洋地区的中近洋国际枢纽港。港口物流的最大特点是大进大出,而且具有配置国际物流与国内物流的功能。因此,作为临港城市,要充分发挥其港口在国际、国内两种资源的双向配置上发挥基础性作用。加快完善港口物流体系,既是推动中国—东盟自由贸易区、泛北部湾经济圈多区域合作以及广西经济社会发展的需要,也是做大做强北部湾沿海港,提升港口竞争力的必然要求。

依托港口的物流系统建设,实现港城物流发展的一体化。尽快在整合既有港口资源的基础上,进一步整合经济发展资源,通过构建以港口为依托、以城市为节点、以综合交通基础设施系统为支撑的港城一体化的现代物流业发展体系,以便充分发挥防城港作为区域合作发展的优势资源的作用和潜力。并且,根据防城港定位(建成全国枢纽大港、大西南货物集散与疏运大港、环北部湾工业大港、国际性商贸大港)和港口发展思路将港口物流服务向外拓展延伸,与公路、铁路、近洋、内河等各种交通方式协作,打造通达港口内陆经济腹地及我国其他沿海港口的立体式快速大能力物流通道;与物流运营商、金融资本运营商合作,建设以港口为支点、辐射周边地区及内陆腹地的一站式、"门到门"全方位高效物流服务网络;与临港及腹地的生产制造业和商贸流通业共同建设高效益、高保障的物流服务体系,以物流推动产业结构调整及贸易发展,加强区域经济的合作和区域产业的组织,推动区域经济发展方式的转变。提升港口的国际物流能力,扩大区域物流竞争实力,搭建港口物流公共服务平台,构建港城一体化物流体系。

加大港口建设力度,加大港口公用码头特别是集装箱专用泊位建设,配套完善相应的设施设备。加快建设完善集装箱运输系统、港口及内陆城市与港口物流具有紧密运作和业务延伸关系的物流园区、物流中心和配送中心等。加强与铁路部门的合作,进一步推进北部湾港口、铁路及其他重要物流资源的合理配置,重点构筑港铁联动的一体化物流体系。大力开展公路集装箱运输,并努力开辟到东盟各国港口的集装箱新航线、发展集装箱联运业务。同时,大力发展与越南沿海港口集装箱业务,进一步拓展东南亚直航航线,创造条件开通中东航线,从而开辟通过东南亚港口中转欧美市场的新通道。

以近洋运输为主,辅以多种运输方式,构建防城港与我国其他沿海港口,以及与东南亚其他港口的中转通道,从而构建东盟与我国在北部湾区域的海上中转枢纽。同时,依托防城港多种运输方式齐全的综合运输网络优势,形成不同运输方式之间的合理分工和协作,并通过优化集疏运系统的建设,有效增加防城港的物流量。

加快防城港保税物流中心申报和建设。以保税港区为主导,后方多形式保税设施为节点,构建西南出海通道保税物流体系。以物流服务网络、保税政策为基本吸引力,促进生产制造产业以及物料交易市场发展;以充足的航线为基本条件,培育中国与东南亚国家之间的国际贸易市场在防城港落户。防城港东湾已有 9km^2 的成片土地,且有大海粮油、嘉里粮油(防城港)等大型企业,设立防城港保税物流中心,有利于发展临港工业和现代物流。

通过建立通关系统、港口作业系统、物流作业系统和物流信息平台,围绕港口的物流服务提供运作支撑,提高物流运作效率。

加快传统港口业务向现代物流业的转变。在既有港口服务的基础上,通过港口内部管理提升,提供包括运输、转运、储存、装拆箱、仓储管理、加工、信息处理等服务。结合物流服务网络建设,将揽货网络向内陆延伸,积极寻找和开发新的货源市场增长点,探索物流服务的新领域和新方式,加大港口货源开发和物流服务网络的建设力度。

(3)发挥沿海沿边的区位优势,促进国际物流发展

防城港市是我国唯一与东盟既有陆地接壤又有海上通道的城市,处于中国沿海与东盟国家进行陆上交往的枢纽,是促进中国与东盟全面合作的重要桥梁和基地。随着中国—东盟自由贸易区建设不断加快,防城港市在国际国内区域合作的双重战略地位和作用日益凸显,中国与东盟间将形成巨大的物流市场。

防城港作为我国 12 个沿海主枢纽港之一,具有发展国家物流的条件和优势。因此,结合《广西自治区沿海港口布局规划》(2006 年)中对三个沿海港口的定位和分工,防城港重点发展运输转运为重点的区域型物流服务产业,形成依托西南大通道的转运和集散中心。并且,随着东盟自由贸易区的建设和发展,大力发展面向东盟的国际物流。

随着中国—东盟自由贸易区进程的加快推进,广西与东盟陆路“黄金通道”的经济效应、物流效应逐渐显现,日益繁荣的边境贸易正使“兴边富民”、“商贸富市”变为现实。东兴市作为我国进入东盟市场的另一便捷陆路通道,近年来边贸发展态势强劲,到目前为止边贸累计成交额已突破百亿元。同时,边境贸易作为防城港市的支柱产业,要充分发挥沿边地区的先导作用,加强与越南的边境贸易的发展,促进边贸物流发展。发挥自身优势,以保税设施为依托,开展保税物流、国际物流业务,探索并实践自由贸易区物流发展的有效途径,在自由贸易区的物流便利化建设中发挥先导作用。加快保税港区、保税物流园区以及出口加工区等的建设,适当增加海关监管点或临时监管点。

加快东兴边境经济合作区的发展。东兴市作为国家边境一类口岸城市,为提升边境地区国际竞争力,树立国门形象,自治区、防城港市要用足用活中越边境合

作区等优惠政策实施开放合作,进一步支持东兴边境经济合作区的发展。同时,以东兴为中心,将东兴、芒街乃至防城港作为自由贸易区和出口加工区试点,大力发展生产型贸易。扶持和鼓励边贸企业发展一般贸易、加工贸易、服务贸易等新的贸易方式。以越南为桥梁,扩大与东盟国家的经贸合作,鼓励边境地区设立主要面向毗邻国家的边境出口加工区、保税工厂。同时,加强和东盟国家在多层次、多领域的合作交流。特别加强中越双方经济合作与交流,积极与越南等东盟国家各级政府和相关部门的相互联系,建立会晤制度,互通双边贸易情况,协商解决口岸建设、对接通关等相关问题和困难,为边贸健康发展提供安全、稳定、便捷的条件。

加快边境口岸和边民互市贸易区基础设施的建设和完善,重点发展互市贸易和小额贸易,积极发展服务贸易和技术贸易,加快发展大宗商品的批发贸易。加强边贸软环境建设,加强对口岸过境贸易进出口货物和边民互市点贸易进出口货物的管理,理顺和协调好海关、边防、检验检疫、税务、工商、财政、边贸等部门的关系,切实发挥联合办公的作用;不断探索边贸管理新模式,提高办事效率。清理、整顿乱收费、乱罚款、乱摊派现象,降低企业出口成本。

2)发展冷链物流

防城港要实现国际物流系统枢纽的功能,需要发挥对主要货物和专业化物流的国际配置中心功能。在这方面,防城港冷链物流体系的发展值得关注。

根据冷链物流的特性及防城港市现有基础设施条件,冷链物流宜选在靠近海边、靠近水产品捕捞地、水质良好、交通便捷的地方。因此,防城港冷链物流中心选址在企沙镇山心一带。主要功能区包括:进货暂存区、原料冷藏及冷冻库、急冻库、解冻库、材料冷藏及冷冻库、一次加工作业区、二次加工作业区、缓冲区域、内包装作业区、外包装作业区、成品冷藏及冷冻库、分拣区、出货暂存区以及装载容器清洗区及暂存区等。主要货类:水产品、瓜果、蔬菜等。冷链加工物流中心近期目发展成为防城港市冷链加工物流中心。远期成为西南地区最大冷链加工物流中心,并与内陆地区的冷链物流节点连接,成为中国-东盟地区重要的冷链物流配置中心。

4.2　重庆港发展港城物流枢纽的重点任务

为适应城市产业集群发展和“园区经济”模式布局,重庆港在港口规划布局及建设上积极适应现代港口物流发展的需要,采用了“前港后园”的建设和发展模式。如寸滩港依托重庆寸滩内陆保税港区优势,采取“区港联动”模式,为重庆外贸的通关提供了高效优质的服务;果园港地处重庆两江新区产业集群核心区域,园区经济特征明显,在港区规划建设上选择了“前港后园”的功能布局,不但提升了港口的功能和地位，更为后方园区形成大市场、大卖场，集聚相关产业，实现港口和园区联动提供了有利条件。因此，重庆港在西部港口物流枢纽发展模式应围绕港城物流互动、保税物流体系、临港工业等方面展开。

4.2.1 加大港城物流互动力度

1）发展江海联运模式

重庆港是长江上游唯一的国家外贸一类口岸，其水路沿线可直达长江六省二市，陆路与成渝、襄渝、渝黔、渝怀铁路和成渝、渝黔、渝沪等高速公路相连，水陆交通辐射整个西部地区和长江流域。为进一步发挥重庆港在长江的区位优势，可实施江海联运模式，具体路线包括：

（1）重庆港—南京港—上海洋山港

重庆、武汉、南京，分别是长江上游、中游和下游三个最大的洋山港喂给港，由于地理位置不同，他们的航道条件也有较大差异。为了最大限度的利用自然条件，各航段之间存在着货物中转，即将货物在不同载箱量的船舶之间转运。

（2）重庆港—上海外高桥港—上海洋山港

洋山深水港区建于杭州湾崎岖列岛海区，海船能够直接挂靠洋山深水港区码头作业，内河船舶所承运的集装箱必须通过换装海船才能与洋山深水港区国际班轮衔接。上海港务集团鼓励内支线船舶直达洋山深水港区作业。根据广大内支线经营人的经营特色、内支线船舶的困难，同时考虑到国际中转箱在洋山深水港区与其他港区之间转运的需要，已在外高桥港区与洋山深水港区之间开辟往返运输中转箱的穿梭支线，投入“穿梭巴士”进行航线运营，同时在外高桥港区设立专用的换装点供“穿梭巴士”作业使用。

（3）重庆港—上海洋山

随着上海洋山港正式投入运营，长江集装箱运输已经由单纯的“内河”方式向“江海直达”方式转变。在重庆市政府的高度重视下，在重庆海关、重庆市检验检疫局的大力支持下，在港口码头、船公司等共同努力下，中外运集装箱运输公司对“重庆—洋山”直达快航运营进行试航。“五定”快班轮是指按照定装卸港口、定运输路线、定班轮船期、定运输时间、定全程运价五定运作模式，由重庆港始发至沿海港口（仅限一类口岸）的一船到底直达集装箱班轮，中途不挂靠沿途港口。“五定”快班轮全程运行时间 120h，以出口集装箱为主，收费标准与普通班轮基本持平，但由于降低了装卸时间和运输时间，实际上降低了企业的运输成本。“五定”快班轮的开通对加强重庆市口岸物流企业能力建设，发展重庆至沿海的水运外贸集装箱快班轮，打造重庆口岸特色服务具有积极的促进作用。“五定”快班轮前期将试运使口岸各相关部门充分磨合，理顺货物集港、通关、装卸、监控、过闸等各项流程，提高效率，真正体现快班轮的“快”。

2) 合理港区作业功能划分

重庆港各港区下分作业区，作业区功能主要划分为综合运输枢纽作业区、临港工业依托作业区及城市运输服务作业区。其中：

综合运输枢纽作业区是为区域经济发展服务，是区域性水陆物资转运的重要枢纽，是综合运输体系在国家高等级航道上的重要节点；作为重要的水、陆运输节点，在重要物资的跨区域运输中发挥中转、集散作用，是发挥水运主通道功能的重要支撑港口，是腹地资源开发、生产力布局和区域经济发展的重要依托，是港口物流发展的重要支撑，应具有完备的设施、设备和先进的管理，提供优质、高效、综合服务。

临港工业依托作业区主要以服务于地方经济发展、后方临港工业物资运输和旅游为主。依托其辐射范围，位于水运主通道上，基础设施较完备，在促进地区经济社会发展和对外物资交流中发挥重要作用，是临港工业发展的重要支撑。

城市运输服务作业区主要为城市物资需求运输服务，是城市经济发展的依托，基础设施较为完备，是城市功能的重要配套。

基于上述划分原则，在主城港区、万州港区等4个港区的功能划分如下：

根据主城港区岸线资源分布特征，逐步调整作业区功能和布局，高速公路一环至二环之间及以外重点建设大型综合性港口物流园区，实现区港联动的统一。主城区核心区域以内主要实现餐饮、休闲和娱乐功能，城市物资运输服务的作业区应融入城市集中发展，形成一环至二环内和附近集中成片开发格局。

万州港区地处三峡库区腹心地带，城区以外重点建设集装箱、大宗散货、化危品等专业化作业区，发展港口物流，为三峡库区社会经济发展服务，城区以内主要发展休闲娱乐、游艇等设施，为三峡旅游服务。

结合涪陵区位条件和水运资源优势，城区以外重点建设集装箱、大宗散货、化危品等专业化作业区，发展港口物流，为渝东南、乌江流域等地区社会经济发展服务，城区以内主要发展休闲娱乐、游艇等设施，为三峡旅游服务。

江津港区位于主城港区上游，长达128km长江岸线是我市长江航道里程最长的区县，优越的水运条件，成为主城港区的重要补充。是长江主城以上主要的铁公水联运港，将发展大宗散货、集装箱等中转为重点，临港工业为重要内容的重庆市重点港口。

3) 发展港城物流平台

按照统一规划、整体布局、设施衔接、资源共享、优势互补的要求，围绕“一圈两翼”的产业格局和物流资源的配置，形成“点、线、面”相结合的、立体化的港城物流平台。

在点的方面，以港口规划为主。形成以主城、万州、涪陵“三枢纽”为中心，江津、永川、合川、奉节、武隆“五重点”为依托，其他港为基础的层次分明、布局合理、功能齐备、系统完善、错位发展、特色发展的港口体系。

在线的方面，重点发展航运规划。以长江“一干两支”为线，按照高效、节能、环保的可持续发展要求，在“十一五”期间，打造结构合理的船舶运力，逐步淘汰落后船舶，重点发展集装箱、液态化危品、滚装运力等，实现货运船舶标准化、大型化、专业化，船舶标准化率达 80%以上，在长江干、支流货运船舶运力总吨位达到 35 万 t 以上的规模。

在面的方面，重点发展综合物流规划。根据物流节点的地理位置，功能作用和定位以及依托的城镇和产业园区，结合重庆“一心四带”（都市核心区和 4 大产业密集带）产业布局的要求，按照 13 个物流片区打造立体化物流节点网络布局。包括：主城 6 个物流片区（寸滩—唐家沱片区、九龙坡—大渡口片区、梨树湾—上桥—团结村片区、鱼嘴—果园片区、茶园—鹿角—鸡冠石片区、长寿片区）和主城以外 7 个重点物流片区（万州片区、涪陵片区、江津片区、合川片区、永川片区、武隆片区、奉节片区）。

4）发展港城间冷链物流

建成布局合理、设施先进、功能完善、管理规范的农产品冷链物流网络服务体系，培育一批具有较强竞争力的冷链物流企业，人均库容拥有量达到全国领先水平，高温库、低温库设施规模、冷藏设备及冷藏运输车数量与市场需求相适应，建成长江上游地区最具影响力和辐射力的农产品冷链物流中心。

鼓励发展肉类农产品冷链物流。利用白市驿等物流枢纽多式联运节点，重点发展低温冷藏、冷冻设施，建立全程“无断链”的肉类冷链物流网络，积极发展覆盖生产、储存、运输及销售整个环节的冷链，逐步减少畜禽活体的跨区县运输。

加快发展水产品冷链物流。积极运用超低温储藏、运输、包装和加工体系，依托机场，发展航空冷链物流，承接沿海水产品的运输。

积极推动果蔬冷链物流。在果蔬生产基地，利用规划的物流枢纽多式联运节点，重点发展高温冷藏设施，推广预冷、初加工、储存保鲜和低温运输技术，建立跨地区长途调运的冷链物流体系，促进反季节销售。

培育一批经济实力雄厚，经营理念和管理方式先进，核心竞争力强的大型专业冷链物流企业。鼓励大型生鲜农产品生产企业从生产源头实现低温控制，积极发展冷链运输和低温销售。鼓励企业在产地、销地建设保鲜设施，实现产销市场冷链物流的高效对接。鼓励大型零售企业加快生鲜食品配送中心建设，并逐步发展壮大成为为社会提供公共服务的第三方冷链物流中心。

鼓励冷链物流专业企业加快各类保鲜、冷藏、冷冻、预冷、运输、查验等冷链物流基础设施建设。从关键环节入手，重点加强重要农产品物流节点的冷藏设施建设，在重要物流枢纽节点周边加快规划布局一批生鲜农产品低温配送和处理中心；大力改善农产品加工环节的温控设施设备，建设经济适用的农产品预冷设施；配备节能、环保的长短途冷链运输车辆，推广全程温度监控技术；完善与冷链物流相配套的查验与检测基础设施建设，推广应用快速准确的检测设备和试剂。

4.2.2 加快保税物流体系建设

加快重庆寸滩保税港区发展，进一步创新保税港区政策等内容，主要包括：

1) 创新沿线物流的监管模式

在海关监管方面，上海、天津、宁波等沿海保税港区均采取“大通关”模式，依靠统一的信息网络平台、先进的技术手段和设备设施，以及统一的监管机构，实行全封闭围网和各区之间快速通关管理，运作上与国际接轨。从政府层面，要建立与长江沿线港口城市协同监管机制，与长江沿线的武汉、长沙、南京、上海等海关联动，采取“预结关+转关”的监管模式，实现货物入区即签发退税联，需要报请国家相关部门批准，加强海关监管模式创新。从技术层面，必须通过监管技术现代化，借助先进的物流信息技术，对沿线物流实施有效监管，如通过 GPS+电子关锁，实现对集装箱的实时监控，解决中途换载换装监管问题。从行业层面，需要进行信用评级，甚至还要采取信用担保，选择符合海关监管要求的服务运输工具以及信得过的物流企业，作为补充，可以考虑专人在长江沿线进行联合巡查或者派员押运到上海，保障沿线物流的监管。

2) 创新协调双核互动机制

在口岸监管体制方面，深入探讨建立由海关、保税港区管委会、口岸办、检验检疫等单位组成的保税港区口岸联合监管协调委员会的可行性，该委员会的基本职能是负责协调各监管部门对保税港区的监管工作，建立监管部门间的信息沟通，创新保税港区口岸监管制度等。对保税港区“水港”与“空港”两个功能区之间货物实施无缝隙监管，采取“一次申报通关，卡口联动放行”的方式进行监管。在行政管理和经营体制方面，按照政企合一的方式组建保税港区管委会和保税区开发管理有限公司，实行“两块牌子、一套班子”的运作方式，短期内效率较高；但长远来看，按照政企分开的原则，使开发公司的运行相对独立于管委会更加符合未来港区发展的要求。管委会作为地方政府的派出机构行使政府管理职权，一般不直接运用行政权力干预公司的日常经营活动。开发公司作为企业，按照公司法的要求进行开展日常经营活动，重大问题报请管委会决策。这样一方面考虑了政府对保税港区运营监管,另一方面也可以激励开发公司的积极性。

3)创新港区综合物流成本管理模式

制约重庆保税港区物流成本的主要原因之一,就是港口码头建设投资大。由于重庆为山区河流地形,码头建设用地多为河滩回填而成,导致其码头建设成本比中下游高出约一倍,比沿海高出约两倍,这就直接导致了已建成的码头投资回报压力大,而在投资回报的压力下,短时间内物流成本便难以降下来。加上长江上游集装箱运输起步较晚,集装箱运量小而导致港口集装箱规模较小,港口效益差导致其收费较高,使运货方物流成本偏高,不可避免地阻碍物流规模的迅速扩大,进入恶性循环。针对这一现状,借鉴其他港区的成功经验,建议政府采取积极措施,减轻港区的短期投资回报压力,从而使港口着眼长远培育市场,如市政府是否可以每年从港口企业上缴税费中给予一定专项返还财政补贴,支持港口建设。同时建立港口收费监管制度,促进港口作业费用标准合理化。

4)发展无水港网络

内陆无水港作为重庆港物流业的延伸节点,在实现航运服务基本功能的同时,还要从满足客户需求角度出发,积极大力开发其物流延伸功能、产品组装等增值服务功能。随着时机发展的不断成熟,进一步研究重庆寸滩保税港区相关政策与内陆无水港的无缝衔接,通过 GPS 卫星定位系统在其他地区保税区与寸滩保税港区之间开辟"绿色通道",实现两者之间的保税运输。在目前国家政策允许的条件下,重庆市相关政府部门可与内陆地方政府合作,将寸滩保税港区的功能和政策延伸到无水港,赋予无水港保税物流园区、保税仓库等资质,实现出口货物的入港退税、进口货物的入港保税、货物的国际中转等功能,最大限度地发挥其政策优势,促进无水港更好更快地发展,进而实现上海洋山保税港区与内陆无水港的互动发展。

无水港建设前期投入大,直接回报较低,完全依靠港口企业、私有资本的投入,会导致无水港的负债运营,增加无水港的运营成本,影响无水港服务的竞争力、影响力和吸引力。因此,在无水港的建设初期,需要加强与无水港当地政府的沟通,获得无水港所在地政府在政策和资金上的直接支持,实现"双港"(无水港和沿海港口)联动。

重庆港依托寸滩保税港区优惠的政策、独特的功能和便捷快速的对外物流通道,可以发挥其对外辐射作用。无水港与重庆港共享共用洋山保税港区的优惠政策,要不断深化功能开发。如开展期货保税交割业务、保税展示业务等。同时可将寸滩保税港区的启运港退税政策直接移植到内陆无水港。重庆港可吸引内陆无水港在寸滩保税港区设立窗口和服务中心,为内陆无水港周边地区的重大工程建设物品从寸滩保税港区海关转关采购提供服务。

重庆在无水港建设过程中,可与无水港当地政府部门协调内陆无水港的战略布局、物流通道规划等。为了做好内陆地区无水港建设的总体规划,根据上海港与无水港一体化发展的要求,重庆与无水港当地政府部门统一立项内陆无水港一体化战略规划,重点解决内陆无水港的结构、目标、重点、发展时序和空间布局等问题;解决内陆无水港配套物流运输网络、综合运输通道布局、主要节点分布等问题,并制定内陆无水港配套物流运输方式运能的合理配比以及运输通道和节点的运能协调方案。

利用信息和网络技术建立公共信息平台,实现重庆港与无水港信息共享和系统集成。无水港当地政府通过协调当地海关、铁路部门、船公司、货主及物流公司,共同建立无水港信息服务综合平台,同时与重庆口岸物流综合服务平台实现对接。

4.2.3　提升临港物流基础设施水平

1)加快物流园区建设

重庆市促进现代物流业发展政策(渝办发〔2007〕283)明确提出要依托重庆港、万州港、重庆铁路集装箱中心站大力建设重庆寸滩物流园区、重庆铁路物流园区、万州物流基地。重庆市应对规划建设的物流园区给予大力资助,完善园区公路、铁路、通讯等交通基础设施,切实贯彻"政府引导,企业主体,市场驱动,资源整合,扩大开放,环境营造"的现代物流产业发展思路,从用地、税收、规费减免及政府服务等方面落实扶优扶强政策,促使重庆港务集团、重庆交运集团、重庆民生、重庆中集、重庆长航等骨干物流企业积极参与园区建设与营运,让寸滩物流园区企业能有效利用长江干线、渝怀铁路、铁路环线、周边高速公路等水陆多式联运资源;万州物流基地企业能有效利用达万、宜万铁路发展集装箱中转业务,共同打造主导业务明确的集装箱物流中心;为集装箱物流企业开辟通往港区的绿色集装箱运输专用线,保证运输安全,改善园区及周边交通环境,降低物流对城市环境的污染;推动集装箱物流企业为重庆生产企业提供包括JIT物流计划、生产支持服务、业务过程重组、回程集装箱管理等第三方物流服务,优化企业运输路线和运输方式,加快物流降低成本。

2)完善物流中心设施

根据重庆产业结构的特点,应该建立汽车摩托车物流中心、化工物流中心、冶金物流中心、机电产品物流中心、高新技术产业物流中心、农产品物流中心等为重庆企业提供专业的物流服务。

专业物流中心可以设立在综合物流园区之中,也可以独立于综合物流园区之外。汽车摩托车物流中心可以位于两路,临近成渝高速、渝黔高速、九龙坡港,便于汽摩配件从成渝高速进入重庆,也便于重庆整车沿高速和水路向外地运输。化工物流中心可以设置在二圣镇，因为化工产品一般有毒，不能邻近城市、江河等。而二圣镇与渝长高速邻近，有公路与二环线上的惠民相连，交通方便。冶金物流中心可以设置在虎溪附近，邻近土祖铁路物流园区，与渝遂高速公路接壤，便于发挥公铁联运在冶金物流领域的优势。机电物流中心可以设置在歇马，邻近井口工业园区、大渡口工业园区、寸滩港和江北机场。电子产品物流中心可以设置在空港物流园区，毗邻西永微电子工业园和成渝高速，便于电子产品的集散和整合。农产品物流中心设置在二环线与渝长高速的交点鱼嘴镇，邻近江北机场、渝长高速、渝邻高速，便于三峡库区的农产品进出重庆和依靠空港流向外地。

3）优化配送中心布局

配送中心一般距离需求地较近、交通便利，辐射范围较小。重庆市内配送中心可以设置在一环交通线附近交通便利的地点，建议依托南坪渝南物流、上桥商业储运中心和铁路物流园区、江北空港物流园区和寸滩物流园区、大渡口九龙坡港和工业物流集散地、陈家坪汽车站和储运站在南坪、上桥、江北、大渡口、陈家坪等地建立生产和生活配送中心，主要为市内各连锁店、便利店、生产企业提供生产和生活资料的配送服务。

4）加快信息平台建设

基于寸滩保税港区发展，保税港区信息平台系统建设的目标是：立足重庆本地，辐射和带动长江上游和西南地区乃至西部地区开放型经济的发展，建设数字保税港区信息平台，开发相应的应用系统，实现保税港区服务的电子化、网络化；实现单位企业间的信息共享和互联互通；实现保税港区业务相关部门的协同工作，打造“一站式”港区服务。其中，保税港区信息系统总体架构包括信息交换系统、港区业务应用系统和安全服务系统三部分。

从应用层面上来讲，保税港区信息平台涉及面很广，概括起来包括港区管委会、海关、检验检疫、工商、税务、外管、外经贸等政府监管部门，银行和保险等服务商以及企业用户三个层面。目前，部分驻区企业已开始建设自己的 ERP、VMI、OA 等信息化系统；港区监管部门也已开发推广一系列监管系统，这些系统分别具有较高的水平和广泛的应用层面。所有这些信息系统都是保税港区信息平台建设的物质基础。寸滩保税港区信息平台就是在这些系统的基础上，进行融合集成，使得数据共享在更宽更广的层面上得以实现。

从应用领域来讲，保税港区信息平台服务于商品贸易、金融、物流领域，包括电子政务、电子商务、港区金融和港区物流服务等，对于每个子平台的业务，不可能一次性解决保税港区信息平台的所有问题，只有遵循分段建设、逐步升级的原则，逐步开发。

第5章 保障措施

基于上述发展任务，重点在加强统一领导，政策引导等方面的保障措施。

5.1 加强统一领导

现代物流业是一项跨行业、跨地区、跨部门的综合性工作，涉及面广、政策性强，需要各级政府和有关部门关心和支持。需要加强领导，提高认识，协调物流业发展中的重大问题。因此，防城港市政府应加强对发展现代物流的统一领导，理顺现有体制，明确各部门分工，加强各区（市、县）、各部门之间以及与周边地区的协作，建立必要的政府部门间的综合协调机制，实现各区（市、县）、国土、财税、工商、海关等各个管理工作、环节的有机结合和有效衔接。并且，加快研究和制定防城港市现代物流发展的相关政策措施和激励机制等。

5.2 加强资源整合

整合物流各种资源要素是发展现代物流业的首要问题。港口物流作为防城港市现代物流发展的突破口，应努力促进以港口物流为主的资源整合，包括信息资源整合、基础设施资源整合以及库场资源整合等；引进市场机制，改善经营方式，紧紧围绕用户各种需求，提供优质高效和丰富多样的港口物流服务，以满足港口物流服务的需求。要大力推动港区联动发展的进程，以港口物流带动临港制造和加工业的发展，为物流产业发展培育坚实的市场需求基础。积极加强与公路、铁路领域的横向合作，以及与海关、商检、银行、保险的纵向合作，保证物流链的通畅、高效的运行；积极推进行业联盟和企业联合经营，逐步使物流业务向规模化、集约化方向发展，更大程度地发挥港口物流的潜在综合优势，努力培育一个完善的社会化物流服务市场。

5.3 加强对外开放

充分利用开发开放所带来的良好发展机遇，积极引导本市外、国外资金进入防城港市现代物流业。通过合资合作及独资等形式,引进域外资本,从而加快现代物流发展速度。同时要积极引进和学习借鉴外资商业先进的经营理念、管理模式和经验,引进国外的先进技术与设备,提高本市物流技术设施水平。

强化招商引资,按照国际惯例和经验,积极引进物流投资商与经营商,尤其是引入国内外已积累丰富经验的港口物流投资商与经营商,既要吸引国际著名的大型物流企业联手开展港口物流,也要积极吸引国内大型企业集团在港口物流中心设立物流分拨中心,充分利用其雄厚的资金、管理、技术、信息等资源以及现代物流经营运作的宝贵经验,比如现代物流系统工程的理念、物流标准的物流设施与设备、物流工程机械、具有人性化设计的物流中心实施方案及其网络市场的客户资源,实现港口城市现代物流的跨越式发展,推动物流经营与管理的国际化和现代化进程。另外,物流园区(中心)规划与招商要同步进行。在编制物流园区(中心)规划的同时积极开展招商引资,多方筹措资金,启动园区开发建设。在总体规划确定之后,以单体项目单独招商为主,分别办理项目备案、环评、土地审批等,这样既可减轻物流园区前期手续办理的难度,又可加快园区的推进速度。

5.4 加快人才培养

物流业是一个综合性产业,物流经营管理需要的是复合性人才。要积极研究制订人才柔性流动和各种激励政策,采用多种途径培养和引进掌握现代物流经营管理技术方面的人才,特别是要考虑从国外引进高端人才。在培养高级管理人才的同时,应加强职业技术培训,尽快造就一支物流技术骨干队伍。在防城港市现代物流发展的初期,可以聘请社会物流专家组成港口物流咨询顾问组,有效利用社会人才资源,积极推动企业与科研院所开展多种形式的合作,促进产学研有机结合,加强与发达地区的交流与合作。同时,开展并规范物流从业资格认证工作。重点加强物流高级管理人才、物流专业技术人才及物流职业经理人的引进和培育。引进物流人才,优化物流人才结构。重点是企业高级经营管理人才、政府宏观管理人才、物流技术人才、物流经纪人和经理人等高层次人才。

广泛开展岗位培训,尽快满足物流企业急需人才。在物流企业中搞好在职培训,选择那些岗位接近和知识结构接近的职工进行在岗培训,通过办短期学习班、进修、业余学习等形式,尽快培养出一批物流企业的急用人才。

参 考 文 献

[1] Adrian E, Chandra S, Etienne S, Christian E. Intelligent transport systems in multimodal logistics: A case of role and contribution through wireless vehicular networks in a sea port location[J]. Production economics, 2012(137): 165-175.

[2] Kathandraman P, Wilson T. The Future of competition-value-Creating Networks[J]. Industrial Marketing Management, 2001(4): 379-389.

[3] Brandenburger A, Nalebuff B. Co-operatition [M]. Doubleday Bussiness, 1996.

[4] Hayuth Y. Rationalization and deconcentration of the U.S. container port system [J]. Professional Geographer, 1988.

[5] Mayer H M. Current trends in Great Lakes shipping[J]. Geojoural, 1978.

[6] 黄志勇,真虹,邝中,等. 北部湾崛起新路—全球视角的港航强贵战略研究[M]. 广西人民出版社,2012.

[7] 赵刚. 国际航运管理[M]. 大连:大连海事大学出版社,2006.

[8] 汪长江. 港口物流学[M]. 杭州:浙江大学出版社,2009.

[9] 王海平. 港口发展战略与规划[M]. 天津:天津人民出版社,2005.

[10] 胡列格,何其超,盛玉奎. 物流运筹学[M]. 北京:电子工业出版社,2010.

[11] 陈家源. 港口企业管理学[M]. 大连:大连海事大学出版社,1999.

[12] 中国港口经济大丛书编委会. 中国港口经济[M]. 天津:天津人民出版社, 2005.

[13] 肖汉斌. 港口物流模式[M]. 武汉:武汉理工大学出版社,2011.

[14] 真虹,刘桂云. 柔性化港口的发展模式[M]. 上海:上海交通大学出版社,2008.

[15] 王海平. 中国崛起新起步-港口经济加快转变发展方式[M]. 天津:天津人民出版社,2010.

[16] 刘秉镰,王燕. 区域经济发展与物流系统规划[M]. 北京:经济管理出版社,2010.

[17] 毛立群,黎凡. 港口与港市文化[M].上海:复旦大学出版社,2009.

[18] 王海平. 中国港口经营战略经典案例[M]. 天津:天津人民出版社,2006.
[19] 胡永举,黄芳. 交通港站与枢纽设计[M]. 北京:人民交通出版社,2011.
[20] 翁孟勇. 发展现代交通运输业[M]. 北京:人民交通出版社,2008.
[21] 刘秉镰,王燕. 区域经济发展与物流系统规划[M]. 北京:经济管理出版社,2010.
[22] 杨丽梅.我国沿海港口物流经营模式研究[D].武汉:武汉理工大学,2004,3.
[23] 周丽娜.我国沿海港口物流发展模式研究[D].武汉:武汉理工大学,2006,4.
[24] 翟志伟.我国内陆无水港发展模式及竞争力评价研究[D]. 大连:大连海事大学,2011,6.
[25] 王瑾.上海集装箱枢纽港建设研究[D]. 上海:华东师范大学,2006,10.
[26] 管佳佳. 上海港发展成为国际枢纽港的策略研究—从上海港和鹿特丹港的比较分析谈起[D]. 上海:复旦大学,2004,5.
[27] 张咪. 港口群物流协同模式研究[D]. 武汉:武汉理工大学,2011,5.
[28] 刘明辉. 腹地型港口物流系统节点设施规划布局与运作机制研究[D]. 北京:北京交通大学,2011,4.
[29] 辽宁省人民政府发展研究中心课题组 . 地主港模式——政府主导下发展模式:关于大连港实现跨地区布局战略[R]. 2010.
[30] 王学峰,陈扬,金琳,朱昱音. 国际航运中心的变迁与发展模式研究——基于史料的案例分析[J]. 科学发展,2013(6):28-41.
[31] 汪传旭,董岗. 航运中心与城市协调发展的国际经验与上海策略[J]. 科学发展,2012(2):47-53.
[32] 贺水金.开放时代上海区位优势的国内外比较与国际航运中心建设[J].上海经济研究,2012(9):55-65.
[33] 唐宋元.港城关系演变特点及对港口城市发展的启示[J].商业时代,2013(4):141-143.
[34] 李建丽,真虹,徐凯.港口供应链中港口的核心地位及平台效应研究[J].港口经济论坛,2009(11):41-45.
[35] 刘天寿.广西北部湾港口物流发展战略分析[D].成都:西南交通大学,2009.
[36] 叶晓鸣.宁波临港产业集群徒进区域经济增长研究[D].上海:复旦大学,2011.
[37] 孔卓. 公共物流信息平台功体系结构研究[D].成都:西南交通大学,2011,5.

[38] 贾静静. 两路寸滩保税港区信息平台分析与建设[D].成都:西南交通大学,2012. 4.
[39] 孙开妍. 天津港口经济与区域经济发展分析[D].天津:天津大学,2011,12.
[40] 丁俊发. 港口物流与中国经济发展[J]. 中国物流与采购,2004(11).
[41] 董洁霜. 港口集疏运系统优化模型[J]. 上海理工大学学报,2007(5).
[42] 傅亚东. 我国港口物流发展对策探讨[J].中国水运,2006(2):196-197.
[43] 交通部科学研究院,等. 我国与东盟国家公路水路交通合作规划研究[R]. 2005,6.
[44] 交通部科学研究院,等. 北部湾港口国际物流系统优化技术研究[R]. 2011,10.
[45] 李学工,任伟. 国外港口物流发展的趋势特征及启示[J]. 中国港口,2007(2):27-28.
[46] 李延松,王久梗. 港口物流发展模式研究[J]. 交通与运输,2007(2):48-49.
[47] 陈思敏. 物流配置与网络最优化[J]. 中国青年科技,2006(3):50-53.
[48] 刘文忠,李南. 东北亚港口国际物流系统发展及环渤海港口群[J]. 集装箱化,2007(5):29-31.
[49] 刘志强,宋炳良. 港口与产业集群[J]. 上海海事大学学报,2004(12).
[50] 汪传旭,崔建新. 长江三角洲港口群物流系统动力学分析模型[J]. 交通运输工程学报,2007(10):77-83.
[51] 赵霞. 港口物流运作模式研究[J]. 中国水运,2007(4):199-200.
[52] 浙江省港航管理局,宁波—舟山港管理委员会,交通部科学研究院. 宁波—舟山港现代物流发展研究[R],2007,12.
[53] 徐萍."十二五"期我国港口发展趋势分析[J].综合运输,2010(3).
[54] 孔宪雷. 港口经济系统演化与优化研究[D].南京:河海大学,2010.
[55] 刘阳. 青岛港港口物流发展研究[D].武汉:武汉理工大学,2010.
[56] 雷艳. 大连港物流发展战略[D].大连:大连海事大学,2010.
[57] 郭坚强. 港口物流服务研究[D]. 上海:上海海运学院,2010.
[58] 刘珊. 国内外港口物流研究述评[J]. 山东财政学院学报(双月刊),2007(5):86-89.
[59] 刘珊. 国外主枢纽港口物流发展模式及启示[J]. 山东商业职业技术学院学报,2007(5):145-150.

[60] 中华人民共和国国家标准. GB/T 18354—2006　物流术语[S]. 北京:中国标准出版社,2007.

[61] 中华人民共和国交通部. 全国沿海港口布局规划[EB/OL]. http://www.moc.gov.cn/ 2007.07.20.

[62] 周立荣. 关于广西现代化大型组合港发展思路的探析[J/OL].http://news.beihai.gov.cn/ 2007.05.16.

[63] 周启蕾. 物流学概论[M].北京:清华大学出版社,2005.

[64] 朱意秋. 港口物流簇群的形成与繁荣[J]. 武汉理工大学学报,2004(3).